W0188986

Mathias Schreiber

WÜRDE

Was wir verlieren,
wenn sie verloren geht

Deutsche Verlags-Anstalt

Verlagsgruppe Random House FSC® N001967
Das für dieses Buch verwendete FSC®-zertifizierte Papier
Munken Premium Cream liefert Arctic Paper Munkedals AB, Schweden.

1. Auflage
Copyright © 2013 Deutsche Verlags-Anstalt, München,
in der Verlagsgruppe Random House GmbH
Alle Rechte vorbehalten
In Kooperation mit dem SPIEGEL-Verlag, Hamburg
Lektorat: Antje Korsmeier
Typografie und Satz: DVA/Brigitte Müller
Gesetzt aus der Berling
Druck und Bindung: GGP Media GmbH, Pößneck
Printed in Germany
ISBN 978-3-421-04600-0

www.dva.de

Für Christina

Inhalt

»*Große Spieler verabschiedet man mit Stil und Würde in den Ruhestand*«

Fußballstar Günter Netzer über seinen jüngeren Kollegen Michael Ballack in einer Rückschau auf dessen Karriere in der deutschen Nationalmannschaft, gesendet vom ZDF am 21.4. 2012

»*Um seine Würde zu wahren, muss man eine Situation des Zwangs in eine der Freiheit verwandeln.*«

Der französische Schriftsteller Tzvetan Todorov, Jahrgang 1939, in dem Buch *Angesichts des Äußersten* (1993)

Vorbemerkung

Je häufiger der Begriff der Würde hochgehoben und als disziplinierende Monstranz durch das laute und wirre Gewusel unserer Gegenwart getragen wird, desto mehr drängt sich uns der Verdacht auf: Das mit diesem Begriff Gemeinte könnte bald für immer verloren sein – vergessen, verplappert, verschlampt, verschwendet, versendet, verkauft; verkannt noch von jenen, die dessen wahren Sinn verteidigen wollen.

Viele Zeitgenossen handeln durchaus moralisch verantwortungsvoll, haben aber keinen Geschmack, zum Beispiel wenn sie vor anderen über sich reden, was das Zeug hält. Andere Zeitgenossen glänzen durch Diskretion, Geschmack und Eleganz, verhalten sich aber, etwa wenn es um berufliche Vorteile geht, wie Raubtiere. Beiden Typen fehlt Entscheidendes: Würde. Die Würde verbindet den guten Eindruck mit dem Gut-Sein. Sie ist ein Wert, der in jüngster Zeit häufig beschworen wird, egal ob beim »würdigen« Rücktritt des Papstes, beim »unwürdigen« Auftritt eines Politikers oder angesichts der Selbstentblößung vieler »Gemeinde«-Mitglieder sogenannter sozialer Internetforen. Repräsentanten der Linkspartei berufen sich ebenso auf die Würde, wenn sie Niedriglöhne beklagen, wie konservative Anhänger der lateinischen Sprache.

Wo der uralte Begriff der Würde auftaucht, muss er sich gegen alle möglichen Strategien der Flegelhaftigkeit behaupten: gegen eitle Unterhaltungs-Redehäuptlinge verschiedener Medien, bei parteipolitischen Schnellschuss-Rempeleien – Motto: möglichst rüde dem Anderen ins Wort fallen –, gegen radikale naturwissenschaftliche Positivisten, gegen Talkshow-Schwätzer, die ihre neuesten Bücher oder Platten oder Film-rollen schamlos eigennützig auch dann vor der Kamera anpreisen, wenn in diesen Produkten der alles verschlingende »Ego«-Wahn oder Eigennutz-»Kommerz« attackiert wird. Nicht zuletzt muss er der Aggressivität und Beliebigkeit jener Kom-mentare oder Beschimpfungen standhalten, die massenhaft und oft anonymisiert über das Internet rauschen.

Die Wiedergeburt öffentlicher Berufung auf Würde rüt-telt am Vorrang lange gehätschelter Prägungen wie »Moderne«, »Fortschritt« oder »Kritisches Bewusstsein«. Auch die viel-geliebte »antiautoritäre Bewegung«, deren prominente Wort-führer nach neueren Erkenntnissen zum Teil Antisemiten waren, verblasst neben dem dunklen Feuer der ein wenig magischen Würde. An Würde mag erinnern, wer geistige Moden meiden möchte. Was jedoch nicht passieren darf: dass die Würde selbst zum modischen Schlagwort verkommt.

Die folgende Untersuchung will dies durch Differenzie-rung der verschiedensten Würde-Szenarios verhindern. Sie will Belege für die wichtigsten Formen der Anrufung von Würde und Würdelosigkeit festhalten, dabei den Begriff der Würde genauer erörtern und ausführlich an seine Kulturgeschichte erinnern. Gerade die reichhaltige Vergangenheit der Versuche, die Würde als über den engeren sittlichen und rechtlichen Geboten schwebende, irgendwie erhabene Norm zu begrün-den, macht deutlich, welch zivilisatorischer und geistiger Verlust uns drohte, wenn uns der Sinn für echte Würde ver-loren ginge; und wenn das, was den Titel der Würde verdient, einerseits als Prinzip von wissenschaftsgläubigen Dogmati-kern untergepflügt würde, andererseits als Kultur in unserer medial aufgeladenen, trendhörigen Augenblicks-Gesellschaft verschwände wie in einem Schneegestöber.

Winsen an der Luhe, im Mai 2013   *Mathias Schreiber*

Szenen aus dem realen
Würde-Elend – auch Lichtblicke

Leben vor dem Tod

Fangen wir mit dem Ende an: Asche zu Asche. So spricht der Pfarrer am offenen Grab: »Erde zu Erde, Asche zu Asche, Staub zu Staub«. So nennt sich aber auch die Firma eines australischen Pyrotechnikers. Er bietet Interessenten an, die Asche ihrer verstorbenen Lieben mit Feuerwerksraketen in den nächtlichen Himmel zu schießen – »wie an Silvester«, was nur 4000 australische Dollar kosten soll. Der Firmeninhaber hat diese Explosiv-Beerdigung erfolgreich getestet: mit der Asche seines toten Hundes. Publik wird das Internetangebot im November 2012, eine Woche nach Allerseelen. Würdig?

Kaum würdiger als der Fall jener portugiesischen Totengräber, die einige Tage vor dem Weltauftritt des australischen Pyrotechnik-Irren damit auffallen, dass sie mit Luftgewehren ihre Zielsicherheit beim Beschießen von vier Skelettköpfen getestet haben. Die Polizei kann die mit Einschusslöchern markierten Totenschädel rechtzeitig sichern, um die Ermittlung wegen des Verdachts auf Leichenschändung einleiten zu können.

An deutschen Friedhofseingängen bittet in der Regel ein Schild um taktvolles Benehmen – mit dem Hinweis auf »Die Würde des Ortes«. In der katholischen Bestattungsliturgie heißt es »Gib ihm, o Herr, die ewige Ruhe« – *requiem aeternam dona ei*. Im Angesicht des endgültigen Endes einer

Lebenszeit, des endgültigen Verstummens eines Menschen, ist das nachdenkliche Schweigen derer, die diesen Menschen zu Grabe tragen oder sein Grab besuchen, ein angemessenes Verhalten – würdig. Nicht so würdig ist es, wenn ein männlicher Verwandter der Verstorbenen während der kurzen Trauerreden neben dem frisch ausgehobenen Grab seinem Nachbarn auch für andere gut hörbar erzählt, das Wildschwein, das er letzte Nacht mit einem Präzisionsschuss am Dorfrand direkt vor einem Maisfeld erlegt habe, sei »einen schönen Tod« gestorben.

Ob der Mensch, der hier beerdigt wird, auch würdig gestorben ist, hängt vor allem davon ab: Er starb nicht abrupt durch blutige Gewalteinwirkung oder einen Unfall, der seinen Körper zerfetzte, auch nicht nach wochenlangem quälendem Siechtum; er starb womöglich nach einem erfüllten Leben entweder durch ein kurzes Hirn- oder Herzversagen oder etwa, palliativmedizinisch betreut, infolge eines durch Schmerzmittel gemilderten Leidens, von liebenden Angehörigen oder Freunden ummantelt beim Hinübergleiten ins Jenseits, möglichst in der vertrauten Umgebung der eigenen Wohnung oder in einem überschaubaren Hospiz.

Die 15 Jahre alte Hamburger Gymnasiastin Lenard S. berichtet, wie es gewesen ist, als ihre krebskranke Großmutter nach einem längeren Krankenhausaufenthalt in ein Hospiz gelangt war – auf eigenen Wunsch. »Gleich als ich das Hospiz S. in Barmbek betrat, wurde ich freundlich aufgenommen. Auch wenn dort viele Menschen sterben, ist die Stimmung gar nicht bedrückend, es ist gemütlich eingerichtet, und die Mitarbeiter sind gut gelaunt. Aber die Trauer wird auf keinen Fall ignoriert. Teilweise kamen wir mit 17 Leuten und uns wurde immer Kaffee und Essen angeboten. Sogar mein Großvater mit seinen 87 Jahren und Pflegestufe 2 konnte ohne Probleme dort übernachten. So konnte er die letzte Nacht mit seiner Frau verbringen« (*Hamburger Abendblatt*, 22.1.2013).

Die 1967 in England privat begründete Hospizbewegung, die angesichts der dramatisch zunehmenden Singlehaushalte immer wichtiger wird, bemüht sich ausdrücklich um eine »würdevolle« Zeit auf dem letzten Lebensweg der Todkranken. Angehörige oder engere Freunde, auch ehrenamtliche Helfer wirken mit bei dem Versuch, dem Sterbenden das Gefühl zu geben, dass er mit seinem Schicksal nicht allein ist; dass er als soziales Wesen die letzten Tage und Stunden mitten in der Gesellschaft verbringt – und nicht isoliert auf irgendeiner Klinikstation, umsorgt von weißen Wänden, einer überarbeiteten, miserabel bezahlten Krankenschwester, trostlosen Schläuchen, etwas unheimlich piepsenden oder summenden, Herzschlag und Blutdruck kontrollierenden Messgeräten, galgenartig herabhängenden Infusionsbehältern und grellem Neonlicht. Die Hospizkultur, egal ob stationär oder ambulant, widersteht der gesundheitsindustriellen Todesverwaltung und leistet einen substanziellen Beitrag dazu, dass der erbarmungslose Exitus eines Menschen nicht allzu würdelos geschieht. Sterbebegleitung ist auch würdiger als Sterbehilfe.

Präsidenten und Netzwerke

Zurück zum Leben. Mit einer ziemlich spektakulären Würde-Variante hat jener denkwürdige Tag im November 2012 zu tun, der dem amerikanischen Präsidenten Barack Obama »vier weitere Jahre« im mächtigsten Amt der Welt beschert. Das selbstbewusste, auch etwas heikle Motto Obamas: »Das Beste kommt noch«. Die Nachricht von seinem Wahlsieg wird in der Nacht vom 6. auf den 7. November – über den Kurznachrichtendienst Twitter – so oft weitergereicht wie keine andere in der Geschichte dieses sozialen Netzes. Allein am 6. November sind 31 Millionen Nachrichten mit Bezug auf die Wahl durch das Twitter-Gate gesaust – die ersten Twitter-Wahlen der Weltgeschichte. Präsident Obama hält in Chicago am Morgen nach der Wahlnacht eine eindrucksvolle Rede, bedankt sich bei seinen extrem zahlreichen Wahlhelfern, dankt ausdrücklich jedem Bürger, der überhaupt gewählt hat, und beschwört das amerikanische »Versprechen der Freiheit und Würde (*dignity*) für jeden Menschen« als Basis des Friedens. Er spricht von seinem Glauben an ein »mitfühlendes, tolerantes Amerika«, das offen ist für die Aufstiegsträume eines jeden, egal »ob einer schwarz ist oder weiß, hispanisch oder asiatisch oder amerikanischer Ureinwohner oder jung oder alt oder reich oder arm, gesund oder behindert, schwul oder hetero«. Würdig, ja.

Würdiger jedenfalls als die Sprechblasen der Redakteure in der deutschen Fernseh-Wahlnacht. Sie übersetzen den großspurigen Superlativ, Obamas Wahlerfolg sei das Resultat des »teuersten Wahlkampfs aller Zeiten« (wer hat das so schnell ausgerechnet?), hartnäckig in das sedierende Klein-Klein penetranten »Du«-Sagens: »Tina, danke!« – »Markus, hast du Buch geführt?« – »Jörg!« – »Thomas, hinter dir ist Licht« – »Thomas, danke!« – »Sandra!«. Dass sich die Damen und Herren seit Jahren kennen, ist nicht weiter verwunderlich. Aber geht der Stand auf diesem Duzfuß die große Öffentlichkeit etwas an? Thema Würde: Es geht auch um die rechte Balance zwischen Distanz und Nähe. Aufdringliche Nähe am falschen Ort und zu unpassender Gelegenheit – amerikanische Präsidentenwahl! – ist unwürdig: bloß peinlich.

Allzu große private Nähe zu Unternehmern und sogenannten Eventmanagern, deren Interessen der niedersächsische Ministerpräsident direkt oder indirekt bedient haben soll – das ist der wohl heikelste Punkt in jener Affäre um den deutschen Kurzzeit-Bundespräsidenten Christian Wulff, die im Februar 2012 zum Rücktritt des Politikers führt. Die Staatsanwaltschaft Hannover hat zuvor ein Ermittlungsverfahren wegen »Vorteilsannahme« in mehreren Fällen gegen ihn eröffnet. Peinlicher als das ganze Verfahren sind die kleinkarierten Unkorrektheiten, um die es letztlich geht: etwa um die Übernahme der Werbungskosten für ein Wulff-Buch durch einen Finanzfreund des Politikers oder um den von einem Filmfinanzier bezahlten Besuch in einem Münchner Nobelhotel, in dem das Ehepaar Wulff während des Oktoberfests zwei Nächte geschlafen hat, ferner um ein von demselben Produzenten spendiertes Luxuswochenende auf Sylt. Wulff will die Auslagen des Produzenten »bar« erstattet haben, mit Geld, das seiner Frau geschenkt wurde!

Weniger läppisch scheint der Verdacht zu sein, das Land Niedersachsen habe eben diesem Filmfinanzier vor der Sylt-Geschichte eine beträchtliche Filmförderungssumme zugestanden. Außerdem hat der Ministerpräsident wohl die Firma Siemens animiert, als Sponsor die Verfilmung des Lebens von John Rabe zu unterstützen, der als Fabrikleiter für Siemens in China gearbeitet und dort – im zweiten Chinesisch-Japanischen Krieg – 1937 rund 250 000 Chinesen vor dem Tod bewahrt hat (der Film »John Rabe« wurde 2009 in Berlin uraufgeführt). Verdacht erregen zudem mehrere längere Gratis-Urlaubsaufenthalte – auch eines Wulff nahestehenden Pressereferenten – in luxuriösen Ferienhäusern angeblich alter Freunde, die aber teilweise nur Lobbyisten sind und öffentliche Gelder für angeblich gemeinnützige Veranstaltungen erwarten, die sie, gewiss nicht unentgeltlich, organisieren.

Auslöser des Skandals ist die Nachricht, ein befreundeter Privatmann habe mit einem Kredit über 500 000 Euro dafür gesorgt, dass der verschuldete Politiker ein neues Haus für sich und seine neue junge Frau bezahlen konnte. An dieser erstaunlichen Freundesgabe ist zunächst nichts unrecht, doch Wulff ist so ungeschickt, bei der öffentlichen Erörterung des Falles zunächst nur die halbe Wahrheit zu sagen. Er habe keinerlei geschäftliche Beziehung zu dem Geldgeber unterhalten, heißt es erst; später gibt Wulff zu, der Kredit sei über den Namen der Ehefrau jenes alten Freundes gelaufen ... Schon diese penible Korrektur tut ein bisschen weh, denn man spürt sofort den Advokatentrick, das Strohfrau-Manöver. Immerhin hat Wulff den Ehemann der Geldgeberin als Gast der Landesregierung auf mindestens eine dienstliche Auslandsreise mitgenommen. Insider nennen solch diskretes Geben und Nehmen an der Grenze zwischen privaten und amtlichen Sphären »Landschaftspflege«; die prinzipielle Anrüchigkeit solcher wechselseitiger Vorteilsgewährungen ist nicht von der Höhe der dabei ausgetauschten Geldbeträge abhängig, so unerheblich sie auch sein mögen. Warum reichte kein Bankkredit, bei dem solche Abhängigkeiten von Freunden vermieden werden? Das fragt man sich.

Der nicht gerade epochale Casus zeigt auch, wie die verzweifelte Anstrengung um die Wahrung der Würdefassade zur Falle werden kann: peinlich für einen Mann, der inzwischen das höchste Staatsamt der Republik innehat, ein Amt, zu dessen Würde es gehört, dass sein Inhaber – der Repräsentant aller Bürger, somit des Staates als der Energie des Allgemeinen – über den Parteien steht und unabhängig von finanziellen Privatinteressen handelt. Es bedeutet auch, dass er möglichst die Wahrheit sagt, wenn diese Unabhängigkeit plötzlich öffentlich bezweifelt wird. Wulff reagiert wohl unfreiwillig in seiner Panik, die Amtswürde zu verspielen, wie ein kleiner Diktator, indem er dem Chefredakteur des Boulevardblattes, das diese öffentlichen Zweifel zu unterfüttern im Begriff ist, für den Fall der Publikation telefonisch unangenehme Konsequenzen androht. Er spricht sogar noch auf den Anrufbeantworter, der die Drohung konserviert, also zum Beweismittel macht.

Im September desselben Jahres schon veröffentlicht Wulffs Ehefrau Bettina ihre Erlebnisse im Berliner Schloss Bellevue, geschrieben mit Hilfe einer PR-Fachfrau, unter dem Titel *Jenseits des Protokolls*. Das suggeriert Enthüllungen aus dem intriganten Durcheinander in der Kulisse des offiziellen Amtswürden-Theaters. Aus der Perspektive eines Ehepaars,

16

das selbst diese Amtswürde beschädigt hat, ist das eine dreiste Suggestion. Der SPIEGEL meint prompt, Bettina Wulffs Bekenntnisbuch verstöre »mit überflüssigen Intimitäten« wie dem Nachdenken über die allzu gute Hörbarkeit gewisser Beischlafgeräusche in Hotels und verletze »die Würde des Amtes«. Würdelos, wenn auch angesichts der so trivialen wie geltungssüchtigen Buchvorlage nicht völlig unverdient, ist in diesem Zusammenhang auch der anonyme Facebook-Kommentar zu einem Foto, das die beachtliche Rückfront der Buchautorin zeigt: »Es war nicht alles schlecht«.

Immerhin ist dieser leicht sexistische Kommentar witziger als der über Bettina Wulff ausgeschüttete *shitstorm* – zu Deutsch: »Scheiß-Sturm«. So heißt eine in vielen E-Mails formulierte, oft nur geblubberte, schwarmhafte Internet-Entrüstung; im Englischen signalisiert der Ausdruck übrigens nur allgemein eine unangenehme Situation. Im Fall von Frau Wulff enthält der *shitstorm* so nette Botschaften wie »Wer kauft den Mist?«, »Hure«, »Nutte!«, »wütende Essiggurke«. Die Anonymität, in deren Schutz solche Invektiven veröffentlicht werden können, ist eine Mitursache für deren Unverfrorenheit – würdelos extrem.

Anonym jemandem eine witzige Gemeinheit über E-Mail oder eine Nachricht bei Facebook zu schicken, gilt besonders bei vielen Jugendlichen als »cool«. Bei dieser Art von »Cybermobbing« werden schon mal Freundlichkeiten verbreitet wie »Nerv nicht und geh lieber sterben«. So mancher Jugendliche hält das nicht aus und reagiert mit Essstörungen oder Schlimmerem. Durch die Befragung von 600 Facebook-Nutzern haben Wirtschaftsinformatiker der Technischen Universitäten Berlin und Darmstadt Anfang 2013 herausgefunden: Ein Drittel ist angesichts der Erfolgsgeschichten, die ihre Internet-Freunde verbreiten, frustriert. Diese Geschichten erregen oft Neid, und dieser Neid macht unzufrieden.

Facebook lädt ein zum Vergleich, und jeder versucht, besser dazustehen als es der Wahrheit entspricht. Dieses Vergleichen erinnert an die uralte Konkurrenz unter Nachbarn – wer hat das bessere Auto in der Einfahrt stehen? Und wenn der Nachbar den schickeren Wagen vorzeigt: hat er ihn schon bezahlt? Aber soziale Onlineportale wie Facebook sorgen dafür, dass sich die Zahl dieser Neid-Vergleiche unglaublich erhöht und dass die entsprechenden Frustrationsprozesse schneller ablaufen. Psychologen der New Yorker Columbia Business School haben in einer Studie, die 1000 Facebook-Nutzer befragte, ermittelt: Nutzer, die besonders viele Freunde für sich gewinnen und »Gefällt mir«-Klicks sammeln konnten, neigten zu übersteigertem Selbstbewusstsein. Bei einer realen Überprüfung ihrer Lebenssituation entpuppten sich die größten sozialen Gewinnertypen allerdings als tendenziell übergewichtig und hoch verschuldet. Interaktiv erworbene Würde sähe anders aus.

Im Januar 2013 gibt das Ehepaar Wulff über einen Anwalt bekannt: Die eheliche Gemeinschaft ist zu Ende, die beiden leben fortan getrennt. Er ist aus dem Haus, das ihm das Genick gebrochen hat, schon ausgezogen. Gibt es das vielleicht doch: den Fluch eines Ortes?

Die Geschichte vom Aufstieg des Osnabrücker Anwalts zum Bundespräsidenten und vom tiefen Fall des Mannes, der sich kurz vor dem Gipfelsturm in die attraktive Pressesprecherin der Firma Continental verliebt, sie heiratet – und sich von der Mutter seiner ersten Tochter scheiden lässt –, dann aber abstürzt, dass dem Betrachter schon schwindelig wird: Diese Geschichte ist ein mustergültiger Klischeeroman über junge, kluge, gut aussehende Frauen, die sich in das Scheinwerferlicht eines Mächtigen drängen und den entsprechenden Mann erobern, diesen Mann aber verlassen, wenn die Aura des Erfolgreichen der des Verlierers weicht. Zugleich ist es der Klischeeroman über den aus bescheidenen Verhältnissen aufgestiegenen Karrieremann, der sich kurz vor dem Erreichen des Gipfels bei einer hübschen, deutlich jüngeren Frau neuen Schwung besorgt, die bestehende Familie – sie war wohl durchaus nicht zerrüttet – verlässt, neue, schillernde Geld-Freunde um sich schart, die bloß an seinem Glanz partizipieren wollen; der dann leichtsinnig wird, finanziell mit diesem Freundeskreis nicht so recht mithalten kann und Schulden macht, und der endlich an kleinen Unkorrektheiten, die aber – er ist ja prominent – ein riesiges Medienecho finden, scheitert. Ein Mann, der am Ende alles verliert, auch die neue Frau.

Beim Ehepaar Wulff geht es mehr um Feingefühl, Schicklichkeit, Anstand als um gravierende Rechtsbrüche – auch monatelange staatsanwaltliche Ermittlungen haben Wulff letztlich keinen gewichtigen Rechtsbruch nachweisen können, der ihn zur Aufgabe seines Amtes wirklich gezwungen hätte. Ende März 2013 bietet die Hannoversche Staatsanwaltschaft Wulff an, gegen Zahlung von 20 000 Euro das Verfahren einzustellen. Wulff lehnt ab, er pocht auf klaren Freispruch. Seine Anwälte, zwei Strafrechtsprofessoren, erklären am 9. April vor laufender TV-Kamera: »Wir kämpfen für die Würde und die Rechte des Bundespräsidenten Christian Wulff.« Wobei sie nicht nur das Adjektiv »ehemaligen« vergessen, sondern großzügig suggerieren, »Würde« und »Rechte« seien in diesem Fall mehr oder weniger eine Einheit. Die Begriffe müssen aber getrennt bleiben: Auch wenn sich herausstellt, dass Wulff strafrechtlich nichts Relevantes vorzuwerfen ist und er insofern sein »Recht« bekommt, bleibt seine Würde beschädigt, vor allem durch das kleinliche Taktieren bei seinen Rechtfertigungsversuchen.

Wulffs Einverständnis zum Angebot des Staatsanwalts hätte dem Ex-Präsidenten nicht nur ein langwieriges Verfahren mit dem entsprechenden Medienecho erspart, sondern auch die Staatanwaltschaft entlastet von dem grotesken Eindruck, dass nicht weniger als vier Staatsanwälte und etliche

Ermittlungsbeamte ein gutes Jahr damit beschäftigt wurden, eine Korruption aufzudecken, die mit Bestechungsgeldern knapp unter 1000 Euro die Sitten verdorben hat. Eigentlich ein unverhältnismäßiger Aufwand, selbst wenn man Verständnis dafür hat, dass Staatsanwälte in einem medial so eifrig kommentierten Fall mit Gratis-Eifer beweisen müssen: Vor Gericht gibt es keinen Prominentenbonus und wenn es um Prinzipien geht, sind auch kleinere finanzielle Gefälligkeiten eben Gefälligkeiten, die als strafbar gelten.

Die dennoch offenkundige Disproportion zwischen dem Anlass einerseits, dem immensen Justizaufwand und Medienwirbel andererseits lässt den Publizisten Giovanni di Lorenzo im Frühjahr 2013 unter der Überschrift »Die letzte Würde« das Fazit ziehen: »Christian Wulff war keineswegs frei von Makel.« Dies habe aber nicht »den Eifer« gerechtfertigt, mit dem viele Medien Wulff »verfolgt« hätten. Nachdem dem »vorverurteilten« Ex-Präsidenten »alles genommen« worden sei, bleibe »jetzt wenigstens noch Zeit, seiner fortdauernden gesellschaftlichen Ächtung Einhalt zu gebieten« (*Die Zeit*, 27.3.2013). Da wird die elementare Würde einer Person gegen deren selbstverschuldete Würde-Pannen in Schutz genommen – nobel, auf indirekte Weise sogar würdig. Störend an dieser hanseatischen Noblesse des intellektuell in Bayern sozialisierten Halb-Italieners Di Lorenzo ist nur der Umstand, dass er zwei Jahre zuvor mit ähnlicher Milde die oberpeinliche Plagiatsaffäre des ehemaligen Verteidigungsministers Karl-Theodor zu Guttenberg, eines guten bayerischen Freundes, kommentiert hat. Auf die Demaskierung Konservativer spezialisierte Internet-Rechercheure (merkwürdigerweise scheint es kaum Plagiatoren im linken Lager zu geben) hatten enthüllt, dass zu Guttenbergs Promotionsarbeit in erheblichem Umfang fremde Texte ohne Zitierzeichen und ordentliche Quellenangabe übernommen, also abgekupfert hatte; war wohl nichts mit dieser galawürdigen Kombination von Adels-, Amts- und Doktorwürde.

In der an sich kleinformatigen, durch etliche Details und Aspekte aber lehrreichen Affäre Wulff – immerhin das erste gegen einen Bundespräsidenten gerichtete Strafrechtsverfahren in der Geschichte der Republik – steht primär unwürdiges Verhalten auf dem Prüfstand, das Gerichte erst einmal nichts angeht. Pumpt man als Repräsentant eines großen Bundeslandes gute Freunde an, um ein Haus zu kaufen? Lässt man sich freihalten von einem Filmfinanzier, der von einem Schützenhilfe erwartet bei dem Versuch, von wem auch immer zusätzliches Geld für einen teuren Film zu bekommen? Leugnet man im Parlament die finanzielle Liaison mit einem Unternehmer, weil man nachweisen kann, dass das Geld, das man von ihm bekam, über das Konto von dessen Ehefrau geflossen ist? Und nimmt man als Mitglied des Aufsichtsrats der Firma Volkswagen einen besonders zinsgünstigen Kredit in Anspruch, wenn die süddeutsche Bank, die ihn gewährt, mit dem VW-Konzern gute Geschäfte gemacht hat?

Ein einziger, wenn auch nicht gigantischer Würde-Flop in mehreren Akten – wie kann das einem so intelligenten Mann wie Christian Wulff passieren? Wir lernen daraus: Würde ist kein notwendiges Resultat von Intelligenz und hohen Ämtern. Gesellschaftliche Höhenluft provoziert auch bei Intelligenzbestien zuweilen geistige Schnappatmung, Störungen des inneren Gleichgewichts, krankhafte Neigung zu aufdringlichen Lach-Explosionen und moralische Dickfälligkeit – meist knapp vor der eindeutigen moralischen Verfehlung. Würde verlangt gerade vom Erfolgsmenschen eine skeptisch grundierte Diskretion gegenüber dem eigenen Aufstieg, souveräne Bescheidenheit, kritische Selbstreflexion und standhafte Zurückhaltung. Das gilt umso mehr, wenn die Versuchung naht, sich Schwächeren haushoch überlegen zu fühlen oder persönliches Interesse und öffentliches Wohl zu vermischen oder auf andere Weise gebotene Distanz zu missachten.

Im März 2012, anlässlich des Amtsantritts von Wulffs Nachfolger Joachim Gauck, dem ehemaligen Pastor und Leiter der Berliner Stasi-Unterlagen-Behörde, schreibt der SPIEGEL (12/2012): »Im Vergleich zu seinem Vorgänger, der wochenlang nur über Anwälte mit seinem Volk kommunizierte, wird er dem Amt ohne große Schwierigkeiten jene Würde zurückgeben, die das Volk erwartet.« Dass Gauck ein würdiger Nachfolger ist, bezeugt auch seine Biografie. Als evangelischer Pastor hat er in Rostock Abstand zur Staatspartei SED und zu deren Staatssicherheits-Terror gewahrt, hat Ausreisewilligen geholfen, ohne selbst auszureisen. Sein Bekenntnis, er sei ein »Liebhaber der Freiheit«, ist keine Floskel – es ist ein Resultat gelebten Lebens. In Gaucks Buch *Freiheit* definiert sich die Würde als Souveränität des auf seine Freiheit bedachten Bürgers angesichts totalitärer Anmaßung und Übergriffe.

Distanzlosigkeit im Grenzbezirk von Beruf und Privatleben schadet der Würde, zumal der Würde des dem öffentlichen Wohl verpflichteten Politikers, das lehrt der Fall Wulff vor allem. Ungehörig und nervend kann auch eine zunächst läppische Distanzlosigkeit wie jene sein, die dem pfälzischen Ex-Minister Rainer Brüderle, Jahrgang 1945, zu später Stunde beim Umtrunk nach einer Parteiversammlung passiert, als er einer Hamburger Journalistin – mit deutlichem Blick auf deren wohl nicht ganz unauffälliges Dekolleté – zuflüstert, sie könne »ein Dirndl auch ausfüllen«, also eins jener weit ausgeschnittenen Folklore-Kleider bayerischer Art. Anstatt ihm mehr Sorgfalt im Umgang mit seinen Hormonen – oder mit dem Wein – zu empfehlen oder seinen Handkuss (noch kein Verbrechen!) mit einem Kratzer über seinen Handrücken zu parieren, veröffentlicht diese Journalistin den Vorfall ein Jahr nach der »Tat« – Brüderle ist gerade erst zum Spitzenkandidaten der Freien Demokraten für die deutsche Bundestagswahl 2013 gekürt worden – in einer großen Illustrierten unter dem pompösen Rubrum »Sexuelle Belästigung«. Auch dieses Timing, diese publizistische Überreaktion und nicht zuletzt die brüllende Maßstablosigkeit der darauf folgenden wochenlangen Mediendebatte sind würdelos.

Die Debatte dreht sich fast ausschließlich um die Frage, warum sich Brüderle nicht bei jener Journalistin »entschuldigen« wolle; diese Entschuldigung fordert schließlich sogar Andrea Nahles, die Generalsekretärin der SPD. Keiner fragt, welche Berechtigung nicht beteiligte Politiker haben, von Brüderle für eine private, nirgends objektiv dokumentierte geschmacklose Bemerkung eine öffentliche Entschuldigung zu verlangen. Brüderles Bemerkung fiel gegen Mitternacht an einer Hotelbar; sie ohne Autorisierung durch den Urheber zu veröffentlichen, verstößt eindeutig gegen das Berufsethos des ambitionierten Reportagejournalismus – den publizistischen Notstand, dass nur so schreiendes Unrecht im öffentlichen Interesse aufgedeckt werden konnte, wird die Autorin wohl kaum für sich in Anspruch nehmen wollen. Oder hat sie etwa an der Nachtbar ein offizielles Interview geführt? Auch dass der Politiker bei seinem leicht anzüglichen »Dirndl«-Kompliment übergriffig auf den Busen der Journalistin gestarrt habe, was den gewissen Satz erst richtig anstößig macht, lässt sich ja nicht beweisen – womöglich hat die Journalistin dies nur so empfunden. Solche Fragen der journalistischen Sorgfaltspflicht scheinen die medialen Anführer der gehässigen Brüderle-Soap nicht weiter zu interessieren. Was sie unter dem Vorwand, endlich eine große Debatte über den alltäglichen, gewiss diskutablen »Sexismus« deutscher Chefs führen zu wollen, offenbar interessiert, ist die nachhaltige Rufschädigung eines bis dahin beliebten und verdienten Politikers; dessen Partei hatte gerade überraschend gut bei der Wahl in Niedersachsen abgeschnitten, was sich bitte, so das mögliche Kalkül der Kampagnenführer, bei der bevorstehenden Bundestagswahl nicht wiederholen möge.

Anfang März 2013 formuliert Bundespräsident Joachim Gauck, in einem SPIEGEL-Interview, die treffendste Bilanz dieser ganzen Sexismus-Aufregung um Brüderle. Er könne »keine flächendeckende Fehlhaltung von Männern gegenüber Frauen hierzulande« erkennen. Im Übrigen sehe er in der Aufregung um Brüderles Fehlbemerkung das Walten eines »Tugendfurors«, vor dem wohl auch sein eigenes Verhalten kaum bestehen könne. Solche Gelassenheit provoziert: Prompt sammelt eine anscheinend weiblich dominierte Internetplattform namens »Aufschrei« Proteststimmen gegen Gauck, weil der einen Begriff wie »Furor« in diesem Kontext benutzt habe, wo doch »Furor« an »Furie« erinnere, demnach ein für Frauen tendenziell »verletzendes« Wort sei – ein humorfreier Einwand gegen Gauck, der diesem unfreiwillig Recht gibt.

Von altem Adel

Die Würde ist ein abstrakter Begriff, aber auch ein Ideal, das mit gefühlsträchtigen Bildern und Szenen – positiven wie peinlichen – gesättigt ist. Von dem, der dieses Ideal personifiziert, wird hohe emotionale Kompetenz verlangt: Gefühl für quälende Abhängigkeiten, für das passende Timing, für maßvolles Verhalten im Lift nach oben, für das, was Stil hat, sich schickt und nobel ist; und für das, was auch unter wütend aufgeklärten, trotzdem einigermaßen gebildeten Bürgern einfach nicht geht und ungehörig ist.

Adel verpflichtet: Kurz nach Wulffs Rücktritt plädiert Philip Kiril von Preußen, der 43 Jahre alte Ururenkel des letzten deutschen Kaisers Wilhelm II., öffentlich für die Rückkehr Deutschlands zur Monarchie. Ein Monarch sei meist gegen Versuchungen gefeit wie jene, die zu Wulffs Rücktritt beigetragen hätten. »Entweder er hätte alten Familienbesitz oder eine Apanage – und es wäre unter seiner Würde, von Freunden Geschenke anzunehmen.«

Doch auch Hochadelige, die traditionell schon als Stand nichts als Würde auszustrahlen beanspruchen, erschüttern zuweilen den Glauben an ihr höheres, vom gemeinen Gewinnstreben abgehobenes Ethos. Der spanische König Juan Carlos, der im Jahr 2012 helfen soll, seinem stolzen Volk krasse staatliche Sparmaßnahmen schmackhaft und eine hohe Arbeitslosigkeit erträglich zu machen, wird mitten in der Wirtschaftskrise bei einer luxuriösen Safari, auf der Elefantenjagd in Botswana, ertappt, was nur herauskommt, weil er bei diesem Abenteuer gestürzt ist und sich die Hüfte gebrochen hat. Schlimmer als dieser Sturz ist der Crash für das Ansehen des Monarchen, der zu dieser Zeit auch als spanischer Ehrenpräsident der Naturschutzorganisation WWF amtiert: Auf einer spanischen Website unterzeichnen spontan über 50 000 Nutzer eine Petition, die die sofortige Absetzung des Ehrenpräsidenten fordert. Und die berühmte Schauspielerin und Tierschützerin Brigitte Bardot schreibt einen offenen Brief an Juan Carlos: »Majestät, ich wünsche Ihnen keine zügige Genesung, wenn dies dazu führt, dass Sie Ihre mörderischen Reisen nach Afrika und anderswohin fortsetzen.« Dieses Abknallen wertvoller Tiere – Elefanten waren in alter Zeit beliebte Königsgeschenke, ein derartiges Präsent zierte den Aachener Zoo von Karl dem Großen – sei »widerlich und unwürdig für eine Person Ihres Ranges.« Unwürdig – in der Tat.

Im Fall Wulff verschwimmen die Grenzen zwischen dem Würdelosen und dem bloß Lächerlichen. Die letzte Formulierung ist nur halb korrekt: Was heißt »bloß lächerlich«? Im Würde-Umfeld hat die Distel der »bloßen« Lächerlichkeit besonders spitze Stacheln. So mancher erholt sich von ihren Stichen jahrelang nicht. Der SPD-Politiker und Verteidigungsminister Rudolf Scharping, der immerhin mal Kandidat seiner Partei für das Amt des Bundeskanzlers gewesen ist, lässt sich kurz vor der Bundestagswahl 2002 in der führenden Klatsch-Zeitschrift *Bunte* porträtieren und ablichten – im Swimmingpool auf Mallorca, im schäkernden Plantsch-Duett mit seiner neuen Liebe, der eleganten Gräfin Kristina Pilati-Borggreve (geborene Paul), und das, während »seine« Soldaten vor einem riskanten Einsatz auf dem Balkan zittern. Von der Lächerlichkeit und Unangemessenheit dieses Auftritts hat sich der Mann, der nach seinem Rücktritt den Vorsitz im Bund deutscher Radfahrer übernahm, nicht mehr erholt. Dass er auch 2012 noch eine Sportart repräsentiert, in der seit Jahren durch Doping die Fairness verletzt und das Publikum betrogen wird, wie nicht nur der tiefe Fall des Tour-de-France-Helden Lance Armstrong beweist, hat auch diese bescheidene Vorsitz-Würde Scharpings noch überschattet. Ende Februar 2013 tritt Scharping, der sich zu den Dopingskandalen der Radfahrer nie substanziell geäußert hat, vom Amt des Radsport-Verbandspräsidenten zurück. Er schließt aber nicht aus, im Frühjahr abermals für dieses Amt zu kandidieren. Ende März wird er in diesem Amt bestätigt.

Das Lächerliche, das Schickliche, die Ehre

Die gebotene Angst vor der Lächerlichkeit ließ Scharping vermissen. Die meisten Menschen kennen diese Angst sehr wohl. Vor allem im beruflichen Alltag, bei wichtigen Konferenzen oder Verhandlungen, ist die Gefahr der Lächerlichkeit nicht selten karrierewichtig und bereitet dem, der sie fürchtet, Albträume. Sich durch ein falsches Wort, peinliches Unwissen, eine unhöfliche Geste oder auch nur unangemessene Kleidung »tödlich« zu blamieren, ist für viele Zeitgenossen oft bedrohlicher als das Katastrophen-Minus auf dem Girokonto.

Der Wert, den die Angst vor dem Lächerlichen zu wahren versucht, heißt Würde. Auf der ganzen Welt liegt den Menschen ihre Würde, wie diffus auch immer sie verstanden wird, besonders am Herzen. Auf sie berufen sich Prominente aus Kirche, Politik und Justiz ebenso inbrünstig wie marxistische

Gottesleugner, verarmte Manager, gekündigte Warenhaus-angestellte, muslimische Familienväter und sogar niedergelassene Ärzte: Im Streit um die 2013 fällige Honorarerhöhung geißelt der Chef einer deutschen Ärztevertretung den vermeintlichen Geiz der Krankenkassen mit dem Vorhalt, der Versuch der Kassen, die Ärzte als »Abzocker« zu diskreditieren, sei nichts weniger als »ein Angriff auf die Würde eines ganzen Berufsstandes«. Der Begriff der Würde wird hier verkürzt zum guten Ansehen eines Standes.

Die kulturübergreifende Bedeutung der Würde bestätigt die seit einiger Zeit sogar in China wieder tolerierte Anhängerschaft des Ethik-Weisen Konfuzius (um 551 bis 479 v. Chr.). »Meister Kong«, wie er auch genannt wird, verabscheute »glatte Worte und schmeichelnde Mienen«; er lehrte die eher sperrige, würdige »Schicklichkeit« im Betragen des vornehmen, des »fürstlichen« Menschen. Damit ist die gesetzte, beherrschte Anmut der Gestik gemeint, vor allem aber respektvolle, fast demütige Höflichkeit, ja Pietät. Ursprünglich eine ständische Ethik, die für das Verhalten der Bauern gegenüber ihren Lehnsherren galt, wurde der Maßstab der Schicklichkeit auf das Verhalten der Jüngeren gegenüber ihren Eltern und Lehrern und auf das Verhältnis zwischen Untergebenen und Vorgesetzten übertragen. Fürsten, Soldaten oder Bürokraten mussten sich dieses Respekts der ihnen Anbefohlenen durch unbedingte Disziplin als würdig erweisen. Konfuzius lehrte auch, man könne den Charakter eines Menschen an der Art erkennen, in der er um seine verstorbenen Eltern trauere. Dass der Tod der Eltern deren Kinder erst zu Erwachsenen werden lässt, somit ein tiefernster Lehrmeister der individuellen Würde ist, gilt ja heute noch auf der ganzen Welt.

Von der besonderen Wichtigkeit der Würde sind auch Muslime überzeugt. Der in seiner Menschenwürde verletzte Anhänger des Propheten Mohammed bekräftigt seine Verachtung des Unwürdigen, indem er auf diesen seine Schuhe schleudert – sie gelten als schmutzig, darum darf ein Muslim mit ihnen auch nicht die Moschee betreten. Als der US-amerikanische Präsident George W. Bush 2008 in Bagdad eine Pressekonferenz gibt, attackiert ihn ein irakischer Fernsehjournalist mit zwei Schuhen; sie fliegen knapp am Kopf des Präsidenten vorbei, der beide Male geschickt wegtaucht. Die Schuhe, schreit der Werfer, seien ein »Abschiedskuss« für den amerikanischen »Hund«. Am ersten Tag der ersten demokratischen Wahl, die in Ägypten im Mai 2012 abgehalten wird, gibt in Kairo auch der Ex-Premierminister Ahmed Schafiq seine Stimme ab. Er wird von Anhängern der Aufständischen mit Schuhen und Steinen beworfen. Der Begriff der Würde wird im Islam mit einer Strenge gehütet, die ihn sonst allenfalls noch im orthodoxen Judentum schützt. Zusammen mit der – unter anderem durch das rigorose Abbildungsverbot gehüteten – »Heiligkeit« des Propheten gilt auch das von ihm unmittelbar gesprochene Buch, der Koran, als »heilig«, was ein Absolutum an Würde meint, hergeleitet von dem einzigen Gott (*Allah*), der über jeden »Teilhaber« erhaben ist, also auch keinen »Sohn« (wie die Christen ihn in Jesus verehren) hat und auch keinen Papst als irdischen Stellvertreter dieses Sohnes anerkennt. Knapp unterhalb dieser unanfechtbaren religiösen Würde-Sphäre melden sich die Ideale »Ehre« und »Stolz« zu Wort. Die Ehre der Familie oder auch des erweiterten Clans, der Verwandtschaft, wird besonders hochgehalten, höher oft als selbst die allgemeinen Menschenrechte. Ehre und Stolz können sich aber, etwa im sogenannten Ehrenmord des Bruders an der sexuell gefallenen Schwester, entsetzlich radikalisieren. Das Menschenrecht auf Leben und auf persönliche Selbstbestimmung, elementarer Bestandteil des Würde-Kanons, wird dann im Namen der Familienehre grob missachtet. Das kann keine noch so würdige Religion dieser Welt rechtfertigen.

Duelle und andere Meinungs-Zweikämpfe

Die sogenannten Ehrenmorde im Namen der muslimischen Familien-Würde sind so absurd wie die Duelle alter Zeit, obwohl im Duell auf Leben und Tod die beiden Duellanten immerhin gleiche Chancen haben zu überleben. Jeder potentielle Täter ist ein potentielles Opfer. Das Duell wurde in Europa über Jahrhunderte, etwa nach 1700, regelmäßig als bewaffneter Streit zwischen zwei »Ehrenmännern« nach bestimmtem Ritus ausgefochten, mit zwei »Sekundanten« und einem Arzt. So manchen Prominenten hat dieser Würde-Zweikampf das Leben gekostet: 1837 ist der russische Goethe, der Dichter Alexander Puschkin, bei einem Duell getötet worden.

Dieser meist durch persönliche Beleidigungen ausgelöste, nicht immer tödliche Streitkampf um die Standesehre war sogenannten besseren Leuten wie Adligen, Offizieren oder Studenten vorbehalten. Er wurde 1871 im deutschen Reichsstrafgesetzbuch geächtet, seine Blutspur reicht aber bis in die Zeit nach dem Ersten Weltkrieg. Zu seinen Wurzeln gehört der gerichtlich geregelte, germanische »Zweikampf unter Freien«, vor der Christianisierung ausgetragen als »Holmgang« auf dem abgesteckten Kampfteppich, mit Stock und Schild, später mit der Schwertaxt. Floss Blut auf den Teppich, durfte nicht mehr weiter gekämpft werden.

Nachdem selbst die Sachsen und ihr Führer, das »Waldkind« Widukind, Ende des 8. Jahrhunderts bekehrt sind, werden noch lange danach mittelalterliche »Gottesurteile« gefällt: Wenn vor Gericht Aussage gegen Aussage steht, kommt es zum Zweikampf. Wer den gewinnt, der hat die Wahrheit gesagt und bekommt Recht in Gottes Namen. Man setzt voraus, dass Gott dem Unschuldigen zum Sieg verhilft. Die »Eideshelfer«, die jeder der Streitenden benötigt, sind keine Tatzeugen im heutigen Sinn. Es sind meist Freunde oder Verwandte, die den geleisteten Eid des Beschuldigten oder Klägers mit ihrem Eid bekräftigen. In einer Variante dieses Gottesurteils erhält von zwei Kontrahenten derjenige Recht, der es länger als der andere schafft, beide Arme beim Stehen vor einem Kruzifix ausgebreitet zu halten.

Im Rechtsstaat von heute sind solche »Gottesurteile«, erst recht jene Zweikämpfe zwischen Männern oder Sippen im Namen der Ehre anachronistisch, trotzdem finden diese Zweikämpfe selbst in Deutschland immer wieder statt – meist als wilde Schlägereien angetrunkener Hitzköpfe auf Hinterhöfen, Bahnhofsvorplätzen oder Parkplätzen in Supermarkt-Nähe. Dabei kann doch jeder, der sich beleidigt fühlt, im Rechtsstaat seine Ehre vor Gericht verteidigen. Das Gewaltmonopol liegt in der Hand des Staates und seiner Organe. Wer es in die eigene Faust nimmt, misstraut damit der Gerechtigkeit des Staates. Die prügelnden Sippen-Rambos, die dieses Misstrauen ausdrücken und unfreiwillig bei anderen bestärken, haben kein Problem damit, im Namen der Gesetze desselben Staates im eigenen Interesse zu prozessieren, etwa gegen die drohende Abschiebung in die Heimat. Der gerechte Staat wird zugleich demontiert und um Hilfe gebeten. Die Würde jener Würderetter, die sich in solche Widersprüche verstricken, ist selbst zweifelhaft.

Der in solchen Fällen meist auf die Anklagebank geschobene Staat gewährt schon lange nicht nur das einklagbare Menschenrecht auf Leben und körperliche Unversehrtheit, sondern auch das Recht, nicht diskriminiert zu werden. Wer andere beschimpft, verleumdet, aus ethnischen (als »Ausländer«) oder geschlechtlichen Gründen benachteiligt oder gar »böswillig verächtlich« macht, wird straffällig, auch wenn der Oberparagraf dafür den etwas altmodischen Titel »Volksverhetzung« trägt. Zusätzliche Bestimmungen, mit denen die »Diskriminierung« von Frauen, Ausländern oder Randgruppen verhindert werden soll, werden in den Medien ständig diskutiert. Sie wären unnötig, würden die bestehenden Gesetze nur konsequent befolgt.

In den Verfahren nach bestehendem Gesetz wird längst nicht mehr, wie oft behauptet, bloß um »Peanuts« gestritten. Im Dezember 2008 spricht das Arbeitsgericht Wiesbaden einer türkischstämmigen Versicherungsangestellten eine Entschädigung von 10 800 Euro zu, weil ihr nach einem Mutterschaftsurlaub eine Stelle zugewiesen wurde, die effektiv schlechter dotiert war als jene, die sie vorher erfolgreich wahrgenommen hatte. Die Angestellte klagte nicht nach dem Mutterschutzgesetz, sondern weil sie sich wegen ihrer Herkunft und ihres Geschlechts diskriminiert fand.

So mancher rhetorische Schlagabtausch in den Meinungsduellen heutiger Politiker hätte vor zweihundert Jahren einen jener legendären Pistolen-Zweikämpfe auf einer Waldlichtung bei Sonnenaufgang zur Folge gehabt. Roland Pofalla, CDU-Politiker und Chef des Kanzleramts, lässt sich im späten Frühjahr 2012 während der Debatte zu einer der vielen Euro-Rettungsmanöver zornig gehen und wirft seinem Parteifreund Wolfgang Bosbach, der gegen den Parteikonsens zickt, die auf dem deutschen Parlamentsparkett ungewöhnliche Grobheit an den Kopf: »Ich kann deine Fresse nicht mehr sehen.« Im ukrainischen Parlament hätte so ein Affront Faustkämpfe unvermeidlich gemacht. Bosbach indes, der im August desselben Jahres vom SPIEGEL gefragt wird, ob jener Pofalla-Fehltritt nicht zu den »Schattenseiten der Politik« gehöre, äußert sich generös: »Ach, der arme Roland! Er stand garantiert unter einem enormen Druck« – unter dem Druck der Fraktionsdisziplin, die den Kurs der Bundeskanzlerin Angela Merkel stützen sollte.

Während Pofallas Wutausbruch ein Musterbeispiel unwürdiger politischer Schmährede darstellt, repräsentiert Bosbachs famose Gelassenheit die Würde der Großherzigkeit, des Verzeihen-Könnens. Solche Großmut – nach dem Wörterbuch der

Brüder Grimm »Edelmuth mit Selbstbesiegung« – ist schon für den altgriechischen Ethik-Denker Aristoteles eine zentrale Tugend, die »Mitte« zwischen Eitelkeit und Kleinmütigkeit. Sie zeichnet vor allem den militärisch oder moralisch Überlegenen aus. Bosbach ist in diesem Spiel von vornherein der moralische Sieger, weil Pofallas Attacke so offensichtlich ordinär und unangemessen persönlich – jenseits aller sachlichen Auseinandersetzung – ausgefallen war.

Arm und Reich, Ausschluss und Teilhabe

Der Politiker Oskar Lafontaine, ehemals Bundesfinanzminister einer von der SPD angeführten Regierung und später Mitgründer der Linkspartei, denkt am 11. September 2012 in einem Diskussionsbeitrag zur Finanzkrise über die Frage nach, warum trotz wachsender sozialer Ungleichheit »linke Ideen sich in den Gesellschaften nicht durchsetzen« und inwiefern das an medialen »Ungleichgewichten« liege. Der Beitrag endet mit der Forderung, die Linke müsse »weit mehr als bisher ihre eigenen Begriffe und ihre eigene Sprache« entwickeln, und »der Verhöhnung und Zerstörung ihrer Ideale« müsse sie ihren Glauben an »Werte« entgegensetzen, »die man nicht kaufen kann«, sowie die Überzeugung, »dass genau diese Werte dem menschlichen Leben die Würde geben« (*Frankfurter Allgemeine Zeitung*, 11.9.2012).

Lafontaine meint hier vor allem die Würde dessen, der eine angemessen entlohnte Arbeit hat. Arbeit an sich ist keine »Schmach«, wie der philosophische Schriftsteller Friedrich Nietzsche gemeint hat, sondern ein wesentliches Medium menschlicher Selbstwerdung. Jahrelang arbeitslos sein, aus Kontaktarmut und Geldmangel auf die Teilhabe an etlichen kommunikativen Elementarprozessen wie dem Restaurantbesuch mit Freunden, dem Kinobesuch, der Nutzung von Mobiltelefon und Fernsehen, dem Internetzugang, der wenigstens kurzen Urlaubsreise oder einer Vereinsmitgliedschaft verzichten müssen oder zu einem Lohn arbeiten, der fast ganz von der Wohnungsmiete und dem Krankenkassenbeitrag aufgezehrt wird – das ist in der Tat unwürdig. Denn ein Leben in totaler Abhängigkeit von fremder Zuwendung, ohne Erfahrungen der Selbstbestimmung und ohne kommunikative Einbindung ist reif für die psychische Verelendung.

Eine von Lafontaines Nachfolgern im Amt der Parteivorsitzenden der Linken, Katja Kipping, Jahrgang 1977, verbindet Mitte Februar 2013, in einem Interview mit der *Thüringer Allgemeinen*, die Kluft zwischen Arbeitsbesitzern und Langzeitarbeitslosen mit dem zu diesem Zeitpunkt immerhin schon 24 Jahre alten Ost-West-Gegensatz. Anlass sind die Ermittlungen der Hamburger Staatsanwaltschaft gegen den langjährigen Fraktionschef der Linkspartei, Gregor Gysi. Dabei geht es um eine angeblich falsche eidesstattliche Erklärung Gysis, die den Verdacht betrifft, er habe jahrelang in der DDR Oppositionelle wie Robert Havemann – unter dem Rubrum, sie anwaltlich zu vertreten – an die Staatssicherheit verraten. Gysis Behauptung, das Stasi-Mitarbeiterkürzel »IM Notar« meine nicht ihn, sondern eine kollektive Adresse für spezielle Dissidentenfälle, wird fragwürdig, weil ein neu entdecktes Dokument eine feierliche Ehrung – mit Münze und Urkunde – an verdienstvolle Stasi-Helfer belegt. Diese Ehrung hat nur Personen gegolten, nicht aber einer Art von Briefkasten; und unter den Geehrten befindet sich eindeutig ein gewisser »IM Notar«, aller Wahrscheinlichkeit ist das eben doch Gysi.

Frau Kipping, die anscheinend die sehr nachdenklich stimmenden Stasi-Akten zu »IM Gregor« und »IM Notar« nicht studiert hat oder nicht studieren will, meint, die Ermittlungen gegen Gysi seien Teil einer neuen Kampagne gegen die Ostdeutschen. Offenbar weiß sie nicht oder will es aus Wahlkampfgründen nicht wissen, dass nach 1989 die ersten Beschuldigungen, Gysi habe als »Stasi-Spitzel« gearbeitet, von prominenten Ostdeutschen wie Bärbel Bohley und Marianne Birthler (noch 2008!) erhoben wurden – Frau Birthler tat dies als Leiterin der Berliner Behörde für Stasi-Unterlagen. Frau Kipping versteigt sich in ihrem Interview zu der bemerkenswerten These, die Menschen im deutschen Osten hätten »es einfach satt, dass ohne jede Ahnung vom Alltag in der DDR Urteile über ihr Leben gefällt werden.« Weniger Lohn und weniger Rente für gleiche Leistung könnten diese Menschen noch ertragen, aber »einen Abschlag bei der Würde wollen sie nicht auch noch hinnehmen.« Gewiss hat es das gegeben: Arrogante sogenannte Entwicklungshelfer und moralische Fundamentalisten, die unsensibel für die Zeitumstände waren und nach 1989 die Würde vieler DDR-Bürger mit Füßen getreten haben; doch der Fall des ambivalenten, vom deutschen Fernsehen jahrelang als Talkshow-Rhetoriker geladenen, fast gehätschelten Anwalts Gysi erfordert wohl eine ganz andere Würde-Diskussion als Frau Kipping meint. Wie Gysi jahrelang jeden Versuch ehemaliger DDR-Dissidenten, seine Redlichkeit bei seinen – erwiesenen – Stasi-Kontakten in Frage zu stellen, mit Klagen vor Gerichten niederbügelt, verrät eine gespenstische Rechthaber-Attitüde. Wäre sie so verlogen, wie viele Kenner dieser komplexen Materie sagen, vor allem ostdeutsche Kenner, hätten wir hier einen Fall von exzessivem Missbrauch des Würde-Ideals.

Die Frage, ob die Kluft zwischen leidlich verdienenden Mittelständlern und Langzeitarbeitslosen ein Problem mit gesellschaftlicher Sprengkraft zu werden droht, mit dem alten Ost-West-Gegensatz zu vermengen – das hat etwas Demagogisches. Spezielle Ost-Lasten wie die in der Tat absolut unwürdigen Manipulationstechniken der Stasi werden kurzerhand im Mantel der epochalen Auseinandersetzung zwischen Arm und Reich zum Verschwinden gebracht. Zu dieser Auseinandersetzung hat der Freiburger Soziologe Günter Dux mit seinem Buch *Warum denn Gerechtigkeit – Die Logik des Kapitals*

(2008) Thesen beigetragen, die sachgerechter sind als Frau Kippings Würde-Lamento.

Dux meint, eine ökonomische Grundsicherung wie »Hartz IV« oder irgendeine Art von leistungsfrei gewährtem Bürgergeld ermögliche dem Einzelnen keine ausreichende Teilhabe an den »Sinnvorgaben« der Gesellschaft. Dazu gehörten auch genügend Chancen zur Kommunikation, vor allem aber eine »Teilhabe am System der Arbeit«, da letztlich nur dieses System gesellschaftliche Anerkennung gewährleiste. Ganze Gruppen aus diesem System auszuschließen, sei ungerecht und gefährde den psychologischen Zusammenhalt der Gesellschaft. In diesem Sinne müsse eine gerechte Gesellschaft »objektive Chancen zu einer würdigen Lebensgestaltung« bieten (so Dux 2009 im Gespräch mit dem Autor). Ähnlich argumentiert auch der Philosoph Oskar Negt, wenn er »die kulturelle Dimension« von Arbeit, Arbeitslosigkeit und Gemeinwesen betont. Negt schreibt, »menschliche Würde« sei »immer noch wesentlich durch Arbeit vermittelt« (*Arbeit und menschliche Würde*, 2001). Das konkrete Wie einer strukturellen gesellschaftlichen Gerechtigkeit kann in einer Demokratie nicht der Staat beziehungsweise die in ihm gerade tonangebende Regierungspartei allein diktieren, sondern es muss zwischen Politik und Marktgesellschaft, Parteien und Interessenvertretern, Arbeitgebern und Gewerkschaften frei ausgehandelt werden. Da neue Realitäten oft neue Ungerechtigkeiten schaffen, muss das im Prinzip immer wieder neu geschehen – in einem möglichst würdigen Gleichgewicht der widerstreitenden Kräfte.

Unwürdige Vereinzelung und Reduktion der Teilhabe am sozialen Sinn, wie sie jeder Ausschluss aus der Arbeitsgesellschaft mit sich bringt, lassen sich aber nur unzureichend durch vermehrte institutionelle Anstrengungen des Staates – Modell: Agentur für Arbeit – bekämpfen, welche, da stets subventioniert, den faktisch noch Arbeitenden immer höhere Steuerlasten aufbürden. Die immer höhere steuerliche Ausplünderung jener Mittelschicht, die ohnehin die Hauptsteuerlast trägt – sie kann ihre Gewinne nicht einer karibischen Dependance hinüberschieben, wo sie gnädiger versteuert werden –, ist gesellschaftspolitisch ein Würde-Problem, sofern sie mangelhafte Anerkennung von Leistung impliziert: Die Hälfte der Steuerzahler, überwiegend die Mittelschicht, beschert dem Staat jetzt schon 94 Prozent der Lohn- und Einkommenssteuern. Soll das noch gesteigert werden? Anders gewendet: Das obere Viertel der Einkommen schultert 76,5 Prozent des Steueraufkommens. Die von linken Politikern immer wieder geforderte »Reichensteuer« gibt es längst. Was die daran beteiligten Firmen betrifft, so handelt es sich überwiegend um mittelständische Betriebe, von denen sich 70 Prozent in Familienbesitz befinden. Mittelschicht und Mittelstand durch eine weiter verschärfte Umverteilung des Geldes zu melken, ist angesichts dessen, was diese Säulen unserer Wirtschaft leisten, eigentlich unanständig. Es ist auch ökonomisch Unsinn. Gerade der Mittelstand mit seinem Familien-Touch bietet eine Menge von dem, was wesentlich die »Würde der Arbeit« ausmacht: halbwegs kreative Arbeitsplätze, die durch ihre Überschaubarkeit, durch lokale oder regionale Einbettung, durch die einigermaßen verlässliche Bindung an einen »Heimat-Standort« – man muss nicht alle zwei Jahre den Wohnort wechseln, weil eine andere Filiale der Weltfirma ruft – und durch persönliche Nähe unter Kollegen und zu den Vorgesetzten soziale Integration begünstigen.

Eine Gesellschaft, der für engmaschige soziale Netze und »von oben« subventionierte Ersatzarbeit das Geld auszugehen droht, muss verstärkt auf die neuen, an Solidarität orientierten Bürgerbewegungen »von unten« setzen, vor allem in dem, neben Familie und Staat, Dritten Sozialraum der Nachbarschaft. Das nichtinstitutionelle Engagement entschlossener Bürger für verarmte, vereinsamte, kranke, pflegebedürfte Nachbarn; die genossenschaftlich organisierten, neu gegründeten Dorfläden oder auch Selbsthilfe-Initiativen wie das Netzwerk »solidarische-landwirtschaft.org.« – hier und anderswo bieten sich auch dem vom Arbeitsmarkt Ausgebooteten Chancen zu Tätigkeiten, die ihm soziale Anerkennung versprechen und oft durchaus, wenn auch bescheiden, entlohnt werden.

Dabei geht es um mehr als um das subventionierte Laubharken vor dem Rathaus. Schon eher um den täglichen Besuch eines Menschen, dem – bliebe er allein auf sich gestellt – die Abschiebung in ein Pflegeheim gewiss wäre. Die Pflegeheim-Restexistenz eines Menschen ist in der Regel unwürdig, weil dieser Mensch, sozial reduziert auf Kontakte mit überwiegend Gleichaltrigen, Stück für Stück auf sein aktives Selbst verzichtet. Dazu gehört das eigene Zeitmanagement, das eigene Essen, die eigene Wohnung, die eigene Mediennutzung, das eigene Hobby – egal ob Gartenarbeit, Männergesangsverein, Landfrauenrunde, Pferdepflege, Hundebetreuung, Reiseaktivitäten, schließlich die eigene Bibliothek. Dieser Verzicht ist nur bei schweren Behinderungen unvermeidlich, wird aber auch sehr vielen abverlangt, die – mit ambulanter Unterstützung – durchaus noch einige Aktiva zu ihrer individuellen Würde beisteuern könnten.

Nicht nur die Qualität der Arbeit oder der Abstand zwischen Arbeitsbesitzern und Arbeitsbesitzlosen werfen Würde-Probleme auf. Auch im globalen Rahmen erreicht der Abstand zwischen denen, deren Leben dem Ideal humaner Selbstentfaltung auf einem angemessen Niveau entspricht, und den hungernden Bewohnern von Wellblechverliesen ohne Wasser und Toilette millionenfach eine kaum vorstellbare Würdelosigkeit. Der Finanzfachmann Horst Köhler, Jahrgang 1943, von 2004 bis 2010 deutscher Bundespräsident, hält Mitte Januar 2013 als Mitglied eines Gremiums, das die UNO bei der Formulierung ihrer Entwicklungsziele bis zum Jahr 2015 berät, in Berlin ein bemerkenswertes Plädoyer für einen neuen Lebensstil der entwickelten Länder. Motto: »Was sich im reichen Norden ändern muss.«

Die Verschwendung von Energie und der Verbrauch natürlicher Ressourcen (Regenwald, Vielfalt der tierischen Arten, Landschaft, Wasser) dürften nicht weiterbetrieben werden wie bisher. Er habe ein ungutes Gefühl, wenn er Bilder vom Smog über Peking sehe und zugleich von den dort ständig steigenden Absatzzahlen der Automobilindustrie höre. Nur wenn Europa und die USA in ihrem Lebensstil, der meist weniger solventen Ländern als Vorbild diene, konsequenter Rücksicht auf die Endlichkeit der Ressourcen, auf die Folgen des Klimawandels und auf den nötigen Abbau des Elends in der Welt nähmen, hätten auch die Menschen in den ärmeren Regionen dieser Welt eine Chance auf »ein Leben in Würde«. Schließlich sei die Biosphäre unteilbar.

Köhler hat Recht: Zur Würde der Gesellschaft gehört nicht nur ein maßvoller, möglichst leistungsgerechter Abstand zwischen Gutverdienenden, die als »kreditwürdig« gelten, und Hartz-IV-Empfängern hierzulande; ohne eine auf globale Zusammenhänge eingestellte Ethik des schonenden Naturverbrauchs wäre die Menschenwürde, die dann bloß individuell oder national definiert würde, letztlich eine schöne Illusion. Sie wäre so illusionär wie die in Deutschland beliebte Vorstellung, der eigene massive, ungeheuer kostspielige Ausbau des Verbrauchs erneuerbarer Energien – sie liefern Ende 2012 rund 12 Prozent des verbrauchten Stroms – werde weltweit das Klima spürbar entlasten. Wie der dänische Statistiker und Umweltexperte Bjørn Lomborg im SPIEGEL (12/2013) vorgerechnet hat, werden alle deutschen Anstrengungen zum Ausbau erneuerbarer Energien bis zum Ende des Jahrhunderts den global zu erwartenden Temperaturanstieg um weniger als 0,001 Grad Celsius absenken. Lomborg empfiehlt den Weg der USA, die dadurch, dass sie mehr und mehr die

Verbrennung von Kohle durch die Verbrennung von Erdgas ersetzen, allein schon 2012 die Atmosphäre doppelt so stark von Kohlendioxyden (CO_2) entlasten wie dies die gesamte EU-Klimapolitik zustande bringt. In dieser Debatte haben sich in Deutschland Meinungsfronten auf eine Weise verhärtet, die gegen alle Regeln des Respekts verstößt. Wo die Natur zur »Ersatzreligion« zu werden droht, wie Andreas Müller in seinem wohltuend zeitgeist-kritischen Buch *Das grüne Gewissen* (2013) schreibt, werden Zweifel an der etablierten Energiepolitik ähnlich dämonisiert wie im christlichen Mittelalter oder im Islam die Zweifel an der Existenz Gottes.

Entwürdigende Folter-Androhung?
Der Fall Jakob von Metzler

Auch einer der spektakulären deutschen Strafprozesse dieser Jahre erteilt uns eine kostbare Lektion im Würde-Fach. Im Herbst 2002 entführt ein geldgieriger Frankfurter Jurastudent den 11-jährigen Bankierssohn Jakob von Metzler. Er lockt den Jungen in seine Wohnung, erstickt ihn und versteckt die in einen Kunststoffsack gewickelte Leiche unter einem Steg an einem kleinen See der Region. In einem Erpresserbrief an die Familie wird vorgetäuscht, der Junge lebe noch und werde gegen ein hohes Lösegeld freigelassen. Die Polizei kommt dem Täter bald auf die Spur, er wird 2003 wegen Mordes zu lebenslänglicher Haft verurteilt. Im Jahr darauf werden der Polizeivizepräsident und der Kommissar vor Gericht gestellt. Der Kommissar hatte – noch in dem Glauben, das Kind lebe – vom Täter wissen wollen, wo er den Jungen versteckt halte. Da der Täter die Polizei schon vier Tage lang auf falsche Fährten gesetzt hat, wird ihm nun »das Äußerste« angedroht, man will den Jungen finden, bevor er an Kälte oder Durst stirbt. Die Richter werten das nachträglich als Androhung von Folter, als Nötigung durch angekündigte Zwangsmaßnahmen. Der

Polizist wird wegen »Nötigung«, sein Vorgesetzter wegen der Anordnung derselben jeweils zu einer Geldstrafe verurteilt, der Polizeivizepräsident muss auf sein Amt verzichten. Der Europäische Gerichtshof für Menschenrechte erklärt sieben Jahre später, der Täter sei ein Opfer unmenschlicher Behandlung durch die Polizei geworden; im Oktober 2012 spricht das Frankfurter Oberlandesgericht dem Täter eine Entschädigung von 3000 Euro zu.

Zum Ereignis des Jahres 2012 wird der Prozess nicht nur wegen dieser späten Entscheidung, sondern vor allem durch den außergewöhnlich intensiven, unter Vermeidung jeglicher Melodramatik sehr dicht, bedrängend sachlich gehaltenen Fernsehfilm, den das Zweite Deutsche Fernsehen unter dem Titel »Der Fall Jakob von Metzler« Ende September 2012 ausstrahlt. Den Polizeivizepräsidenten spielt Robert Atzorn, Regie führt Stephan Wagner, Produzenten sind Benjamin Benedict und Nico Hofmann.

Den Film zeichnet nicht nur ein würdiger Duktus und ein wohltuender Respekt vor den Gefühlen der betroffenen Familie aus, er lässt auch die Debatte über den Gewissenskonflikt der Polizei und dessen (unzureichende) Gewichtung durch die Gerichte noch einmal aufflackern. 2004 war die Diskussion weitgehend ungünstig für die Polizisten gelaufen. Tenor: Folter auch nur anzudrohen, zumal solche, bei der der Täter (wie er vor Gericht behauptete) Angst um sein Leben empfand, müsse deutschen Polizisten – auch in Erinnerung an die Nazi-Zeit – für alle Zeiten verboten bleiben, hier dürfe es keinen »Dammbruch« geben. So formalistisch und zugleich politisch überkorrekt kommentierte unter anderem Heribert Prantl in der *Süddeutschen Zeitung.*

Nach der Ausstrahlung des Films ist dieser herzlose Rigorismus einer differenzierteren Debatte gewichen, die nicht nur an den Konflikt zwischen Folterverbot und der vom Strafgesetzbuch gebotenen Nothilfe erinnert – in den Augen der

Polizei musste das Kind unbedingt am Leben bleiben. Jetzt darf auch ins Feld geführt werden, dass 1989 ein entführter Junge nur deshalb gerettet werden konnte, weil der verhörende Polizist den Entführer schlug, bis er das Versteck preisgab. Der Polizist zeigte sich später selbst an, er wurde aber nicht angeklagt. Im Jahr 2012 resümiert der Kommissar, der den Entführer des Metzler-Sohnes verhört hat, die humane Unangemessenheit des juristisch korrekten Urteils so: »Es ging um das Leben eines Kindes. Der Täter hat uns ja nicht gesagt, dass Jakob schon tot ist. Wir klammern uns an den Begriff Menschenwürde. Aber was war mit der Würde von Jakob, wenn wir ihn sterben ließen, nur um die Würde des Entführers zu wahren?« (so berichtet Sandra Kegel in der *Frankfurter Allgemeinen*, 24.9.2012). An der Richterwand des Frankfurter Gerichtssaals, wie ihn der Fernsehfilm zeigte, ist die Inschrift zu lesen: »Die Würde des Menschen ist unantastbar« – Artikel Eins des deutschen Grundgesetzes, erster Satz.

Wenn die Würde des einen Individuums derartig gegen die Würde des anderen Ansprüche anmeldet, fragt es sich doch, wer von beiden der grundrechtlichen Selbstachtung des zugehörigen Gemeinwesens in seinem Handeln mehr entspricht: der erpresserische Entführer und potentielle Mörder oder sein Opfer, der kleine Junge? Beiden ist in gleicher Weise die angeborene Menschenwürde zu eigen, aber hat der Täter den mit dieser Würde verbundenen Grundrechtsanspruch auf körperliche Unversehrtheit nicht spätestens in dem Augenblick verwirkt, in dem er seine ungeheuerliche Tat gesteht, das Versteck des Jungen aber nicht preisgeben will? Kann es sein, dass der Begriff Würde diesen abscheulichen Täter und sein Opfer unterschiedslos adelt? Lässt sich diese Frage mit dem ewig wiederholten, aber wohlfeilen und für eine Demokratie rätselhaften Einwand abservieren, sie basiere auf purem Populismus – *populus* heißt »Volk«, wie der Wortanteil *demos* in »Demokratie«?

41

Kein Zweifel: Die Rechtshistoriker und Rechtstheoretiker werden den Fall Jakob von Metzler noch einmal gründlich aufarbeiten müssen. Es könnte dabei herauskommen, dass jenes ehrenwerte Verbot, Folter auch nur anzudrohen und Tätern Angst um ihr Leben zu machen, kein Absolutum (wie es der Anwalt des Jakob-Entführers einforderte) mehr zu sein braucht. Absolut mag es gelten für Folterandrohung, die ein Geständnis erzwingen soll. So ein Geständnis hat ja keinen Wahrheitswert. Aber der Entführer Jakobs hatte die Tat bereits gestanden. Die Folterandrohung war der Versuch, dem Täter das Versteck des Kindes abzupressen. Wer aus der Nazi-Vergangenheit, wie es hier indirekt geschah, das absolute Verbot auch einer solchen Gewaltandrohung in einer derartigen Grenzsituation ableitet, der schwächt letztlich die Akzeptanz des Rechtsstaats. Er schwächt die Akzeptanz ausgerechnet jener Erinnerungskultur, auf die er sich beruft.

Vor der Sendung des Films ließ das ZDF den Talkshow-Tausendsassa Markus Lanz, Jahrgang 1969, über das kommende TV-Ereignis reden. Nach einem Geplänkel mit einem Fernsehkoch – unter anderem über gezuckerten Lachs – soll der Polizeidarsteller Robert Atzorn mit dem eloquenten Anwalt des Täters unterschiedliche Standpunkte austauschen. Der brillante Schauspieler ist argumentativ dem Anwalt klar unterlegen. Natürlich hätte diesem Verteidiger des Täters ein kompetenter Jurist, kein Schauspieler, Paroli bieten müssen. Diese Talkshow ist dem Anlass in keiner Weise angemessen.

Fernseh-Elend

Der Moderator jener missratenen Talkshow zum Fall Jakob von Metzler, Markus Lanz, Mitverfasser der Biografie eines Fernsehkochs und gut ausgebildeter Marketing-Routinier, entzückt seine kritischen Beobachter Wochen später damit, dass er – in der nun von ihm geleiteten Show »Wetten, dass..?« –

um den mit einer Katzenmütze gekrönten Schauspieler Tom Hanks herum in einem Sack hüpft und das für komisch hält. Hanks charakterisiert die lächerliche Sendung hinterher ironisch als »Hochqualitätsfernsehen«. Lanz war darüber so erschrocken, dass er kurze Zeit überlegt haben soll, die Sendung aufzugeben, woraus aber leider nichts wurde. Die »Wetten, dass..?«-Sendung am 23. März 2013 gleitet auf dieser Niveau-Rutsche weiter in die Tiefe: Co-Moderatorin Cindy aus Marzahn, sozusagen die Frau fürs ganz Grobe, rappt hinüber zum Studiogast 50 Cent, ebenfalls Rapper: »Und ich hätte gerne heute Abend noch mit dir Geschlechtsverkehr«; der Schauspieler Heiner Lauterbach fährt auf einer rollenden Kloschüssel ein Wettrennen gegen seine Frau Viktoria, dann wird mit Fußbällen auf das Hinterteil eines TV-Moderators geschossen – Lanz: »Top, der Hintern quillt« – und schließlich, wie komisch, muss Lanz wegen einer verlorenen Wette mit Anzug, Schlips und weißem Kragen in eine Badewanne steigen, die mit flüssiger Schokolade gefüllt ist. Man ist ja in Wien, der Heimat der Sachertorte! Es soll Zeiten gegeben haben, da galten solche Primitivscherze mit Lebensmitteln einfach als beleidigend für die Hungernden dieser Welt. Hat Lanz wohl vergessen.

Hauptsache, man fällt irgendwie auf... Der wendige, charmant und geläufig über alles und jedes plappernde Lanz, der, vielleicht aus berechtigter Angst vor fachlicher Kompetenz, regelmäßig viel zu viele Gäste in seine Gesprächsrunden einlädt und selbst bei wichtigen Themen nie vergisst, einen professionellen Hanswurst dabei zu haben – wie im Mittelalter bei Kaisers Gelagen –, ist ein besonders emsiger Held der verquasselten Talkshow-Würdelosigkeit. Diese hat schon große Teile der öffentlichen deutschen Gesprächskultur verwüstet. Bis wohin diese Wüste bereits gewachsen ist, lässt sich daran ermessen, dass in einer anderen Talkshow des öffentlich-rechtlich alimentierten Fernsehens jemand laut über »sexistische

Kackscheiße« schwadroniert, ohne dass irgendjemand daran Anstoß nimmt.

Kritische Kommentare oder Entschuldigungen über öffentliche Entgleisungen im Nachhinein sind in der Regel wirkungslos, sie beruhigen nur das Gewissen derer, die der jeweiligen Grenzüberschreitung das Forum geboten haben. Wohlfeile Würde-Akrobatik für jene Zeitgenossen, die solche Würde-Verletzungen nicht bloß unterhaltsam finden – das Gesagte und Gesendete wird millionenfach rezipiert, die netten Korrekturen interessieren kaum jemanden. Aber sogar eine matte nachträgliche Entschuldigung unterbleibt bei jener unfassbaren Beleidigung, die dem deutschen TV- und »Top«-Model Heidi Klum Ende Februar 2013 angetan wird: In dem US-Sender E! fällt die beliebte Entertainerin und Modekritikerin Joan Rivers, Jahrgang 1934, über das wohl allzu busenehrliche Kleid her, das die von den USA so begeisterte Deutsche auf einer Party während der Oscar-Preisverleihung getragen hat: »Das letzte Mal, dass jemand aus Deutschland so heiß (»hot«) ausgesehen hat, war, als sie die Juden in die Öfen geschoben haben.« Diese ungeheuerliche und geschmacklose Pauschalschmähung, die nicht nur eine junge Deutsche, sondern auch die Holocaust-Opfer »vulgär« – so ein Kritiker – beleidigt, wird nicht besser, wenn man weiß, dass Frau Rivers Jüdin ist und Vorfahren von ihr durch die Nazis umgebracht wurden. Die Würde der Holocaust-Opfer oder ihrer Nachfahren legitimiert solche massiven Beleidigungen keineswegs. Auch die Enkel der Tätergeneration haben ihre Würde, und wer sie in archaischer Sippenhaft-Logik so grob mit den Tätern identifiziert, verfährt moralisch nicht sehr viel ehrenhafter als die Nazis, wenn sie »die« Juden als Kollektiv erst demütigten und dann töteten.

Papst und Pilger

Eine wenig appetitliche menschliche Ausscheidung bewegt die Nation, als die Satirezeitschrift *Titanic* im Juli 2012 Papst Benedikt beleidigt. Dessen Berater konnten zu diesem Zeitpunkt den verräterischen Kammerdiener, der vatikanische Intrigen öffentlich gemacht hatte, noch nicht finden. Die *Titanic* bildet den deutschen Pontifex im weißen Habit ab: mit einem (unechten) gelben (Urin-)Fleck im Schritt. Titelzeile des Heftes: »Halleluja im Vatikan – Die undichte Stelle ist gefunden«. Krasser und billiger kann die Herabsetzung des Mannes, der nicht als Individuum, sondern qua Amt für eine besondere Würde steht, nicht geraten.

Die Würde des Papstes wird seit alter Zeit, zum Beispiel durch Papst Leo I. (um 395 bis 461), aus der Nachfolge Petri abgeleitet, des offiziell ersten Papstes. Wenn Leo sagt: »Die Würde des Petrus (*Petri dignitas*) geht auch in einem unwürdigen Erben nicht verloren«, dann hebt er die Würde-Tradition des Amtes klar ab von den konkreten Amtsträgern, die sich nicht immer sehr würdig verhalten haben. Diese Würde leitet sich her von der Allmacht des Herrn, der »göttlichen Majestät« (Papst Innozenz IV.), die über Gottes »Sohn« Jesus diesen Petrus legitimiert; aber auch aus der Zuständigkeit des Petrus-Stellvertreters für die gesamte, nicht nur die weströmische Kirche. Seit dem 5. Jahrhundert n. Chr. ist diese Amtswürde zwischen Kaiser und Papst umstritten. So weist Papst Gelasius im Jahr 494 den oströmischen Kaiser Anastasios zurecht: »Obwohl Du aufgrund Deiner Würde dem Menschengeschlecht vorstehst«, musst du vor den »Verwaltern des Göttlichen demütig den Nacken beugen«.

Amtswürde kann angemaßt und darum zu vernachlässigen sein. Doch prinzipiell ist sie keine Nebensache, wie die Erben der »antiautoritären« 68er-Generation – aus gutem, speziell deutschem Grund – meinen. Amtswürde ist ein Jahrhundertthema wie alle Herrschaftsformen und ihre Legitimationen. Dass die *Titanic*-Leute meinen, ihr kleiner Gag sei die Herabsetzung dieser gewaltigen Tradition, die sie kaum kennen dürften, wert, ist schlimm genug. Schlimmer ist die Reaktion der breiten Öffentlichkeit: Sie reproduziert ungeniert das geschmacklose Titelbild und erörtert vor allem die Frage, ob der Vatikan gerichtlich gegen das Heft vorgehen werde.

Was die Würde des päpstlichen Amtes betrifft, das eine über 2000-jährige Geschichte hinter sich hat, so sei an Papst Johannes Paul I. erinnert: Als er 1978 nach nur 33 Tagen im Amt stirbt und es allerlei Gerüchte über die Todesursache gibt – angeblich plante er radikale Reformen –, beschließt der Vatikan, auf eine Obduktion der Leiche zu verzichten. Begründung: »Obduktionen widersprechen der Würde des Papstes.« Diese Respektskultur mag mancher nüchterne Zeitgenosse übertrieben oder gar verdächtig finden. Für die um sich greifende Antikultur reißerischer Respektlosigkeit ohne ernsthaftes aufklärerisches Ziel sollte die Erinnerung an die fast archaische *dignitas* ein heilsames Korrektiv sein.

All diese Beispiele bestätigen es: Die Wichtigkeit des althergebrachten Begriffs der Würde lässt sich in unseren Tagen auf allen möglichen Schauplätzen und Niveaus demonstrieren. Das Ideal der Würde wurde noch von keiner neuzeitlichen Wissenschaft wirklich entzaubert, auch nicht durch die zur Relativierung von als vorbildlich geltenden Haltungen und Handlungen anscheinend verpflichtete Psychologie. Die Würde bewahrt seit Menschengedenken einen metaphysischen Rang. Metaphysik steckt insofern in ihr, als sie durch vermessende Empirie ebenso wenig fixierbar ist wie etwa die menschliche Freiheit, die als organischer Befund noch von keinem Hirnforscher nachgewiesen werden konnte und darum auch von Naturwissenschaftlern häufig zur Fiktion erklärt wird.

Das Verhältnis der Menschenrechte zur Würde-Ethik ist kompliziert. Ist sie mehr als ein Sammelbegriff, eine Art von ideeller Vorgabe für jene Rechte? Ohne gesetzlich konkret und vielfältig gesicherte Freiheitsrechte der menschlichen Persönlichkeit, etwa in Bezug auf die Gleichberechtigung von Frau und Mann oder auf die Presse- und Religionsfreiheit, gibt es keine Menschenwürde, das ist gewiss. Dennoch wäre es der Idee der Würde nicht angemessen, sie als summarische Quintessenz einer Gesetzgebung zu betrachten, die im Detail die Freiheitsrechte des Individuums schützt. »Die Menschenwürde muss in sich ruhen«, hat Theodor Heuss (1884 bis 1963), der erste, für seine »gelassene Würde« oft gerühmte Präsident der deutschen Bundesrepublik, 1948 bei den Grundgesetz-Beratungen des Parlamentarischen Rates betont. Damit wollte er sagen: Die Menschenwürde ist nicht ableitbar aus anderen Rechten; sie selbst ist es, die andere Rechte begründet. Die Menschenwürde ist ein Wert, der schlechthin anzuerkennen ist – wie die Freiheit. Beide absoluten Werte bedingen sich wechselseitig. Heuss wollte allerdings mit dieser innerweltlich-humanistischen Begründung auch eine Grenze ziehen gegen religiöse Würde-Begründungen, denn sie seien für den breiten Konsens unterschiedlicher weltanschaulicher Demokratie-Teilnehmer wenig geeignet. Auf diesen Konsens musste aber ein Grundgesetz Wert legen (siehe auch das Kapitel »Würde als Recht«).

Die Menschenwürde ist das absolut Primäre, aus dem menschenrechtliche Grundprinzipien wie das Recht auf individuelle Selbstentfaltung oder auf Staatsschutz vor willkürlicher Gewalt folgen; aber diese Würde ist nicht bloß das abstrakte Kürzel für die einzelnen Grundrechte. Sie ruht eben in sich, wie Heuss sagt, sie ist etwas Eigenes, Eigenartiges, Geheimnisvolles und Einmaliges.

Wir können allerdings die Wirkung der Würde empirisch erfahren – ihre Wirkung auf Menschen, denen sie Achtung und Respekt abnötigt, gerade auch, wenn sie fehlt. Ein Beleg dafür kommt von dem Mitglied einer Branche, die landläufig wenig mit Würde zu tun hat: Der Fernseh-Moderator und Kabarettist Hape Kerkeling, Jahrgang 1964, schildert in seinem überaus erfolgreichen, auf intelligente Weise unterhaltsamen, spirituell ambitionierten Pilger-Tagebuch *Ich bin dann mal weg. Meine Reise auf dem Jakobsweg* (2006), was ihm in einem Hotelzimmer beim Anschauen einer spanischen TV-Show der billigeren Art durch den Kopf ging: »Die Frau irgendeines berühmten Sängers steht mit blonden Rastalocken vor dem Werbeplakat einer Sherrysorte und der Interviewer fragt: ›Mussten Sie während Ihrer Schwangerschaft eigentlich kotzen?‹ Anstatt zu gehen, lächelt sie und sagt: ›Nein, während dieser Schwangerschaft nicht‹ … Diese Menschen, die sich da vor Keks- oder Sherryplakate stellen und über ihre Bett- und Kotzeinzelheiten Auskunft geben und sich dabei so wichtig vorkommen wie der amerikanische Präsident bei der Bombardierung Bagdads, berauben sich der wichtigsten Eigenschaft, die ein Mensch besitzt: Würde!«

Vielleicht ist Würde – wie das Postulat der Freiheit, ohne das es kein verantwortliches Handeln des Menschen gäbe – eine der letzten metaphysischen Ideen, die noch der naturwissenschaftlichen Erfolgsgeschichte des Positivismus widerstehen. Und das in einer Weise, die verschiedene Kulturen verbindet – vom chinesischen Konfuzianismus über den gemäßigten Islam bis zum Judentum und zu einer christlichen Gewissenskultur, die »die Freiheit eines Christenmenschen« (Martin Luther) von der Gnade des Schöpfergottes abhängig macht, dadurch aber auch gegenüber der Welt stabilisiert.

Die Würde ist ein zugleich gedachter und empfundener Begriff. Ob wir die betreffende Empfindung »Hochachtung«, »Respekt«, »Ehrerbietung«, »Staunen«, »Bewunderung« oder gar »Liebe« nennen – sie ist definitorisch kaum zu fassen. Der Begriff der Würde verfestigt sich regelmäßig zu einer Art von Gefühlsstatue. Sie hat einen definitiven Sinn, umfasst aber auch so vage Phänomene wie die Anmutung der körperlichen

Haltung eines Menschen, seiner Stimme, seines Umgangstons, seines Verhaltens in brenzligen Situationen, seiner Kleidung. So umgibt sie eine lockend flackernde Mandorla, die eine bestimmte emotionale Reaktion des Betrachters auslöst. Obwohl sie, wie noch zu zeigen sein wird, im Wesentlichen in der vernünftigen Selbstbestimmung des Individuums und deren Anerkennung durch andere Individuen ihren Grund hat, reicht ihr Wert weit darüber hinaus: in die Tiefe unserer Psyche ebenso wie in die Vielfalt der Epochen und Kulturen.

Der Begriff der Würde

Definitorisches

Wenn wir einem Menschen, einer Aktion, einer Haltung oder einer Sache das Prädikat »würdig« (oder »unwürdig«) zusprechen, dann handelt es sich um ein Werturteil. Dieses Urteil schwebt eigentümlich zwischen Subjektivität und Objektivität, Ästhetik und Moral. Der Wert, den es zuteilt, lässt sich nicht so eindeutig umreißen wie der Wert des Guten, der im moralischen Urteil einem Menschen oder einer Handlung eingeräumt oder genommen wird. Für das Gute gibt es deutliche Kriterien wie die Zehn Gebote, den moderneren Sündenkatalog des Vatikans, an dem sich der katholische Beichtvater orientiert, allgemein anerkannte Fairness-Regeln, Kants Kategorischen Imperativ oder das Strafrecht. Für das Schöne sind bestimmte Ideale und beispielhafte Werke maßgebend, die in bestimmten Epochen hochgehalten, aber im Lauf der Zeit immer wieder in Frage gestellt werden. Das klassische Ideal des harmonischen Zusammenspiels einer Idee mit der sinnlichen Vielfalt ihrer Darstellung hat seit dem Ausgang des Mittelalters über Jahrhunderte Geltung, wird aber im späten 19. und erst recht im 20. Jahrhundert von einer zum Teil krassen Ausdrucks-Kunst überboten, die auch den Mut zur Hässlichkeit, zur aggressiven Disharmonie, ja zur sogenannten Anti-Kunst einschließt. Zwischen diesen beiden Urteilsformen steht das Urteil über Würde seltsam da: Der Wert, auf den es sich beruft, scheint verbindlicher und klarer zu sein als der

Wert des Schönen oder Unschönen, erreicht jedoch nicht die begriffliche Eindeutigkeit des moralisch Guten. Derjenige, der über Würde urteilt, ist sozusagen ein Moral-Richter mit einem Ästhetik-Beisitzer. Nur ihr gemeinsames Urteil zählt.

Wahr ist zunächst einmal: Der Mensch hat eine angeborene Würde und eine Würde, die sich aus einer bestimmten Gestaltung seines Lebens ergibt – bedingt durch Zufall oder Tüchtigkeit. Beide Formen der Würde hängen zusammen, obwohl in der Moderne die Tendenz vorherrscht, sie voneinander zu trennen und lediglich die dynamische, notfalls auch zufällig begünstigte Gestaltungswürde anzuerkennen. Der Maßstab der Gestaltungswürde ist indes nicht zuletzt die natürlich vorgegebene Würde. Wie ich mein Leben einrichte, ist mehr oder weniger würdig – nach geltendem Würde-Kodex, aber auch je nachdem, in welchem Maß es meiner von Geburt aus möglichen Würde entspricht. Was die genetische Natur mir gestattet, ist zugleich Chance, Herausforderung und Grenze. Meine natürlichen Gaben (und Handicaps) liefern den ersten Maßstab für das Gelingen meiner Anstrengung, diesen Möglichkeiten gerecht zu werden, mich dieser Möglichkeiten als würdig zu erweisen.

Menschen von zwergenhafter Statur, Menschen mit geistigen Behinderungen, Menschen aus desaströsem Milieu haben es schwerer, gemäß einem gewissen Würde-Ideal zu leben und aufzutreten, und doch haben auch sie ihre eigene Würde, die mehr ist als ihr Stolz oder irgendeine unbestimmte Trotzhaltung. Die humane Würde einer Gesellschaft erweist sich gerade auch dadurch, wie sie benachteiligten Menschen begegnet. Die französische Filmkomödie »Ziemlich beste Freunde« (2011), die 2012 auch in deutschen Kinos Furore machte, zeigt anhand der ungewöhnlichen Verbindung zwischen einem reichen Querschnittsgelähmten im Rollstuhl und seinem mittellosen Pfleger, einem Ex-Häftling, dass der würdige Umgang mit Behinderten mehr braucht als die Perspektive des total fürsorglichen barmherzigen Samariters: Der Behinderte in diesem Film ist glücklich, dass sein Pfleger ihm schon bei der ersten Begegnung nicht mit von oben herab triefendem Mitleid den Rollstuhl schiebt, sondern etwas frech ist und auf gleicher Augenhöhe mit ihm kommuniziert, sogar Scherze über die grotesken Aspekte seiner Behinderung riskiert.

Aber was bedeutet eigentlich dieses Wort »Würde«, dieses Banner-Wort des deutschen Grundgesetzes, dieses uralte sprachliche Feldzeichen der Edelmenschen und aufrechten Kämpfer, dieses wortgewordene Brokat einer inneren Hoheit und Unnahbarkeit, das oft mit rein äußerlichem Oberschicht-Gebaren verwechselt wird?

Sprachgeschichtlich wurzelt das Wort »Würde« im althochdeutschen *wirdi* und dann im mittelhochdeutschen *wirde* (auch als *wierde* oder *werde* bekannt); und es bedeutet »Wert, wertvolle Beschaffenheit, Ansehen, Herrlichkeit, Ehre«. Der Sprach-Brockhaus von 1935 erläutert: Würde sei »die einem Menschen kraft seines inneren Wertes zukommende Bedeutung; Achtung fordernde Haltung: die Würde des Alters; etwas mit Würde tragen, ohne zu klagen oder sich etwas zu vergeben. Ansehen bei den Leuten. Rangstufe, Ehrenstelle, Amt: die Würde eines Geheimrats, die Doktorwürde; dazu Titel wie: Ehrwürden, Hochwürden; der Würdenträger. Ich würdere, schätze ab.«

Im großen Duden von 2011 folgt an zweiter Stelle, nach »die menschliche, persönliche Würde«, die Redewendung »die Würde einer Patientin, eines Sterbenden achten; jemandes Wert verletzen, antasten, angreifen; einen Menschen in seiner Würde verletzen«, sodann: »Bewusstsein des eigenen Wertes (und dadurch bestimmte Haltung); eine steife, eine natürliche Würde; Würde ausstrahlen; die Würde wahren … unter aller Würde: nicht zumutbar … hohe Achtung gebietende Erhabenheit einer Sache, besonders einer Institution: die nationale Würde eines Staates; die Würde des Alters, des

Gerichts ... mit bestimmten Ehren verbundenes Amt, verbundener Rang...«

Bezeichnend für den Wandel des Zeitgeistes: 1935 steht weit vorn das Sprachbeispiel »Würde eines Geheimrats«, 2011 aber die »Würde einer Patientin«. Wenn 1935 die »Würde des Alters« erwähnt wird, dann gilt ihr noch die Assoziation von Autorität, Respektsperson; 76 Jahre später rangiert vor ihr die »Würde eines Sterbenden«; immerhin wird die »Würde des Alters« direkt neben der des Gerichts aufgeführt.

Der innere Wert, der nach außen strahlt und ein gewisses Ansehen begründet, dem im Idealfall auch ein gehobenes Amt oder ein ehrenvoller Titel korrespondiert – so weit, so klar. Indes fragen wir uns, was denn dieser innere Wert genau sein kann und wie die Würde, die sich einer erarbeitet, daraus entsteht und, indem sie den inneren Wert bereichert, sich bewährt.

Aus alldem ergeben sich, auch im Blick auf die Historie, drei Grundformen der Würde: die Würde, die der Mensch von Geburt an hat, weil er beseelt oder vernunftbegabt ist; die Würde, die er erwirbt, weil er sich vorbildlich verhält und einem meist von Geburt an für ihn als »standesgemäß« geltenden Kanon gerecht wird; schließlich die Würde, die sich auf fast natürliche Weise als Gesamteindruck eines Individuums einstellt, das sich taktvoll benimmt.

Aristoteles, Cicero: würdevolle Gesten, Gewänder, Köpfe

Der würdige Bürger der Antike – vergessen wir einmal die Sklaven – benimmt sich weder herablassend noch anbiedernd, weder dummstolz noch unterwürfig, er zeigt sich gelassen angesichts von Ehrungen oder Kränkungen, diskret im Persönlichen, aufrichtig und weltoffen, maßvoll in seinen Bewegungen und Neigungen, kontrolliert und ausgeglichen in der Art zu reden sowie von angenehm mittlerer Statur: So charakterisiert der griechische Philosoph Aristoteles (384 bis 322 v. Chr.) in seiner *Nikomachischen Ethik* den »hochsinnigen« Menschen. Die skulpturalen Gottmenschen wie Apollo oder Aphrodite, in denen das klassische Griechenland Teile dieses Ideals verewigt hat, charakterisiert der deutsche Archäologe und Kunsthistoriker Johann Joachim Winckelmann (1717 bis 1768) mit der wunderbar suggestiven Formel »Edle Einfalt und stille Größe« so bündig wie paradox. Für Winckelmann war die ästhetische Anmutung der Würde ohne den Bezug auf das Griechenland des 5. und 4. Jahrhunderts v. Chr. unvorstellbar: »Der einzige Weg für uns, groß, ja, wenn es möglich ist, unnachahmlich zu werden, ist die Nachahmung der Alten.«

Allerdings hat die mitteleuropäische Bildhauerkunst, die diesem Ideal im 18. und auch noch im 19. Jahrhundert mit schneeweißen Marmorfiguren nacheifert, mit den historischen griechischen Bildhauerwerken, die ja farbig waren, wenig gemeinsam. Edle Einfalt, stille Größe: Natürliche, sinnliche Spontaneität plus zurückhaltende geistige Souveränität – so gefasst, ist die Würde-Formel Winckelmanns immer noch aktuell.

Der originalgriechische hochsinnige Mensch nach Aristoteles hat alle typischen Eigenschaften des würdigen Menschen, ohne dass der griechische Ausdruck für »Würde« oder »Ansehen« (*axia*) dabei als Leitbegriff besonders auf den Schild gehoben würde. Denkwürdig und angesichts heutiger Popmusik-Ästhetik recht aktuell ist die Charakterisierung, zu den Merkmalen, die dem »Hochgesinnten« abgingen, gehörten »eine schrille Stimme und fahrige Bewegungen«.

Der Erste, der nach Aristoteles den Hochgesinnten einen »Würdigen« nennt, ist der römische Senator, Meisterredner und Philosoph Marcus Tullius Cicero (106 bis 43 v. Chr.). Ein wesentlicher Teil seiner persönlichen historischen Würde gründet in dem Verdienst, die nach 450 Jahren ihrer Existenz ernsthaft gefährdete Römische Republik vor der potentiellen Tyrannei des beliebten Heerführers Antonius bewahrt zu haben – durch die Förderung des Antonius-Rivalen und Caesar-Großneffen Octavian, des späteren Kaisers Augustus. Octavian herrschte zwar nach 27 v. Chr. faktisch allein, bestand jedoch selbst darauf, lediglich *princeps*, der »Erste« in einer formalrechtlich restituierten Republik zu sein. So gesehen, war er eigentlich nicht, als was er bald im Ostreich und später generell galt: Kaiser. »Augustus« ist kein Name, sondern ein Titel, den sich Octavian 27 v. Chr. zurufen ließ und dann als Bestätigung seiner höchsten *auctoritas* (Vollmacht, Ansehen, Würde) annahm – ursprünglich wollte er sich den Ehrentitel »Romulus« zulegen, nach dem mythischen Staatsgründer. »Augustus« bedeutet »der Erhabene«: der Würdetitel schlechthin für ihn und jene, die ihm später als offizielle »Kaiser« nachfolgten. Eben dieser Octavian freilich leistete, da hieß er noch nicht »der Erhabene«, kaum Widerstand, als im Rahmen des Triumvirats von Octavian, Antonius und Lepidus der Name Cicero auf eine Liste der öffentlich Geächteten (diese Listen hießen »Proskriptionen«) geriet; und als der Namensträger in der Nähe seiner Villa in Formiae von zwei hochrangigen Schergen des Antonius ermordet wurde.

Das Ende des ersten expliziten Würde-Denkers der Geschichte war extrem unwürdig: Die Mörder schleifen den verstümmelten Leichnam Ciceros durch die Straßen Roms und stellen den abgetrennten Kopf sowie die Hände auf dem Forum Romanum aus. Fulvia, die Ehefrau des Antonius, hasste den ätzenden Redner Cicero besonders: Sie soll dem Toten bei dieser Gelegenheit mit einer Haarnadel die Zunge durchstochen haben.

Ciceros Würde-Thesen finden wir vor allem in den Schriften *Vom pflichtgemäßen Handeln* (*De officiis*) und *Vom Gemeinwesen* (*De re publica*). Der Autor ist Stoiker und betrachtet den Kosmos als eine Ordnung, die von einer göttlichen Weltvernunft beherrscht wird. Die gemeinsame Würde der Menschen rührt nun daher, dass »wir alle teilhaftig sind der Vernunft und des Vorzugs, durch den wir uns auszeichnen vor den Tieren«, wovon auch »alles Ehrenhafte und Schickliche hergeleitet« wird, das zum pflichtgemäßen Handeln gehört.

Die Vernunft befähigt den Menschen, Ursachen und Folgen zu erkennen, verschiedene »Entwicklungsstufen und gleichsam vorausgehende Gründe« zu unterscheiden, »ähnliche Erscheinungen« zu vergleichen, »mit dem Gegenwärtigen das Zukünftige« zu verbinden und so »den Verlauf des ganzen Lebens« zu antizipieren. Das ist die Voraussetzung dafür, dass der Mensch dieses Leben auch »meistert«. Ferner erwächst aus der Vernunft die »Gemeinschaft der Rede« und damit der gesellschaftliche und familiäre Zusammenhalt; und nicht zuletzt ertüchtigt die Vernunft den Menschen zum »Aufsuchen und Aufspüren der Wahrheit« sowie zur »Erkenntnis verborgener und bewunderungswürdiger Gegenstände« aller Art.

Diese Fähigkeit enthält aber auch die Verpflichtung, sich möglichst »freizuhalten von jeder Leidenschaft, sowohl von Begierde und Furcht als auch von Bekümmernis und Vergnügen und Jähzorn, damit Ruhe und Heiterkeit möglich werden, die Voraussetzungen für innere Festigkeit und besonders Ehrgefühl«. Extrem vergnügungssüchtige Menschen mit einer Vorliebe für »körperliches Vergnügen« verhalten sich demnach unwürdig. Rein körperliche Lustbefriedigung ist »der erhabenen Stellung des Menschen nicht genug würdig«. Er muss ein »Maß des Genießens einhalten«. Wenn, so resümiert Cicero, »wir bedenken wollen, eine wie überlegene Stellung und Würde (*dignitas*) in unserem Wesen liegt, dann werden wir einsehen, wie schändlich es ist, in Genusssucht sich treiben zu lassen und verzärtelt und weichlich, und wie ehrenhaft andererseits, sparsam, enthaltsam, streng und nüchtern zu leben.«

Beide Würdebegriffe sind schon bei Cicero im Spiel: Der Mensch hat eine Würde als Vernunftwesen, das teilt er mit

Die würdevolle Toga des Senators:
Cicerostatue vor dem römischen Justizpalast

allen anderen Menschen. Doch aus der unterschiedlichen Intensität, mit der jeder entsprechend der eigenen Vernünftigkeit sein Leben gestaltet, folgen auch verschiedene Würde-Varianten, die »den einzelnen zugeteilt« sind. Da ist durchaus nicht jeder Mensch gleich würdig. Wer sich »nach der Art der Tiere« vergnügt, ist nur »dem Namen nach« Mensch. Unterschiedlich ist auch die Art und Weise, wie bestimmte Individuen »in ihrer Erscheinung Würde« zeigen – etwa durch Zeichen einer guten Erziehung, körperliche Gepflegtheit, einen Gang, der weder zu hastig noch zu nachlässig wirkt, sorgsam ausgesuchte, nicht »stutzerhafte« Kleidung.

Cicero selbst trägt bei offiziellen Gelegenheiten die Toga aus weißer Wolle, eingefasst von einem etwa sieben Zentimeter breiten Purpurstreifen. Im Alltag ist es auch schon mal die einfachere weiße Toga: jenes etwa sechs Meter lange, zweieinhalb Meter breite Stoffgewand, das kunstvoll über die linke Schulter nach vorn geworfen wird und den Körper des Trägers unter locker an ihm herabfließenden Formen verbirgt – der Inbegriff eines zugleich luftigen und feierlichen Gewandes, das man vor zahlreichen Porträtstatuen studieren kann. Unter diesem Gewand verschwinden Bäuche und andere körperliche Peinlichkeiten; auch erzwingt es, neben dem aufrechten Stehen, eine gemessene Bewegungsart: das Schreiten.

Dass die Toga als Zeichen einer bestimmten Würde angesehen wird, belegt auch diese Vorschrift: Nur römische Bürger dürfen die Toga tragen, und bei offiziellen Anlässen wie einer Sitzung des Senats oder einer öffentlichen Totenrede oder bei Auftritten vor Gericht muss sie sogar angelegt werden. Das aus der etruskischen Frühzeit überkommene Kleidungsstück ist für die Römer, in deren Hauptstadt es Millionen von Nicht-Römern gibt, ein Erkennungszeichen ihrer Identität. So nennt denn auch der römische Dichter Vergil das Volk der Römer *gens togata*, das Toga-Volk.

Wie sich der Mensch kleidet, war jahrhundertelang nicht dem persönlichen Belieben anheimgestellt. Die Bürgerinnen der Stadt Speyer werden im 14. Jahrhundert angehalten, keine eng geschnürten Kleider mit großen Halsausschnitten zu tragen, die die Schultern unbedeckt lassen. Bis in die zweite Hälfte des 18. Jahrhunderts erlässt die jeweilige Obrigkeit derartige Kleidervorschriften. Wer sie ignoriert und von einem dazu beauftragten Stadtknecht oder irgendeinem Denunzianten ertappt wird, darf eine ordentliche Geldbuße bezahlen. Die vom alten Rom vorgegebenen Würde-Kriterien für die Kleiderordnungen der jeweiligen Oberschicht haben im Prinzip, nicht in den konkreten Formen, fast zwei Jahrtausende fortgewirkt.

Cicero verteidigt zwar die Römische Republik gegen den potenziellen Tyrannen Antonius, ist aber kein Demokrat – die Römische Republik besitzt ja in der Schar der Senatoren, die aus adligen Familien kommen, ein aristokratisches Element, das durch die plebejische Volksversammlung korrigiert, aber nicht dominiert wird. Die pure Volksherrschaft lehnt Cicero ab. Denn sie beschere dem Staat zu viel »Gleichmäßigkeit«, da sie »keine Stufen der Würde« (*gradus dignitatis*) kenne. Hier sind nicht nur die individuellen Rangunterschiede gemeint, sondern auch die institutionellen: Es geht um die Würde der »Würdenträger«, um die »Amtswürde«. Dieser Titel gilt später für ganze Länder: Im Westfälischen Frieden von 1648 behält Bayern – neben der Oberpfalz – auch »die Kurwürde«. Auch die Anrede »Hochwürden« zielt auf einen Amtsträger – auf den Inhaber des Priesteramts.

Definitiv überhöht wird die menschliche Würde durch Ciceros Gedanken, die Götter hätten »zunächst einmal die Menschen vom Erdboden aufgerichtet und sie aufrecht und gerade stehen lassen, damit sie beim Blick auf den Himmel zur Erkenntnis der Götter gelangen könnten. Es sind nämlich die Menschen nicht nur als Insassen und Bewohner der Erde anzusehen, sondern sie sind von der Erde aus die Betrachter überirdischer und himmlischer Erscheinungen« (so Cicero in der Schrift *Über das Wesen der Götter, De natura deorum*). Die bekannte, meist dem neuzeitlichen Utopie-Philosophen Ernst Bloch zugeschriebene Rede vom »aufrechten Gang« des Menschen, mit dem dieser sogar noch als Sklave seine Würde bewahren könne, hat hier ihre Wurzel. Der Gedanke taucht auch bei dem jüdisch-griechischen Philosophen Philon von Alexandrien (25 v. Chr. bis 50 n. Chr.) auf, und zwar in der Schrift *Über die Pflanzung (De plantatione):* »Während der Schöpfer den Blick der anderen Wesen nach unten lenkte und bannte, so dass sie die Erde betrachten, hat er dagegen den des Menschen emporgerichtet, damit er den Himmel anschaue, da er kein Erdengeschöpf, sondern, wie das alte Wort lautet, ein Himmelsgewächs ist.« Philon ordnet zudem »die Dinge des Körpers« jenen der »Seele« unter, weil die Angelegenheiten der Seele »nach ihrer Macht und Würde ehrwürdiger sind, so wie es der Herrscher in der Stadt ist«.

Die Würde der Seele ergibt sich aus ihrer besonderen Rolle als Oberhaupt des Körpers. Darum ist auch die Enthauptung die brutalste Entwürdigung des Menschen. In den antiken Kulturen schmücken die Machtsymbole oft den Kopf des dargestellten Herrschers. Das alte Ägypten etwa krönt den Pharao, den Sohn des Schöpfergottes, mit einer sich aufbäumenden Uräus-Schlange über der Stirn – dem Königsmal der gottgleichen Macht. Knapp ein Jahr nach der Ermordung Ciceros – und dem Abschlagen seines Hauptes – gelingt es Octavian und Antonius, hier noch im Bündnis miteinander, bei der makedonischen Stadt Philippi die Caesarmörder Cassius und Brutus zu besiegen, die sich den Ostteil des Reiches gesichert haben. Cassius und Brutus begehen Selbstmord. Octavian lässt den Kopf des Brutus vom Körper trennen und nimmt ihn mit auf die Seereise nach Rom. Dort will er ihn auf den Sockel einer Caesarstatue legen – als Zeichen der eigenen Macht, aber auch der Rache für die Ermordung seines geliebten Großonkels, der ihn testamentarisch adoptiert hatte. Mit dem Kopf raubt Octavian Brutus das wertvollste Unterpfand für dessen Würde. Zur endgültig entwürdigenden Deponierung auf dem Sockel des Caesar-Monuments kommt es allerdings nicht: Bei einem Seesturm geht das Brutus-Haupt über Bord, es bleibt verschwunden.

Ergreifend besingt das Kirchenlied »O Haupt voll Blut und Wunden« die im Kopf zentrierte Menschenwürde des gekreuzigten Jesus: »O Haupt voll Blut und Wunden/Voll Schmerz und voller Hohn/O Haupt, zum Spott gebunden/ Mit einer Dornenkron'«. Die Dornenkrone, mit der Jesus als vermeintlicher »König der Juden« verhöhnt wird, verwandelt das Würdezeichen weltlicher Könige in das Würdezeichen des sich opfernden Menschensohns, der sich für das Seelenheil der Welt demütigen und schließlich töten lässt. Als Träger dieser Leidenskrone wird das menschliche Haupt hier in einen metaphysischen Würde-Rang erhoben. Dem Kirchenlied, das der evangelische Dichter Paul Gerhardt eingedeutscht hat, liegt der im 13. Jahrhundert entstandene lateinische Hymnus »Salve caput cruentatum« zugrunde, »Ehre dem von Blut besudelten Haupt«. Dieses Kirchenlied wurde von Johann Sebastian Bach als Choral in seine »Matthäuspassion« (uraufgeführt 1727) eingebaut – eine wahrlich würdevolle Zusammenarbeit von Musik und Dichtung: im Zeichen des misshandelten, aber hocherhobenen Hauptes.

Noch Anfang Januar 2013 wird mit staatlichem Segen geköpft. Ein Kindermädchen aus Sri Lanka wird in Saudi-Arabien beschuldigt, ein besonders unruhiges Baby erstickt zu haben, was die zur angeblichen Tatzeit erst 17 Jahre alte Beschuldigte bestreitet; ohne Erfolg, denn das Gerichtsurteil wird trotz einer Intervention der Regierung von Sri Lanka vollzogen: Ein Säbelschlag trennt den Kopf des Mädchens vom Rumpf.

Als Inbegriff der menschlichen Sonderstellung in der Natur wird die Würde zwar von Cicero ausdrücklich und wiederholt erörtert. Dennoch spielt der Begriff in der Antike nicht annähernd die Rolle, die ihm seit der Renaissance in Mitteleuropa mehr und mehr zuwächst. Der wichtigste Vermittler auf diesem langen Weg ist das Christentum mit seiner Schöpfungsgeschichte und seiner personalen Gewissenskultur.

Gottes Ebenbild, humane Exzellenz

Der von dem römischen Denker und Politiker Cicero vorgelegte Entwurf einer allen Menschen eigenen, sozusagen natürlichen Würde ist im Alten Testament der Bibel vorgezeichnet. Im Ersten Buch Mose, das gleich zu Beginn der Bibel die hellseherisch großartigen Zeilen »Und Gott sprach: Es werde Licht! Und es ward Licht« aufbietet, heißt es (1. Mose 1,27): »Gott schuf den Menschen zu seinem Bilde, zum Bilde Gottes schuf er ihn; und schuf sie als Mann und Weib«. Der biblische Gedanke, der Mensch sei als Ebenbild Gottes erschaffen und darum auch gegenüber den anderen Lebewesen privilegiert und zur sorgsamen Herrschaft über sie verpflichtet, taucht im islamischen Koran in der Formulierung auf, der Mensch sei der »Statthalter Gottes auf Erden« (2. Sure).

Die frühen Kirchenväter übernehmen die griechischen und jüdisch-christlichen Vorlagen im Wesentlichen und trennen zugleich deutlicher als ihre Stichwortgeber die wahre Würde von der Würde, die durch das äußere Erscheinungsbild, den Geburtsadel oder die gesellschaftliche Stellung des Menschen begründet ist. Die eigentliche Würde sei kein Ruhmestitel und kein Familienerbe, auch nicht irgendeine Amtswürde, sondern das kreatürliche Privileg der Gottesebenbildlichkeit. Das meint etwa der bedeutende griechische Kirchenvater Gregor von Nyssa (330 bis 395 n. Chr.). Die frühen Kirchenväter, so resümiert der Philosoph Franz Josef Wetz (*Texte zur*

Menschenwürde, 2011), gingen »von einer dem Menschen wesenseigenen Würde aus, die sie auf seine Gottesebenbildlichkeit, dann auf seine Personalität mit freiem Willen und unsterblicher Seele, ferner auf seine herausragende Stellung im Reich der Natur sowie schließlich auf die Menschwerdung Gottes in Jesus Christus gründen.« Wetz – in diesem Punkt ein philosophischer Hasardeur, dem wir nicht folgen – hält dieses Konzept für eine »Illusion«, nennt die Idee der Menschenwürde gar, in Anspielung auf die Marx'sche Abwertung der Religion, »Opium des Volkes«.

Die Überzeugung von der dem Menschen »wesenseigenen Würde« wird von einigen Kirchenvätern unterschiedlich akzentuiert: Augustinus meint, selbst eine sündige Seele sei noch würdiger als der edelste menschliche Körper. Andere Kirchenväter betonen die Würde des Körpers unter dem Gesichtspunkt, er sei immerhin das angemessene Gefäß der unsterblichen Seele. Klar ist bei alldem der Verpflichtungscharakter der Gottesebenbildlichkeit: Als Geistwesen ist der Mensch von vornherein gottgewirkt, doch er muss sich dieser Auszeichnung durch ein besonders gottesfürchtiges Leben auch als würdig erweisen.

In der Renaissance verblasst dieser Gottesbezug der edlen Menschlichkeit. Der Rechtsgelehrte, Philosoph und Literat Giovanni Pico aus Mirandola bei Modena (1463 bis 1494), in seiner Florentiner Zeit (1484/85) Mitglied der »Accademia Platonica«, vollendet 1486 die berühmte »Rede über die Würde des Menschen« (*Oratio De Hominis Dignitate*). Sie beginnt nicht mit der biblischen Schöpfungsgeschichte, sondern mit einem Hinweis auf die »Schriften der Araber« und eine okkulte griechische Schrift des 3. Jahrhunderts n. Chr., wonach der Rundblick auf die »Bühne dieser Welt« (*in hac quasi mundana scaena*) vor allem anderen diesen Schluss nahelege: »Ein großes Wunder ist der Mensch«. Der Mensch an und für sich. Pico bleibt zwar literarisch im Rahmen des biblischen Weltbilds, indem er sich Gedanken macht über die Weisheit und »Freigebigkeit« des »Schöpfergottes«. Doch letztlich begründet er theologisch das Gegenteil mittelalterlicher Theologie: die Freiheit des einzelnen Menschen zur autonomen Lebensgestaltung.

Pico fingiert die wörtliche Anrede des Schöpfergotts an sein Geschöpf Adam: »Die festumrissene Natur der übrigen Geschöpfe entfaltet sich nur innerhalb der von mir vorgeschriebenen Gesetze. Du wirst von allen Einschränkungen frei nach deinem eigenen freien Willen, dem ich dich überlassen habe, dir selbst deine Natur bestimmen. In die Mitte der Welt habe ich dich gestellt, damit du von da aus bequemer alles ringsum betrachten kannst, was es auf der Welt gibt. Weder als einen Himmlischen noch als einen Irdischen habe ich dich geschaffen und weder sterblich noch unsterblich dich gemacht, damit du wie ein Former und Bildner deiner selbst nach eigenem Belieben und aus eigener Macht zu der Gestalt dich ausbilden kannst, die du bevorzugst.« Die Formulierung »weder sterblich noch unsterblich« zielt auf die angenommene Doppelnatur des Menschen als sterblicher Leib mit unsterblicher Seele.

Ähnlich wie Pico spricht ein anderer Denker der Zeit, Giannozzo Manetti (1396 bis 1459), in seiner Schrift *Über die Würde und die Exzellenz des Menschen* davon, dass der Mensch durch seine Freiheit vom Diktat der Instinkte zu allen möglichen Künsten fähig wird. Und sein Zeitgenosse Marsilio Ficino unterstreicht die substanzielle Weltoffenheit des Menschen mit den Sätzen: »Er allein verhält sich im Leben nie ruhend, er allein ist an diesem Platz nie zufrieden... Für das Unendliche schuf Gott die Menschen, denen kein Endliches, so groß es auch sei, genügt.« Typisch Renaissance, denkt man: schier grenzenloses Vertrauen auf die menschlichen Fähigkeiten zur Selbstbeherrschung und Selbstüberbietung.

Aber so eindimensional ist die Renaissance nicht gewesen. Der autonome Renaissance-Mensch erscheint gleichzeitig auch als schwaches Geschöpf, einsam, unsicher, egoistisch, abgründig, unberechenbar und erlösungsbedürftig. Leonardo da Vinci, der große Held der perspektivisch auf das selbstbewusste Individuum ausgerichteten Renaissancemalerei, notiert in seinem Tagebuch: »Es gibt Menschen, die man nicht anders denn als Durchgang von Speisen, Vermehrer von Kotz und Füller von Abtritten nennen muss, weil durch sie nichts anderes auf der Welt erscheint, keine Tugend sich ins Werk setzt und von ihnen nichts übrig bleibt als volle Latrinen.« Ähnlich pessimistisch kommentieren zu dieser Zeit berühmte Geister wie Niccolò Machiavelli, William Shakespeare und Michel de Montaigne das Handeln des eben erst zu Selbstbewusstsein erwachten Renaissance-Individuums.

Der französische Essayist und Politiker Michel de Montaigne (1533 bis 1593) widerspricht der seinerzeit beliebten These, die menschliche Schönheit sei jener der Tiere überlegen: »Diejenigen, die uns am meisten ähneln, sind die allerhässlichsten und am meisten verachteten der ganzen Bande: denn in der äußerlichen Gestalt und der Form des Gesichts ähneln wir den Affen; in Ansehung der inneren und lebenswichtigen Körperteile sind wir den Schweinen ähnlich. Gewiss, wenn ich mir den Menschen (und selbst das Geschlecht, das den größeren Teil an Schönheit zu haben scheint) ganz nackt vorstelle, mit allen seinen Mängeln, Unvollkommenheiten und seiner natürlichen Ohnmacht, so finde ich, wir haben mehr Ursache gehabt, uns zu bedecken, als jedes andere Tier.« Doch diese fast schon barocke Sicht auf menschliche Hinfälligkeit beherrscht damals noch nicht die Epoche. Aus eigener Macht das eigene Leben gestalten, aus den engen Grenzen einer artgemäß bestimmten Kreatur befreit sein zur Bewunderung der »Schönheit« und »Größe« der ganzen Schöpfung, in dieser Spiegelung des Ganzen die »Mitte« der

Welt bilden – das ist, kurz gefasst, jene Renaissance-Idee des idealen Menschen, die, sozusagen auf halber Strecke zwischen Theologie und profaner Anthropologie, die entscheidenden Kriterien für den neuzeitlichen Begriff der Menschenwürde umrissen hat. Freiheit und All-Bezug, Freiheit durch All-Bezug, All-Bezug aus Freiheit von kreatürlichen Umwelt-Spezialisierungen. In der naturwissenschaftlich dominierten Moderne verdunstet erst der All-Bezug und dann erscheint die Freiheit als leere Illusion. So ähnlich passiert es der Moral, wenn sie die Bindung an das Unbedingte verliert – den Glauben an einen Gott als den letzten Grund ihres fordernden Wesens.

Das würdige Individuum der Renaissance gehört in der Regel zum Adel, zum Stand der höheren Geistlichkeit (Martin Luther) oder zum wohlhabenden Bürgertum der Kaufleute, die sich schon mal von Malern wie Hans Holbein dem Jüngeren mit ernster Miene und in edlem Gewand porträtieren lassen. Solche Porträts wirken im Ausdruck ähnlich unnahbar wie jenes gleichfalls von Holbein dem Jüngeren geschaffene Konterfei des ehrfurchtgebietenden Gelehrten Erasmus von Rotterdam. So verschafft der Maler dem Kaufmann den Würde-Glanz des geistigen Menschen.

Im 17. Jahrhundert feiert die unwürdige Gegengesellschaft turbulente Feste: Auf Genregemälden von niederländischen Malern wie Adriaen Brouwer (»Raufende Kartenspieler«) oder Adriaen van Ostade (»Tanzende Bauern in einer Herberge«) sehen wir übereinander stürzende, torkelnde oder breitbeinig sich auf umgestülpten Bierfässern fläzende, grimassierende Trunkenbolde, die den Zustand halbtierischer Zügellosigkeit vor allem einem Stand zuordnen: den Bauern. Sie erscheinen fast so würdelos wie die vor brennenden Bauernhöfen und aufgeschlitzten Bäuchen marodierenden Söldner auf den Illustrationen zum Dreißigjährigen Krieg.

»Eile mit Weile«: Erasmus von Rotterdam,
porträtiert von Hans Holbein dem Jüngeren

Denker der Würde: Kant und Schiller

Die darüber fast verlorene Renaissance-Lust auf die individuelle Freiheit des Menschen zur Selbstgestaltung reanimiert
im 18. Jahrhundert vor allem der skeptische Aufklärer und
überaus vernünftige Vernunft-Kritiker Immanuel Kant (1724
bis 1804). Indem er den Menschen ermutigt, sich »des eigenen
Verstandes zu bedienen« und »allein zu gehen«, bindet er ihn
zugleich ein in typisch preußische »Pflicht«-Ethik. »Dass der
Mensch«, schreibt Kant in der Schrift *Anthropologie in prag-
matischer Hinsicht*, »in seiner Vorstellung das Ich haben kann,
erhebt ihn unendlich über alle andere auf Erden lebende
Wesen. Dadurch ist er eine Person und vermöge der Einheit
des Bewusstseins bei allen Veränderungen, die ihm zustoßen
mögen, eine und dieselbe Person, d.i. ein von Sachen, der-
gleichen die vernunftlosen Thiere sind, mit denen man nach
Belieben schalten und walten kann, durch Rang und Würde
ganz unterschiedenes Wesen.«

Abgesehen von der Einordnung der Tiere unter »Sachen«,
die noch 200 Jahre später Gesetz ist, bevor die Tiere endlich
unter die »Mitgeschöpfe« aufgenommen werden – abgesehen
davon ist das, was Kant hier vorträgt, bis heute annehmbar. In
dem Buch *Grundlegung zur Metaphysik der Sitten* (1785) spe-
zifiziert der Königsberger Meisterdenker die Einheit des Ich-
Bewusstseins – unter dem Rubrum »praktische Vernunft« – als
Kontinuität des moralischen Subjekts, das unabhängig vom
»Marktpreis« und von »Affekten« das Sittengesetz, die Verall-
gemeinerungsfähigkeit der Prinzipien des eigenen Handelns,
befolgt, und zwar nicht wegen irgendwelcher Vorteile, sondern aus der freiwilligen Verpflichtung heraus, dies zu tun.
Für Kant sind »Sittlichkeit und die Menschheit, sofern sie
derselben fähig ist, dasjenige, was allein Würde hat.«

Was »einen Zweck an sich selbst hat« und nicht bloß als
Mittel für andere, rangtiefere Zwecke dient, besitzt einen

»inneren Wert, d. i. Würde«. Der Wert der Würde resultiert aus dem moralischen Gesetz, das sich die praktische Vernunft selbst erlässt, das also von keiner fremden Macht dem Subjekt aufgezwungen werden darf. Diese Würde meint einen »unbedingten, unvergleichbaren Wert … für welchen das Wort Achtung allein den geziemenden Ausdruck der Schätzung abgibt, die ein vernünftiges Wesen über sie anzustellen hat.« Es folgt in derselben *Grundlegung* die entscheidende, bis heute die rechtswissenschaftliche Debatte dominierende Würde-Definition Kants: »Autonomie ist also der Grund der Würde der menschlichen und jeder vernünftigen Natur.« Der Philosoph erläutert, man billige der Person, die ihre »Pflichten« erfülle, eine »gewisse Erhabenheit und Würde« zu; allerdings ergebe sich der Eindruck der Erhabenheit nicht aus der Tatsache, dass sich die betroffene Person dem moralischen Gesetz unterwerfe, »wohl aber sofern sie in Ansehung eben desselben zugleich gesetzgebend und nur darum ihm untergeordnet ist«.

Die politische Botschaft dieser Erörterung ist klar: Würde ergibt sich aus dem Gehorsam gegenüber dem Sittengesetz, ist insofern also ein autoritärer Begriff. Doch die Autorität, der sich das Subjekt unterordnet, ist nicht die von einer bestimmten gesellschaftlichen Klasse diktierte Norm, sondern jener Kategorische Imperativ, den sich die praktische Vernunft selbst auferlegt: »Handle so, dass die Maxime deines Willens jederzeit als Prinzip einer allgemeinen Gesetzgebung gelten könne«, wie es in der *Kritik der praktischen Vernunft* (1788) dann heißt. Der Kategorische Imperativ ist der Inbegriff jener menschlichen Würde, die das moralische Handeln auszeichnet. Er ist großzügig, indem er die autonome Handlungsfreiheit eines vernünftigen Wesens öffnet; aber er ist zugleich streng, indem er diese Freiheit als moralische Selbstverpflichtung zur Rücksichtnahme auf rigorose Prinzipien versteht – letztlich auf das Wohl der Allgemeinheit.

Kant erobert dem Begriff der Würde, der jahrhundertelang nur an die Idee der individuellen Selbstbestimmung eines vernunftbegabten Wesens gebunden war, erst die entscheidende Spannung zwischen Freiheit und sozialer Selbstverpflichtung, Selbstbestimmung und Gesetzestreue, die ihn bis heute auszeichnet. Schiere Selbstverwirklichung, jetzt oft als »Ego-Trip« persifliert, hat eben keine Würde, mag sie auch in einer Gesellschaft, die rigoros auf Individualisierung und das jeweilige Umfrage-Maximum all dieser Individuen setzt, als besonders moderne Norm gelten.

Der dichtende Denker Friedrich Schiller (1759 bis 1805) hat nicht nur mit dem Gedanken-Poem »Würde der Frauen« so mancher feministischen Idee unserer Jahre vorgegriffen, indem er etwa den Frauen besondere Kompetenz für das »Scepter der Sitte« und den Frieden zugesprochen hat. Schiller ist auch derjenige Autor, der in seinen Ausführungen *Über Anmut und Würde* (1793) sowie *Über die ästhetische Erziehung des Menschen* (1795) Kants grundsätzliche Vorgaben in suggestive essayistische Formen gegossen hat, die zum Besten aus jener Epoche der deutschen Klassik gehören. Gültig und prägend ist der darin enthaltene Begriff der Würde bis heute, mag dies selbst vielen, die von Würde reden, nicht bewusst sein.

Schiller nennt Würde den »Ausdruck einer erhabenen Gesinnung«, wobei der Geist seine »Selbständigkeit gegen den gebieterischen Trieb behauptet«. Anmut überhaucht die würdige »Unterordnung des Sinnlichen unter das Sittliche« mit einer Leichtigkeit, die diese Unterordnung gewaltlos und natürlich wirken lässt. Schiller: »Die Anmut lässt der Natur da, wo sie die Befehle des Geistes ausrichtet, einen Schein von Freiwilligkeit; die Würde hingegen unterwirft sie da, wo sie herrschen will, dem Geist.« Wo sich die Natur widerstandslos dem Geist zu ergeben scheint, wie bei der Anmut, wirkt Würde, die sich gegenüber dem »Naturtriebe« kämpferisch aufbäumt, nur angestrengt – Schiller sagt sogar: »lächerlich«.

Hier mildert er das kantische Pathos der Pflichterfüllung ab. Statt Pflicht und Neigung, praktische Vernunft und Sinnlichkeit immer nur als Gegner zu betrachten, hält Schiller es für zugleich ideal und realistisch, dass der zu ästhetischem Edelmut erzogene Mensch auch eine Neigung entwickelt, seine moralische Pflicht zu erfüllen.

Der Dichter erinnert an das Rom des 1. Jahrhunderts n. Chr.: »Die Tempel blieben dem Auge heilig, als die Götter längst zum Gelächter dienten, und die Schandtaten eines Nero und Commodus beschämte der edle Stil des Gebäudes, das seine Hülle dazu gab.« Die Menschheit habe damals »ihre Würde verloren, aber die Kunst hat sie gerettet und aufbewahrt in bedeutenden Steinen.« Und eines Tages werde – da spricht Schiller über seine eigene Epoche – »aus dem Nachbilde … das Urbild wieder hergestellt werden«. Damit diese Utopie wahr werde, müsse der »Freund der Wahrheit und Schönheit« seiner Zeit die »Richtung zum Guten« geben, ohne »ein Geschöpf« dieser Zeit zu werden: »Verjage die Willkür, die Frivolität, die Rohigkeit aus ihren Vergnügungen, so wirst du sie unvermerkt auch aus ihren Handlungen, endlich aus ihren Gesinnungen verbannen. Wo du sie findest, umgieb sie mit edeln, mit großen, mit geistreichen Formen, schließe sie ringsum mit den Symbolen des Vortrefflichen ein, bis der Schein die Wirklichkeit und die Kunst die Natur überwindet.« Bedeutende Sätze.

Für Schiller ist die – von Anmut umspielte – Würde des Menschen letzten Endes ein ästhetisches Ziel. Doch Ästhetik ist bei ihm nicht von der Moral abgetrennt und meint auch durchaus nichts harmlos Unpolitisches. Schillers theoretische Schriften werden mehr oder weniger stark durch den Leitbegriff der Freiheit grundiert. Dieser Begriff spielt in den Briefen *Über die ästhetische Erziehung des Menschen* eine tragende Rolle – neben dem der »Natur«. Der Dichter richtet die Briefe an den dänischen Prinzen Friedrich Christian von Schleswig-Holstein-Augustenburg, als Dank für ein von diesem (und dem Grafen Schimmelmann) bezahltes 3-jähriges Stipendium.

Die Briefe betrachten die ästhetische Freiheit der Einbildungskraft als Vorspiel einer politischen Freiheit: Sie befassen sich, wie Schiller eingangs formuliert, auf hohem philosophischen Niveau »mit dem vollkommensten aller Kunstwerke, mit dem Bau einer wahren politischen Freiheit«. Dem Widerspiel von »Formtrieb« und »Stofftrieb«, Geist und Sinnlichkeit, prägender »Persönlichkeit« und empfangender »Natur« entspricht demnach im idealen Staat das gespannte »Gleichgewicht« von Individuum und Gesellschaft. Der Staat soll sich zu seinen Bürgern verhalten, wie diese »zu sich selber stehen«.

Im vierten Brief heißt es dazu: »Jeder individuelle Mensch trägt, der Anlage und Bestimmung nach, einen reinen idealischen Menschen in sich, mit dessen unveränderlicher Einheit in allen seinen Abwechslungen übereinzustimmen die große Aufgabe seines Daseins ist. Dieser reine Mensch wird repräsentiert durch den Staat; die objektive und gleichsam kanonische Form, in der sich die Mannigfaltigkeit der Subjekte zu vereinigen trachtet.« Schiller hält weniger die absolutistische Form für geboten, in welcher »der Staat die Individuen aufhebt«, sondern die republikanische, wo »das Individuum Staat wird« und »der Mensch in der Zeit zum Menschen in der Idee sich veredelt«. So kann der »Naturstaat« ein »sittlicher« werden – ein würdiger Staat.

Der Gedanke, dass der Staat wie ein Kunstwerk die Vielfalt der Individuen zugleich ausdrückt und zu der sittlichen Idee des Ganzen verpflichtet, erinnert Schiller an das »freieste Sein« der Götter im klassischen Griechenland: »Sowohl der materielle Zwang der Naturgesetze als der geistige Zwang der Sittengesetze verlor sich in einem höheren Begriff von Notwendigkeit, der beide Welten zugleich umfasste, und aus der Einheit jener beiden Notwendigkeiten ging ihnen erst die wahre Freiheit hervor.«

Die »wahre Freiheit« des Menschen sieht Schiller schließlich in dessen Spielernatur: »Denn«, so schreibt er die berühmten Zeilen im 15. Brief, »der Mensch spielt nur, wo er in voller Bedeutung des Worts Mensch ist, und er ist nur da ganz Mensch, wo er spielt«. Der Begriff »Spiel« zielt hier zugleich auf die zweckfreie Balance von Geist und Sinnlichkeit wie auf jene von Staat und Individuum, Freiheit und Natur. Das meint eine konkrete Utopie des von Gewinnabsichten freien Zusammen-Spiels, des aus dem Geist der Freiheit geordneten Zusammenlebens, eine Utopie, die allerdings die ästhetische Erziehung derer voraussetzt, die dieses Zusammenleben im Staat praktizieren sollen.

Völlig veraltet und illusorisch? Wohl kaum. Die Republik als schönes Zusammenspiel der verschiedenen Gruppen, Disziplinen, Institutionen und Individuen zu einem Staat, den das Ethos der Freiheit zusammenhält, ist ein durchaus attraktives politisches Ideal geblieben. Auch Schiller war Realist und wusste, dass die krassen Klassenunterschiede seiner Zeit die freie, freudige Teilhabe der Individuen am Allgemeinen zunächst unmöglich machten. Sein Aphorismus über die »Würde des Menschen« spricht Bände: »Nichts mehr davon, ich bitt euch. Zu essen gebt ihm, zu wohnen./Habt ihr die Blöße bedeckt, gibt sich die Würde von selbst«. Das heißt: Bedeckt die Blöße, dann kann das demokratische Spiel beginnen!

Doch der mörderische Kampf um die Freiheit, verkürzt zur rabiat durchgesetzten materiellen Gleichheit, wie Schiller ihn als Zeitgenosse der Französischen Revolution beobachten konnte, war ihm, dem Ehrenbürger der Französischen Republik, auch nicht geheuer. 1793, unter dem Eindruck der Enthauptung des französischen Königs Ludwig XVI., bekennt er, dass er keine französischen Zeitungen mehr lesen mag: »So ekeln diese elenden Schinders-Knechte mich an«. Wie rasch der Idealist zum Despoten mutiert, wusste er schon aus dem Studium der Geschichte. Freiheit galt ihm nur als echt, wenn die Freiheit des Individuums gewahrt blieb. In diesem wichtigen Punkt hat die Französische Revolution ihn, den Freiheitsapostel, enttäuscht.

Das »Lied von der Glocke«, an dem er ganze zwei Jahre hämmert, verarbeitet auch diese Erfahrungen in den berühmten Versen: »Freiheit und Gleichheit hört man schallen,/Der ruh`ge Bürger greift zur Wehr,/Die Straßen füllen sich, die Hallen,/Und Würgebanden ziehn umher«. Und endlich: »Gefährlich ist's den Leu zu wecken,/Verderblich ist des Tigers Zahn,/Jedoch der schrecklichste der Schrecken/Das ist der Mensch in seinem Wahn.« Politisch-ideologischer Fanatismus ist einer der gefährlichsten Feinde staatlicher Würde.

Autorität und Würde – die dezente Gesellschaft

Für den Philosophen Georg Wilhelm Friedrich Hegel (1770 bis 1831) findet der Einzelne seine Würde nicht als »unmittelbarer Wille« – etwa zu Macht oder Ruhm –, sondern indem er sich freiwillig »einem Substantiellen« unterwirft: dem Staat, verstanden als objektiver Geist. »Erst durch das Aufheben der natürlichen Unbändigkeit und durch das Wissen, dass ein Allgemeines, Anundfürsichseiendes das Wahre sei, erhält er eine Würde, und dann ist erst das Leben auch etwas wert« (so Hegel in seinen *Vorlesungen über die Philosophie der Religion*). Wenn Politiker als Repräsentanten des Staates den Primat des so definierten Allgemeinen an persönliche – finanzielle oder andere – Interessen verraten, wenn sie das Substanzielle sozusagen privatisieren, handeln sie unwürdig. Ihre Amtswürde resultiert aus der Verpflichtung zur selbstlosen Amtsführung im Interesse aller Bürger, die den Amtsträger wählen und alimentieren. Der symbolische Bezug zur Allgemeinheit, der dazugehört, erfordert vom Amtsträger ein würdevolles Auftreten (und Abtreten), weil der Amtsträger auch die Selbstachtung der Allgemeinheit repräsentiert. Unwürdige Repräsentanten eines Gemeinwesens tragen zu dessen Verlotterung bei – zunächst stilistisch, am Ende auch sittlich.

Insofern war die Art der Vereidigung des hessischen Staatsministers für Umwelt und Energie im Dezember 1985 – der Grünen-Politiker Joschka Fischer trug weiße Turnschuhe – kein lustiger Tabubruch, kein längst fälliger Protest junger Leute gegen verstaubte Traditionen, sondern schlicht ein ungezogener Verstoß gegen das legitime Interesse der Allgemeinheit an einem würdigen Auftritt der von ihr gewählten Politiker. Es war ein Stilbruch, der sich der Verpflichtung des gewählten Politikers verweigerte, auch der Selbstachtung der Allgemeinheit zu dienen, die ihm sein Mandat erteilt hat.

In jenen 1980er-Jahren stehen Turnschuhe im Parlament für die Botschaft, dass ihr Träger zwischen Amt und Freizeit keinen großen Unterschied sieht, dass er deshalb dem Ernst seiner Repräsentationspflicht nicht gerecht zu werden gedenkt. Es spricht nicht unbedingt für Fischers symbolische Pioniertat, dass im Herbst 2012 Politiker einer sogenannten Piratenpartei im Fernsehen ihre nackten Füße in Sandalen präsentieren und sich beim TV-Talk lässig in ihren Studiositz hinlümmeln, als wollten sie einen Pornofilm schauen; oder dass andere Talkshowgäste im Fernsehen schon mal die Beine hochziehen und überkreuz so hoch auf die Couch legen, bis ihre Gesprächspartner die Sohlen sehen können – was übrigens in islamisch geprägten Gesellschaften nicht ohne Grund als Beleidigung gilt. Der Bodensatz solcher stilistischen Verwilderung sind Schüler, die Türen eintreten, Papierkörbe als Fußbälle benutzen, Bilder von den Flurwänden reißen, ihre Lehrer beschimpfen – die Lehrerin wird ungeniert »Fotze« genannt – und anspucken. Und das nicht nur im heißen Berlin-Neukölln. Von den Hamburger Pausenhöfen werden 2011 nicht weniger als 973 Gewaltvorfälle an die Behörden gemeldet, 90 mehr als im Jahr zuvor. Auch Polizisten werden zunehmend »beleidigt, bespuckt, bedroht, geschlagen, getreten und mit dem Kopf gestoßen«, wie der bayerische Innenminister Joachim Herrmann, rückblickend auf das Jahr 2012, beklagt.

Diese neue Würdelosigkeit des permanenten Amoklaufs gegen jegliche Art von Autorität, auch und gerade gegen die demokratisch kontrollierte Autorität, wird als verständliche Reaktion der Nachkriegsgenerationen auf die angemaßte, falsche Würde der braunen Jahre erklärt. Komisch nur, dass das Bedürfnis, sich vom Missbrauch der Autorität in der Nazi-Generation zu distanzieren, zu wachsen scheint, je weiter dieser Missbrauch zurückliegt. Es gibt wahrlich genug andere Gründe für den fortschreitenden Würdeverlust unserer Gesellschaft als die Nachwirkungen jener unseligen zwölf Jahre: übertriebener Individualismus, durch rücksichtslose »Selbstverwirklichung« einzelner Mitglieder zerrüttete Familien, übermäßiger Medienkonsum (fast vier Stunden Fernsehen täglich in Deutschland), absurd aggressive Computerspiele, Verarmung und Demütigung durch unverschuldete Langzeitarbeitslosigkeit, fundamentale Orientierungsnot als Folge der Krise der Kirchen. All dies hat mit dem offenbar unsterblichen »Hitler in uns« wenig zu tun; eher damit, dass dieser kleinbürgerliche Massenmörder jede zweite Woche schamlos von verschiedenen Medien benutzt wird, um Leser und TV-Zuschauer zu locken.

In der Tat schlechthin unwürdig war der politische Verrat des gesellschaftlich Allgemeinen an eine pseudogemeinschaftliche, rassistische und mörderische Cliquen-Ideologie zur Zeit des deutschen Nationalsozialismus, sozusagen eine verbrecherische, dazu noch bizarr borniert Privatisierung des Allgemeinen. So erscheint es höchst angemessen und plausibel, dass der politisch-geistige Neubeginn nach 1945 das Wappen des Würdebegriffs vor sich hertrug, die fast sakrale Überhöhung der universalen Menschenrechte. Wer darin, wie es forsche Nachkriegshistoriker gern tun, bloß das geistige Valium eines neuen Biedermeiers oder gar kleinbürgerlicher, auf »Verdrängung« des Gewesenen erpichter Mediokrität wahrnimmt, hat vom großen Begriff der Würde wenig verstanden.

Die Verurteilung nationalsozialistischer Verbrechenspolitik als extreme Entwürdigung der menschlichen Person verliert eines ihrer zentralen Kriterien, wenn man dem naturalistischen Menschenbild des berühmten US-Psychologen und Behavioristen Burrhus Frederic Skinner (1904 bis 1990) folgt. Skinner, der vor allem mit Tauben Experimente machte, schreibt in dem Buch *Jenseits von Freiheit und Würde* (1973): Der für die Würde der Person konstitutive Begriff des autonomen, frei über sein Verhalten bestimmenden Subjekts sei wissenschaftlich nicht zu begründen, der Begriff der Würde mithin eine Illusion. Der Begriff des »autonomen Menschen« sei bloß »ein Mittel, dessen wir uns bei der Erklärung jener Dinge bedienen, die wir nicht anders erklären können. Er ist ein Produkt unserer Unwissenheit, und während unser Wissen wächst, löst sich die Substanz, aus der er gemacht ist, immer mehr in Nichts auf«. Für Skinner ist der alles bestimmende Zusammenhang von Reiz und Reaktion in jenen Fällen, wo wir das Verhalten eines Menschen bewundern, lediglich schwerer zu erkennen als in den Fällen, die wir selbstverständlich finden.

Der israelische Philosoph Avishai Margalit, Jahrgang 1939, veröffentlicht 1996 die bedeutende Studie *The Decent Society* (*Politik der Würde*, 1997), in der er sich unter anderem kritisch mit Skinner auseinandersetzt. Skinners rigoroser Szientismus zerstöre letztlich, so Margalit, jede Chance, »überhaupt irgendetwas auf dem Gebiet der Moral zu rechtfertigen«. Margalit selbst setzt dagegen »die Rechtfertigung von Respekt durch den Gedanken der radikalen Freiheit«. Die radikale Freiheit, die Margalit meint, überbietet den Begriff der klassischen Willensfreiheit. Denn während die Willensfreiheit lediglich ein Vermögen bezeichnet, drückt radikale Freiheit die emphatische Erwartung einer konkret geleisteten Freiheitshandlung aus, die uns Achtung abnötigt: »Die Eigenschaft, die ich als Begründung für die Achtung vor dem Menschen vorschlagen möchte, beruht auf seiner Fähigkeit, dem eigenen Leben zu jedem beliebigen Zeitpunkt eine völlig neue Deutung zu geben und es dadurch radikal zu ändern. Dies schließt die Fähigkeit ein, seine Sünden zu bereuen – was so viel heißt wie: vom Bösen abzulassen.«

Demnach verdienten »noch die übelsten Verbrecher... Achtung allein aufgrund der Möglichkeit, dass sie ihr vergangenes Leben radikal in Frage stellen und den Rest ihres Lebens auf würdige Weise verbringen könnten.« Der Respekt, der vor allem darauf schaue, was ein Mensch »in Zukunft tun könnte«, verbiete es demnach, jemals »jemanden aufzugeben, da alle Menschen fähig sind, ihrem Leben eine entscheidende Wendung zum Besseren zu geben«. Dies sei auch der wichtigste Grund dafür, Straftäter im Gefängnis oder vor Gericht so würdig wie möglich zu behandeln, was ja nicht ausschließe, sie gerecht zu bestrafen. Die systematische Demütigung politischer Gefangener, wie sie über Jahrhunderte auf der ganzen Welt vorkam, aber leider auch im US-Gefangenenlager der Guantanamo Bay Naval Base auf Kuba nach 2002 passiert ist, verletzt die so verstandene Würde des Zukunftswesens Mensch eklatant. Das gilt auch für eine Geschichtspolitik, die den Deutschen für immer so etwas wie rassistische oder antisemitische Gene andichten will.

Margalit leugnet nicht, dass ein Mensch wesentlich konditioniert ist durch seine Vergangenheit, seine charakterlichen Anlagen, seine Erziehung oder seine Umgebung. Doch diese Faktoren lenken sein Handeln lediglich »in bestimmte Bahnen«, schließen indes nicht aus, dass er die wichtigsten dieser Faktoren reflektiert, neu bewertet und – etwa in einer kritischen Lebenssituation – sich überraschend gegen die von ihnen vorgegebene Tendenz entscheidet. Etwa im Sinne des 1908 entstandenen Gedichts »Archaischer Torso Apollos«

von Rainer Maria Rilke. Den Betrachter eines altgriechischen Jünglingstorsos überwältigt dessen unwirklich harmonische und reine Präsenz so sehr, dass er beschließt: »Du musst dein Leben ändern«. Dein Leben muss edler, muss würdiger werden.

Das Würde-Konzept von Margalit findet ein Echo in den Überlegungen des Menschenrechtsphilosophen Heiner Bielefeldt, Jahrgang 1958. In dem klugen Buch mit dem irritierend wirtschafts-saisonal klingenden Titel *Auslaufmodell Menschenwürde?* (2011) umreißt Bielefeldt die Menschenwürde als eine Norm, die von den verschiedenen religiösen und weltanschaulichen Orientierungen unabhängig und demnach auch in pluralistischen Gesellschaften konsensfähig ist. Der Mensch habe seine Sonderstellung nicht als Ebenbild oder Statthalter (»Kalif«) Gottes, sondern als »Verantwortungssubjekt«. Bielefeldt: »Dass Menschen Abkommen miteinander eingehen können, die für verlässlich gelten sollen; dass sie einander Versprechungen machen und auf deren Einhaltung pochen; dass sie für sich allein und im Gespräch mit anderen Orientierung suchen und normative Eckpunkte in einer gemeinsamen Verfassungsurkunde festschreiben – dies alles hängt daran, dass die betreffenden Personen sich selbst und einander als Subjekte möglicher Verantwortung ansehen und respektieren. Der so verstandene Achtungsanspruch ist ein Grunddatum normativer Reflexion und Kommunikation überhaupt. Er schwingt als zumeist unausgesprochene Voraussetzung immer mit, wenn Menschen Verbindlichkeiten – gleich welcher Art – miteinander eingehen«.

Bielefeldt hält diesen »Anspruch auf gegenseitige Achtung«, als Basis einer »von der Gesellschaft zuerkannten elementaren Statusposition«, für tragfähiger als die tradierte »Mitgifttheorie« derer, die den Begriff der Würde zunächst einmal auf die natürliche Sonderstellung des *homo sapiens* stützen. Einzuwenden wäre hier: Was die Gesellschaft anerkennt, schwankt epochal; was die Natur zuteilt, überlebt jedoch meistens den gesellschaftlichen Wankelmut – ist also würdiger.

Skinners These, das prinzipiell zur Freiheit – und damit zu bewundernswerter Würde – befähigte Subjekt sei eine unbewiesene »Illusion«, kann allerdings nicht durch die verheerende geistige, rechtliche und moralische Verarmung widerlegt werden, die sie bewirken würde, folgte man ihr allgemein. Entscheidend ist: Skinner kann seine These genauso wenig beweisen wie es in seinen Augen die Verfechter der Würde in Bezug auf ihre These vermögen. In Wahrheit ist Skinners These eine Hypothese – eine Annahme zur Ermutigung des wissenschaftlichen Fortschritts. Dass die Idee der Freiheit aus Vernunft auf spontaner Selbst-Evidenz des menschlichen Bewusstseins beruht und von exakter Empirie nicht »bewiesen« werden kann, auch nicht von der allermodernsten Hirnforschung, wusste freilich schon Kant. Was ihn nicht hinderte, diese Idee zu einem notwendigen »Postulat« einer »reinen praktischen Vernunft« zu erklären, die sich ihrer anthropologischen Würde bewusst ist. Zur Freiheit gehört eben auch die Möglichkeit, diese Freiheit zu leugnen. Skinners Position ist in der Philosophie der Freiheit enthalten, während sein Konzept die Freiheits-Option nur polemisch ausschließt – Punktsieg für die Philosophie der Freiheit.

Der bekannte und anerkannte Moralphilosoph Norbert Hoerster, Jahrgang 1937, ist Skinners Position insofern nahe, als er meint, das »Menschenwürdeprinzip« (was für ein unwürdiger Ausdruck!) biete für sich genommen gar »keinen Maßstab mehr für legitimes Verhalten«. Denn es setze voraus, was es selbst zu sein vorgebe: »ein normatives Werturteil« darüber, was legitim sei. Als Beleg dient Hoerster – in dem Essay *Ethik des Embryonenschutzes* (2002) – folgendes Szenario: »In einem See droht ein Kind zu ertrinken. Es kann nur dadurch gerettet werden, dass A und/oder B, die gemeinsam am Ufer stehen, in einem vor Anker liegenden Motorboot auf den See hinausfahren. B, dem das Boot gehört, will jedoch nicht fahren und auch sein Boot zur Lebensrettung des Kindes nicht zur Verfügung stellen. Darf A ihm unter Anwendung von Gewalt den Schlüssel für das Boot wegnehmen und das Kind retten?«

Wer diese Frage mit »Ja« beantworte, könne die von Kant verurteilte »Instrumentalisierung« eines Menschen nicht missbilligen – diese Instrumentalisierung könne durchaus ethisch legitim sein. Hat Hoerster damit Kants Würde-Prinzip relativiert? Keineswegs. Wer einen Menschen zwingt, zur Rettung eines Kindes beizutragen, benutzt diesen Menschen durchaus nicht für irgendeinen Vorteils- oder Genuss-Zweck, sondern für den Zweck aller Zwecke: die rettungswürdige Existenz eines Individuums, die zweckfrei wertvoll ist, »über allen Preis erhaben«, wie Kant formuliert.

Kant setzt den »Zweck an sich selbst«, als »Idee der Menschheit«, allen schnöden »Mitteln zum Zweck« entgegen. Im »Reich der Zwecke«, sagt Kant, »hat alles entweder einen Preis, oder eine Würde.« Auch die Würde gehört also zum Reich der Zwecke. Was einen Preis habe, könne durch ein »Äquivalent« ersetzt werden. Wofür es kein Äquivalent gebe, weder einen »Marktpreis« noch einen »Affektionspreis«, das sei unersetzlich in seinem »inneren Wert«, um seiner selbst willen wertvoll wie die sittliche Selbstregelung des Menschen, seine »Moralität«. Und das habe »Würde«.

Bei der alltäglichen Zweck-Mittel-Struktur gehe es um die Nutzbarmachung des Menschen entweder für das »Interesse der Neigungen« und »gewisse Triebfedern« oder in der »Absicht auf irgendeinen Vorteil« (finanziell oder machtpolitisch). Wer einen egozentrischen Menschen, der die Hilfe zur Rettung eines Menschenlebens verweigert, zwingt, diese Hilfe zu leisten, benutzt den Egozentriker aber nicht wie eine Sache für irgendeinen Vorteil oder irgendeinen Affekt. Er will vielmehr erreichen, dass dieser Egoist sein persönliches Interesse (das Boot nicht herzugeben) einem Ziel opfert, das »als Gesetz die oberste einschränkende Bedingung aller subjektiven Zwecke« ausmacht – die »Übereinstimmung zur Menschheit«. Der Endzweck einer Handlung entscheidet über ihre moralische Qualität.

Die Zweckstruktur allein ist sicherlich vieldeutig. Gewiss »instrumentalisiert« der Retter des Kindes den, der sein Boot zur Verfügung stellen soll. Doch der Endzweck dieser zweckrationalen Instrumentalisierung ist ja gerade der Selbstzweck der Moral, das humane An-und-für-sich. So greift denn auch der in der Frankfurter Denkerschule von Max Horkheimer und Theodor W. Adorno beliebt gewordene Begriff der »Instrumentalisierung«, der auf eingrenzbare Berechnung irgendeiner, meist materieller Art zielt, zu kurz. Wer handelnd andere zu etwas zwingt und dabei den Zweck an sich im Blick hat, die Menschheit, spannt nicht andere Menschen in den Rahmen sachlicher Berechnung – er will sie ja gerade einbinden in die Idee eines zweckfreien Menschseins, das um seiner selbst willen wertvoll ist.

Wer den Mitmenschen daran hindert, andere zu instrumentalisieren, instrumentalisiert selbst diesen Mitmenschen eben nicht. Der Mann, der sein Boot nicht hergeben will, instrumentalisiert das Kind, das damit gerettet werden kann – durch die Verweigerung der Hilfe aus Bequemlichkeit oder zu dem Zweck, seinen Besitz (das Boot) unversehrt zu bewahren. Um dieses Verhalten moralisch zu verurteilen, müssen wir nicht ein zusätzliches normatives Werturteil voraussetzen, wie Hoerster meint. Die über alle Einzelzwecke erhabene Würde des Individuums allein legitimiert ausreichend alle Versuche, Dinge und Menschen für sie dienstbar zu machen – wenn dies nicht unwürdig geschieht. Kant hätte diese Art von »Instrumentalisierung« gewiss nicht als zweckrationale Minderung des »unbedingten Werts« der Würde eingestuft.

Der Soziologe Niklas Luhmann (1927 bis 1998) kritisiert in *Grundrechte als Institution* (1999), was man nur loben kann:

Dass die moderne deutsche Verfassungsdogmatik die Begriffe Würde und Freiheit, diese »Grundbedingungen des Gelingens der Selbstdarstellung eines Menschen als individuelle Persönlichkeit«, immer noch »aristotelisch«, also substanziell, interpretiere. In Wahrheit aber bilde sich der Persönlichkeitswert Würde allein »im sozialen Verkehr«, Würde sei kein Teil menschlicher »Naturausstattung«, sondern »muss konstituiert werden«. Sie sei eine soziale »Darstellungsleistung« und als solche »eines der empfindlichsten menschlichen Güter«: »Eine einzige Entgleisung, eine einzige Indiskretion kann sie radikal zerstören.« Gerade weil sie so antastbar sei, bilde sie einen der »wichtigsten Schutzgegenstände unserer Verfassung«.

Luhmann verkennt die durchaus soziale Dynamik, die der aristotelische Substanzbegriff in der Spätantike – etwa bei Plotin oder Augustinus – und dann von Leibniz bis zu Hegel (die Substanz als Subjekt) gewinnt. Soziale Interaktion formt die substanzielle Persönlichkeit, ohne sie total zu »konstituieren«. Persönlichkeits-Konstituierung setzt einen konstanten genetischen Vorrat voraus, der dann entwickelt, »konstituiert« wird; und dieses Potenzial hat der Mensch als geistiges Wesen in der Tat von Geburt an. Darum ist ja auch Abtreibung kein Kavaliersdelikt.

Im Anschluss an Luhmann erläutert der Rechtswissenschaftler Bernhard Giese in seiner Schrift *Das Würde-Konzept* (1975) den wichtigen Zusammenhang von sozial konstituierter Würde und Vertrauen: »Vertrauen reagiert auf den glaubwürdigen Anschein zwischenmenschlich wohlverantworteten Freiheitsgebrauchs. Für den sozialen Bereich ausreichende Freiheitsverantwortung nennen wir Würde. Durch würdiges, seiner Konsequenzen bewusstes, verantwortliches Verhalten erwirbt der Handelnde Vertrauen, das er nunmehr als Darstellungsrequisit kreditgleich verwenden kann.«

So gesehen, sei die gelingende Selbstdarstellung als Individuum, wie Luhmann sie definiert, nicht hinreichend. Giese

meint, »dass erwiesenes Vertrauen die Würde des Vertrauens-
würdigen für Dritte erkennbar propagiert, dass Würde also
nicht nur durch selbstdarstellende Aktivität, sondern auch
von außen konstituiert, bestätigt und vermehrt wird. Würde
und Vertrauen stehen im Verhältnis einer Wechselbestätigung,
bei der Würde den Anfang macht.« In ihrem »Fortbestand«
hängt demnach die Würde auch davon ab, dass diese »Wechselbestätigung« sich wiederholt und bekannt wird: dass sie
sich anhaltend stabilisiert.

Ähnlich der Würde gründet auch die Autorität des einen
gegenüber einem anderen Menschen auf verantwortungsvol-
lem Freiheitsgebrauch, der dann von Dritten erkannt und
anerkannt wird – sofern diese Autorität nicht bloß die plumpe,
irrationale Unterordnung des Schwächeren unter den Mäch-
tigeren beinhaltet. Würde fordert Achtung, insofern hat sie
Autorität. Und Autorität braucht durch gute Entscheidungen selbstbewusster Freiheit begründete Würde. Die Begriffe
Autorität und Würde sind eng verzahnt. Der lateinische
Begriff *auctoritas*, von dem sich Autorität – vermittelt über
mittelhochdeutsch *auctoriteit* – herleitet, ist vieldeutig, seine
Bedeutungen reichen von »Gültigkeit« über »Vollmacht« bis
zu »Vorbild«, »Ansehen« und »würdevolle Haltung«. Insofern
auctoritas auch »Würde« und »Ausstrahlung« meinen kann, ist
der lateinische Terminus umfassender als die davon abgeleitete »Autorität« und die mit ihr verwandte, wenn auch nicht
identische »Würde«.

Autorität bindet die Freiheit derer, die sie anerkennen,
was deutlich in dem Adjektiv »autoritär« zum Vorschein
kommt. Würde dominiert weniger autoritär, sie zielt nicht
auf irgendeine Gefolgschaft, sondern auf frei, möglichst spontan gewährte Achtung. Autorität schränkt Freiheit ein, Würde
drückt Freiheit aus. Die Autorität der »angesehenen Persönlichkeit«, bestimmte Entscheidungen auch für andere treffen
zu dürfen, funktioniert weitgehend rational, denn die Kompe-

tenz des Entscheidenden ist vernünftig nachvollziehbar. Das gilt nicht für die Unangreifbarkeit gewaltsam begründeter, eher dumpfer Autorität von sogenannten charismatischen Politikern. Würde ist, als Ausdruck souveräner Freiheit, zwar klar zu umreißen, doch ihre Wirkung auf andere ist atmosphärisch und emotional unbestimmter, glitzernder und weniger fordernd als jene der Autorität.

Mystiker des All-Bezugs

Der menschliche Würde-Status ist zunächst angeboren und insofern konstant. Dies ergibt sich aus der Tatsache, dass der Mensch als einziges Lebewesen der Erde fähig ist, das Ganze des Seins zu denken; und zu fragen, warum und wozu es überhaupt existiert. Woraus ja auch folgt, dass er den eigenen Tod in Gedanken oder faktisch vorwegnehmen kann. Meister Eckhart, der Mystiker des 14. Jahrhunderts, lehrt, Gottes Was-Sein sei sein pures Dass-Sein – und als solches der Urgrund von allem, was ist. Zu denken vermag derartiges nur der menschliche Geist. Eckhart: »Vernunft ist der Tempel Gottes«. Oder wie Baruch de Spinoza (1632 bis 1677) in seiner *Ethik* formuliert: »Der menschliche Geist ist ein Teil der unendlichen Vernunft Gottes«.

Der All-Bezug seines Geistes grundiert in jedem Menschen – auch wenn der sich dessen nicht bewusst sein sollte – jene labile, aber auch spannende Offenheit, die den Philosophen Martin Heidegger (1889 bis 1976) zu der Formulierung inspiriert hat, das menschliche Dasein sei die »Lichtung des Seins« überhaupt – eine wunderbare Fortentwicklung der traditionellen Lichtmetapher für die Vernunft. In der Schrift *Der Ursprung des Kunstwerkes* (1935) schreibt er dazu: »Nur diese Lichtung schenkt und verbürgt uns Menschen einen Durchgang zum Seienden, das wir selbst nicht sind, und den Zugang zu dem Seienden, das wir selbst sind«. »Für unser

Dasein« habe, sagt Heidegger (*Einführung in die Metaphysik*, 1958), »dieses, dass wir, wenn auch unbestimmt, das Sein verstehen, den höchsten Rang. Ohne dieses Verstehen können wir nicht einmal Nein zu unserem Dasein sagen.« Indem wir den »Vorrang des Verstehens von Sein überhaupt in seinem Rang würdigen, bewahren wir ihn als Rang«. Nur so werden wir diesem Rang »in seiner Würde« gerecht.

Auch wenn Heidegger hier auf die metaphysischen Begriffe »Substanz« und »Subjekt« verzichtet, zielt er mit seiner Formulierung auf eine konstante, unter den Lebewesen exklusive Grundausstattung des Menschen. Sie ist der Humus der angeborenen Würde des Menschen, unerreichbar durch irgendwelche Manipulationen der Gesellschaft, im Unterschied zu der im Laufe des Lebens erworbenen Würde, die man so leicht verspielen kann. Viel von seiner ruhmvoll leuchtenden Würde verlor der Freiburger Philosophieprofessor Heidegger, als er in den ersten Jahren nach 1933 von einem aus der nationalsozialistischen »Revolution« hergeleiteten »Führer«-Deputat für die geistige Neuorientierung der deutschen Universitäten träumte; und als er seinem jüdischen Lehrer Edmund Husserl die Widmung seines genialen Buchs *Sein und Zeit* (1927) nachträglich entzog – extrem unwürdig für einen Denker, der für die Neufassung der Würde-Philosophie Entscheidendes beigetragen hat. Solche Widersprüche sind allerdings nicht das Privileg konservativer Vordenker.

Der linke Philosoph Ernst Bloch (1885 bis 1977), kein Heidegger-Adept und auch kein Aristoteliker im Sinne Luhmanns, schreibt in seinem Buch *Naturrecht und menschliche Würde* (1972), die Würde des Menschen sei »zum großen Teil nicht aus den Verhältnissen abgeleitet, denen man sich anpasst« – auch nicht aus der bloßen Relation zu weniger Würdigem. Es gehe bei der Würde um »den stolzen Begriff des Menschen« als eines »nicht kriecherischen, reptilhaften« Wesens »mit erhobenem Kopf, was uns verpflichtet und uns vor den

Tieren auszeichnet.« Allerdings, meint Bloch, gebe es »keine angeborenen Rechte«, diese seien »alle erworben oder müssen im Kampf noch erworben werden«. Bloch konzentriert sich auf die Würde der Lebensgestaltung, die er als »Kampf« bezeichnet. Dieser ist ihm so wichtig, dass er die angeborene Würde lieber leugnet, um den »Kampf« nicht zu schwächen – klassische Linksideologie. Was die vom Menschen zu realisierende Würde betrifft, hat Bloch gewiss Recht, wenn er sagt, »dass weder menschliche Würde ohne ökonomische Befreiung möglich ist noch diese, jenseits von Unternehmern und Unternommenen jeder Art, ohne die Sache der Menschenrechte.«

Obwohl Bloch in den 30er-Jahren des 20. Jahrhunderts die Moskauer Prozesse Stalins verteidigt hat, nahm er sich trotz seiner sozialistischen Grundüberzeugung letztlich der »Sache der Menschenrechte« an: Der Aufstand der Ungarn gegen stalinistische Unterdrückung im Jahr 1956 hat ihm dafür die Augen geöffnet. 1961, nach seiner vorzeitigen Zwangsemeritierung (1957) und dem Bau der Berliner Mauer, verließ Bloch Leipzig und lehrte dann in Tübingen. Darauf, dass er der Gesellschaftsordnung, die ihm diesen Wechsel ermöglicht hat, intellektuelle Ehrerbietung öffentlichkeitsrelevant erwiesen hätte, hat man damals freilich vergeblich gewartet.

Den zweifachen Sinn von Würde gilt es stets im Auge zu behalten. Als angeborene zeichnet sie uns vor den Tieren aus; doch daraus entsteht die Verpflichtung, gemäß dieser natürlichen Auszeichnung ein würdiges Leben zu führen – notfalls zu erkämpfen. Die linke Überzeugung, die Annahme einer natürlich gegebenen Würde schwäche den Kampf gegen faktische Würdelosigkeit, greift zu kurz. Der Kampf gewinnt doch vielmehr an substanzieller Energie, wenn der Kämpfende weiß, dass er für etwas streitet, was er als verpflichtendes genetisches Erbe ohnehin schon in sich birgt – dass er also streitet mit der ermutigenden Aussicht, vielleicht wirklich erfolgreich zu sein.

Würde als Recht

Grundgesetz und Menschenrechte

Die Würde-Garantie, mit der das Grundgesetz »anhebt«, wie der langjährige Verfassungsrichter Dieter Grimm, Jahrgang 1937, mit gutem Recht feierlich schreibt, sei »ein verfassungsrechtliches Novum«. Weder die 1919 verabschiedete Verfassung der Weimarer Republik noch jene in der Frankfurter Paulskirche 1848 formulierte kennen diese Garantie als primäres Grundrecht. Schon die Klarheit und Schlichtheit, mit denen die Würde-Garantie durch unser Grundgesetz benannt wird, beglaubigen das, wofür die Formulierung des Grundgesetzes ficht: Würde.

Das am 23. Mai 1949 vom Parlamentarischen Rat in Bonn verkündete deutsche Grundgesetz ist die feierliche Gründungsurkunde eines demokratischen Neubeginns nach dem Unrechts-Inferno des Nationalsozialismus. Die von Theodor Heuss verfasste Präambel betont, das deutsche Volk habe – in Gestalt seiner Bundesländer – die »neue Ordnung« im »Bewusstsein seiner Verantwortung vor Gott und den Menschen« ausgearbeitet und beschlossen. Vor diesem Hintergrund erhält Artikel 1, Absatz 1 beinahe eine religiöse Aura: »Die Würde des Menschen ist unantastbar. Sie zu achten und zu schützen ist Verpflichtung aller staatlichen Gewalt.« Theodor Heuss, zusammen mit dem Sozialdemokraten Carlo Schmid wohl der Initiator auch dieser beiden Sätze, fand es wichtig, dass der Staat von Anfang an als Schutzherr der Würde seiner

Bürger erscheint und dadurch eine eigene »innere Würde«
gewinnt. Der Staat sollte den schwarzen Ruf einer »bedroh-
lichen Institution« verlieren, den er sich auf deutschem Boden
durch die Nazi-Jahre eingehandelt hatte. Heuss nannte den
Würde-Passus zudem eine »nicht interpretierte These«. Dieser Passus ist letztlich – was Heuss selbst, der Gegner der
Konfessionsschule, wohl nicht religiös verstand – eine meta-
physische, »apriorische« Setzung im Sinne Immanuel Kants.
Aber dies macht ihn durchaus nicht, wie Rechtspositivisten
meinen, anfechtbar, sondern stark, weil durch Empirie nicht
zur Gänze einholbar oder widerlegbar.

Artikel 2 schützt das Recht auf »freie Entfaltung« der »Persönlichkeit« – »soweit es nicht die Rechte anderer verletzt« –
sowie das »Recht auf Leben und körperliche Unversehrtheit«
und legt fest: »Die Freiheit der Person ist unverletzlich.« Das
Vorbild der UN-Menschenrechtscharta ist hier mit Händen zu
greifen: Am 10. Dezember 1948 verabschiedet die Generalver-
sammlung der Vereinten Nationen in Paris »Die Allgemeine
Erklärung der Menschenrechte«. Deren Präambel spricht von
der »Anerkennung der angeborenen Würde und der gleichen
und unveräußerlichen Rechte aller Mitglieder der Gemeinschaft der Menschen«, während Artikel 1 formuliert: »Alle
Menschen sind frei und gleich an Würde und Rechten geboren.
Sie sind mit Vernunft und Gewissen begabt und sollen einander im Geiste der Brüderlichkeit begegnen.« Es folgen das
Verbot der Diskriminierung aufgrund von Rasse, Geschlecht
oder Religion, das Verbot der Sklaverei, der Folter, der willkür-
lichen Verhaftung und der Einschränkung des »Anspruchs auf
gleichen Schutz durch das Gesetz«. Im dritten Artikel heißt
es: »Jeder hat das Recht auf Leben, Freiheit und Sicherheit
der Person«.

Die zentralen Grundbegriffe von Grundgesetz und Men-
schenrechtscharta gehören zu den Bausteinen des Würde-
Begriffs, ohne mit ihm ganz identisch zu sein: Freiheit der

Person, Entfaltung der Persönlichkeit, Gleichheit vor dem Gesetz, Vernunft, Gewissen. Dass hinter alldem keine bloße »Leerformel« steckt, wie der Rechtsphilosoph Norbert Hoerster meint, haben wir im vorigen Kapitel ausführlich erörtert. Die philosophische Tradition von Cicero über Meister Eckhart, Spinoza, Kant, Hegel bis hin zu Bloch und Heidegger hat versucht, die menschliche Vernunft, ihre Freiheit und Einzigartigkeit als substanzielle Konstante, auch als geheimnisvolles Zentrum von Zeiterfahrung und kämpferisch ins Unendliche gerichteter Unruhe, zu bestimmen. Wer diese Basis des menschlichen Würde-Anspruchs »leer« nennen mag, der soll zu den Positivisten überlaufen, die nichts gelten lassen, was nicht messbar »Fakt« ist.

Das wunderbare Wort von der »unantastbaren Würde« des Menschen erhebt einen in demokratischen Staaten eigentlich selbstverständlichen Wert zu einer moralischen Norm. Die darin angelegte feierliche Kodifizierung des Selbstverständlichen, die das Grundgesetz mit der Menschenrechtserklärung der UN von 1948 teilt, ist nur verständlich als zugleich moralische und politische Reaktion auf die Schrecken des Nationalsozialismus und des Zweiten Weltkriegs. Beides sollte sich, so dachte der Parlamentarische Rat, niemals wiederholen.

Übergriff und Unantastbarkeit

Die Rede von der »unantastbaren« Würde, von der unangreifbaren Erhabenheit des Menschen geht nicht nur auf die stoische Philosophie der Antike, auf Cicero, Seneca und den Humanismus der Renaissance zurück. Sie hat auch eine interessante sprachliche Vergangenheit. Spätlateinisch heißt *taxare* »scharf berühren«. Italienisch *tastare*, mit *taxare* verwandt, bedeutet »berühren«. Mittelneuhochdeutsch »antasten« bedeutet »angreifen«. Das Berühren des anderen Menschen ist eine Art von subtilem Angriff. »Unantastbar« ist demnach gleichbedeutend mit »unangreifbar«, weil *tastare* im Sinne von »tasten, berühren« darin mit enthalten ist; außerdem deutet »unantastbar« darauf hin, dass es sich bei der Würde um ein besonders sensibles Gut handelt, dem auch subtile Angriffe, die auf den ersten Blick kaum erkennbar sind, schweren Schaden zufügen können.

Die Unantastbarkeit erinnert an die archaische Unberührbarkeit hoher Priester, Schamanen oder Häuptlinge. Deren Distanz zum Normalmenschen ergibt sich aus ihrer besonderen Nähe zu den Geistern, Göttern oder zu Gott, was exklusive Vertrautheit mit dem ängstlich tabuisierten Übergangsbereich zwischen Leben und Tod einschließt. »Unantastbar«, verstanden als »unberührbar«, ist der ursprüngliche Sinn des Begriffs »Tabu«, der aus dem polynesischen Wort *tapu* (»unberührbar«) hervorgegangen ist. Die Unberührbarkeit des höchsten Amtes im Staat, des Kaisertums, wurde im alten Rom mit dem Wort *sacer* (»heilig«) ausgezeichnet – »heilig« hieß eigentlich »kaiserlich«. Den Kaiser, der von Gott berufen wurde, durfte in der Öffentlichkeit kein Untergebener »einfach so« anfassen. Man wirft sich vor ihm auf den Boden, berührt diesen mit der Stirn, küsst die gnädig hingehaltene Hand oder die Füße.

Der Handkuss, den noch im 19. Jahrhundert der bayerische König von seinen Untertanen fordert, wird niemals unter Gleichgestellten ausgetauscht. Er ist eine Geste der Ergebenheit, des Gehorsams, des Respekts vor unantastbarer Autorität. Es gibt am Hof des Königs oder auch des Herzogs kein joviales Schulterklopfen. Dass seine Diener ihn nackt sehen dürfen, ihn an- und auskleiden und waschen und dabei gewiss berühren, geschieht außerhalb des höfischen Zeremoniells, die Diener sind ja auch keine gleichberechtigten Menschen – Scham empfinden voreinander nur die gleichrangigen Angehörigen der höheren Stände. Die vergöttlichten Herrscher und Herrscherinnen im spätantiken Ost-Rom inszenieren die Distanz zum Volk besonders prunkvoll und feierlich, was nicht ausschließt, dass etwa eine byzantinische Kaiserin bei der Inthronisation einigen ausgewählten Armen in Jesus-Manier die Füße wäscht. *Noli me tangere*, berühre mich nicht, sagt der auferstandene Jesus zu Maria Magdalena im Evangelium nach Johannes. Dieser Jesus ist nicht »zum Anfassen«, wie ein seltsam rigoroser, zugleich kuschelsüchtiger medienpädagogischer Furor heute schier alles, auch alles Schwierige und Erhabene, zubereitet haben möchte. Kaum war der aus Argentinien stammende Papst Franziskus I. – im März 2013 – in Amt und Würden, wurde er auch schon in einigen Medien als »Papst zum Anfassen« gerühmt. Als Ende Mai 2013 der »Tagesthemen«-Moderator Tom Buhrow zum Intendanten des Westdeutschen Rundfunks gewählt wird, erklärt der Glückliche, er wolle ein Chef »zum Anfassen« sein. Über Jahrtausende sind würdige Personen gerade nicht anfassbar.

Das uralte Berührungsverbot betrifft nicht nur heilige Dinge, Bezirke – unter Naturvölkern gibt es »unbetretbare« Wälder – und Personen. Für Sigmund Freud ist die körperliche Berührung grundsätzlich der »Beginn jeder Bemächtigung«, verstanden als Versuch, sich »eine Person oder Sache dienstbar zu machen«. Sobald er »die Grenzen seiner Person einmal festgestellt« habe, weiche der Mensch »der Berührung durch Fremdes aus«, schreibt der Schriftsteller Elias Canetti (1905 bis 1994) in seinem Hauptwerk *Masse und Macht* (1960). Und er ergänzt: »Nachts oder im Dunkel überhaupt kann der Schrecken über eine unerwartete Berührung sich ins Panische steigern. Nicht einmal die Kleider gewähren einem Sicherheit genug; wie leicht sind sie zu zerreißen, wie leicht ist es, bis zum nackten, glatten, wehrlosen Fleisch des Angegriffenen durchzudringen. Alle Abstände, die die Menschen um sich geschaffen haben, sind von dieser Berührungsfurcht diktiert.« Nicht die Hygiene, sondern die entwürdigende, demütigende »Bemächtigung« als solche ist das entscheidende Motiv dafür gewesen, dass die nationalsozialistischen KZ-Kommandanten die Juden gezwungen haben, sich beim Empfang im Lager nackt auszuziehen und sich wie »wehrloses Fleisch« begutachten zu lassen. Dem physischen Tod ging die Ermordung der Würde voraus.

Erst im Erlebnis der gleichgestimmten Masse ereigne sich, so wiederum Canetti, ein »Umschlagen der Berührungs-furcht« in die »größte Dichte« einer kollektiven »Erleichte-rung«. Canetti versucht, auf diese Weise den Rückfall des selbstbewussten Individuums in die Unterwerfung unter eine Massen-»Bewegung« zu erklären: Die Menschen hätten eine Sehnsucht danach, in der Menge Gleichgesinnter ihre Berührungsfurcht vor dem anderen zu überwinden. Haben nicht manche Internetkampagnen unserer Tage – mit ihren Schwärmen gleichgerichteter Schmäh-E-Mails – Züge dieser Unterwerfung unter eine »Bewegung«, also etwas Faschistoi-des? Klar ist: Zur Würde, wie sie auch das Grundgesetz meint, gehört die garantierte Distanz zum Übergriff der Masse; gehört also jene archaische Berührungsfurcht, an die das Wort »unantastbar« so einfach wie tiefsinnig erinnert und anknüpft.

Im Mittelalter konnte ein Mann, der außerhalb einer Hei-ratsanbahnung unaufgefordert auch nur den Finger einer bürgerlichen oder adligen Frau berührte, vor Gericht gestellt werden. Eine solche Handlung gehört in den riesigen Bereich der Sexualtabus. Im buddhistisch geprägten Thailand ist es traditionell tabuisiert, einen anderen Menschen in der Öffent-lichkeit an den Kopf zu fassen, auch wenn dies freundschaft-lich gemeint ist. Man streichelt auch nicht den Kopf eines Kindes – wer dies tut, behindert den Weg des Geistes zum Himmel, der stets freizuhalten ist. Man begrüßt einander auch nicht händeschüttelnd, sondern indem man die Handflächen auf die eigene Brust legt oder auch mit dem Kopf nickt und lächelt. Auch im europäischen Mittelalter ist der Handschlag nicht die übliche Form der Begrüßung, sondern ein Treueversprechen, eine Art Rechtshandeln. »Der Gruß als Friedensversicherung unter Gleichgestellten ist an die Sprache, nicht aber an die Gebärde gebunden« (so Ernst Schubert in *Alltag im Mittelalter*, 2002).

Das Adjektiv »unantastbar« hat also einen religiösen, animistischen, kulturgeschichtlichen und psychoanalytischen Hintergrund – Freud hat sich viel mit der kulturell tabuisierten Berührung der jeweils eigenen Mutter, mit dem Inzestverbot, befasst und fand auch, der Seelenarzt dürfe den Patienten nicht berühren (woran sich nicht alle seiner Schüler gehalten haben). Dieser Hintergrund des großen Wortes »unantastbar« schwingt mit, wenn wir die grundgesetzliche Würde als einen höheren Wert empfinden, der über den strafbewehrten konkreten Vorschriften schwebt, die diesen Wert im Alltag schützen, etwa im Beleidigungsverbot. Irgendwie soll die Würde aus dem Reiz- und Reaktionsschema der alltäglichen Manipulationen herausragen, man soll sie nicht handhaben dürfen wie irgendein Argument oder einen Vorschlag zur Güte, worauf fast automatisch das Gegenargument oder der Gegenvorschlag folgen. Gegen die Würde argumentiert man nicht.

Der sozialkritische Philosoph Max Horkheimer hat 1936 in seinen *Studien über Autorität und Familie* ausgeführt, die Idee der Unangreifbarkeit, die jede Autorität beansprucht, sei im Grunde irrational. Das scheint auch auf die Idee der unantastbaren Würde zuzutreffen, obwohl es bei ihr nicht direkt um personale Autorität geht. Nun gibt es aber auch eine Autorität, die nicht irrational fordert, sondern auf »einsichtige Gefolgschaft« (C. A. Heyl im *Evangelischen Soziallexikon*, 1963) angesichts bestimmter Leistungen setzt; diese Art von Autorität ist mit der Unantastbarkeit der Menschenwürde vereinbar. Das meint keine autoritäre Unangreifbarkeit, die sich irgendein unwürdiger Potentat dieser Welt anmaßt, sondern zielt auf ein »Zueinander« von Vernunft, als Leistung der Selbstverpflichtung, und Natur, wie Papst Benedikt XVI.

in seiner denkwürdigen Rede vor dem Deutschen Bundestag im September 2011 formuliert hat. Benedikt verweist »auf Natur und Vernunft als die wahren Rechtsquellen«, also nicht auf irgendein autonomes religiöses Offenbarungsrecht (wie der Islam), wobei die Natur nicht die Natur heutiger Naturwissenschaft ist, sondern die »objektive Vernunft« der vom Geist Gottes geordneten Schöpfung. Als Naturwesen hat der Mensch auch Anteil an dieser Schöpfungsordnung und der aus ihr abgeleiteten Würde.

Der Begriff der Unantastbarkeit rebelliert gegen den heute nahezu alles beherrschenden Positivismus, der schier alle Dinge und Menschen verfügbar angeboten oder zubereitet haben möchte, der fast alles verrechnet unter dem Gesichtspunkt von wirtschaftlicher Effektivität und empirischer Verifizierbarkeit nach dem Prinzip von Ursache und Wirkung. Damit ist der Begriff der Unantastbarkeit aber nicht irrational, so wenig wie die ihm zugeordnete moralische Selbstbestimmung des Menschen im Sinne Kants.

Papst Benedikt XVI. erinnert in diesem Zusammenhang auch an einen Naturbegriff, der nicht bloß die Natur als Energielieferantin und Erholungsressource, nicht nur als »Material für unser Machen« betrachtet, sondern – vielleicht ein wenig romantisch – auch bedenkt, »dass die Erde selbst ihre Würde in sich trägt und wir ihrer Weisung folgen müssen«. Der Papst zeigt hier viel Verständnis für die »ökologische Bewegung« seit den 1970er-Jahren. Unantastbarkeit hat also viel mit der Schöpfungsnatur zu tun, die unserem Machen – unserem Antasten – vorausliegt und nicht darin aufgeht, technisch »optimal« gelenkt und ausgebeutet zu werden. Über den Begriff der Unantastbarkeit lässt sich darum auch jener der Würde der Natur selbst entwickeln.

Während die natürliche Würde des Menschen, wie wir gesehen haben, in seiner sittlichen Selbstbestimmung, seiner moralisch aktivierbaren Freiheit gründet, gewinnt die deutsche Verfassung von 1949 ihre Würde daraus, dass sie nach dem Prinzip der Volkssouveränität abgefasst und beschlossen wurde. Dies galt bereits für die Weimarer Reichsverfassung, die ihrerseits aus der vom Frankfurter Nationalparlament des 19. Jahrhunderts verabschiedeten »Verfassung des deutschen Volkes« die Grundlinien der neuen Bürgerfreiheit übernahm. Diese Grundorientierung teilt die Verfassung von 1949 auch mit den revolutionären Verfassungen Frankreichs (1789) und Nordamerikas (1787), in denen gleichfalls die wichtigsten Menschenrechte substanziell festgeschrieben sind, wenn auch ohne ausdrücklichen Bezug zur Würde. Der amerikanische Rechtskatalog enthält übrigens von Anfang auch das Recht auf Waffenbesitz.

Die Selbstbestimmung menschlicher Individuen und die Selbstbestimmung vieler Menschen, die ein Volk bilden, sind die Fundamente dafür, dass in beiden Fällen der Begriff der Würde berechtigt ist. Zudem stehen kollektive und individuelle Würde in einem eigentümlichen Verhältnis der Wechselwirkung: Sie stützen sich gegenseitig. Die Souveränität des Einzelnen ist erst echt und leuchtet erst recht, wenn dieser der Bürger eines Volkes ist, das frei über sich bestimmen kann. Eigentlich kann man erst seit den Bürger-Revolutionen der Vereinigten Staaten von Amerika und Frankreichs von souveränen Völkern sprechen – also von Nationen der Würde. Das englisch-schottische Parlament, das seit 1707 tagte, wurde in seiner Kompetenz durch die Krone allzu sehr eingeschränkt, so dass mit ihm noch nicht jenes Ende der »absurden Unterdrückungen, die die Menschen quälen« (Graf Mirabeau 1789 vor der französischen Nationalversammlung zum Thema Menschenrechte) eingeläutet wurde.

Im Jahr 1791 entwirft die französische Frauenrechtlerin Olympe de Gouges in Paris ein emanzipatorisches Manifest, dessen erster Artikel lautet: »Die Frau wird frei geboren und bleibt an Rechten dem Manne gleich. Soziale Unterschiede dürfen nur im allgemeinen Nutzen begründet sein.« Als Maßstab dieser Forderung werden »die Gesetze der Natur und der Vernunft« angerufen. Wer sich auf die Natur und die angeborene Vernunft beruft – statt auf die anerzogene Vernunft –, muss demnach kein Feind der Emanzipation sein, wie immer wieder konservativen Liberalen entgegengehalten wird.

Die Idee der Volkssouveränität, die Basis nationaler Würde, ist zweideutig. Sie kann die aktive, ständige Mitwirkung des Bürgers an der kollektiven Herrschaft einer Mehrheit über jede noch so bedeutende Minderheit intendieren. Diese Art von kollektiver Selbstbestimmung artet leicht in Terror aus, in die Unterdrückung der wichtigsten Chancen für individuelle Selbstentfaltung – etwa des Rechts auf privates Eigentum. Die liberale Alternative zu dieser resoluten Art von Volkssouveränität formulierten im 19. Jahrhundert Alexis de Tocqueville – er hatte von der Demokratie in Amerika gelernt – sowie Benjamin Constant. Sie betrachteten die Menschenrechte zwar ebenfalls als Grundlage jeglicher Art von moderner Demokratie; doch sie begründeten mit den Menschenrechten auch die notwendige Eingrenzung des volkssouveränen Furors im Interesse der individuellen Freiheit und Sicherheit vor Kollektivzwang.

Die liberale Idee, zwischen der Freiheit der Gesellschaft und der Freiheit des gegebenenfalls auch auf Abwegen irrenden Bürgers die humane Balance zu suchen, kommt dem Gedanken der Würde wohl näher als die Revolutionsfanfare konsequenter sozialer Beglückung, die angeblich aus der natürlichen Gleichheit aller Menschen folgt. Es kann doch sein, dass die Lehre vom rationalen Naturgesetz der in Würde Gleich-Geborenen durch eine rigorose soziale Egalisierung gerade verraten wird, weil die Würde immer auch den Freiraum für die autonome Selbstentfaltung des einzelnen Menschen impliziert – darüber sollten die kommunistisch beflügelten Politiker etwa in der Linkspartei selbstkritisch nachdenken. Der – recht verstandene – Liberalismus hat nach wie vor mit der Idee der Würde mehr im Sinn als alle Verfechter einer kollektiven, umfragegestützten sozialen Beglückung dies für möglich halten.

Die vom Grundgesetz formulierte Unantastbarkeit der Würde wird durch eine Ewigkeitsklausel gefestigt. Das gilt nicht für die anderen Regelungen dieses Gesetzes. Die Ewigkeitsklausel soll verhindern, dass das Würde-Gebot – statt durch eine ungerechte Politik ausgehöhlt zu werden, was ja täglich geschieht – irgendwann sogar durch eine Gesetzesänderung manipuliert wird. Artikel 79, Absatz 3 lautet: »Eine Änderung dieses Grundgesetzes, durch welche die Gliederung des Bundes in Länder, die grundsätzliche Mitwirkung der Länder bei der Gesetzgebung oder die in Artikel 1 und 20 niedergelegten Grundsätze berührt werden, ist unzulässig.« Wohlgemerkt: Es heißt nicht, wie oft unterstellt, »Artikel 1 bis 20«, sondern »Artikel 1 und 20«. Artikel 1 haben wir zitiert – er schützt die menschliche Würde, die »unverletzlichen und unveräußerlichen Menschenrechte« und bekräftigt die Verbindlichkeit der Grundrechte für die konkrete Gesetzgebung und Rechtsprechung.

Artikel 20, Absatz 1 lautet: »Die Bundesrepublik Deutschland ist ein demokratischer und sozialer Bundesstaat.« Die beiden folgenden Absätze erläutern den Begriff der Demokratie (»Alle Staatsgewalt geht vom Volke aus«) und betonen die Rückbindung der Gesetzgebung an die Verfassung sowie die Verpflichtung der Politik und der Rechtsprechung, sich generell an »Gesetz und Recht« zu halten. Selbst Zwei-Drittel-Mehrheiten von Bundestag und Bundesrat (der Ländervertretung) haben nicht das Recht, die föderale und demokratische Verfasstheit des Landes substanziell zu ändern oder gar abzuschaffen. Bei diversen Debatten über die Zukunftsfähigkeit der föderalen Demokratie wie der Demokratie überhaupt wird dieses Verfassungs-Geheiß regelmäßig übergangen.

Gewiss hat die in Artikel 79, Absatz 3 fixierte Verewigung der föderalen Ordnung des Landes und insbesondere der sozialen Demokratie und der Unantastbarkeit der Menschenwürde nicht nur die Entwicklung einer besonders starken Verfassungsgerichtsbarkeit ermöglicht, sondern auch den quasi-religiösen Nimbus des Grundgesetzes im Ganzen gestärkt. Der Rechtsphilosoph Horst Dreier, Jahrgang 1954, stellt speziell für die Verfassungsdebatten nach 1989 – im Rahmen der Wiedervereinigung – eine »wachsende Sakralisierung des Grundgesetzes« fest (in: *Gilt das Grundgesetz ewig?*, hrsg. v. Heinrich Meier, 2009). Dies beschränke allzu rigoros »die Möglichkeiten des Gesetzgebers, Konfliktfälle in eigenständiger Weise zu lösen.« Gesetze seien dann »nicht mehr Akte autonomer Selbstbestimmung, sondern bloße Ableitungen aus der vermeintlichen Wertordnung des Grundgesetzes.« Dass der demokratische Gesetzgeber, bewacht vom mächtigen Bundesverfassungsgericht, eine »bloße Vollzugsinstanz« ewig gespeicherter Grundsätze sei, sieht Dreier als Minderung der Souveränität, also jener demokratischen Selbstbestimmung, die das Grundgesetz gerade sichern möchte. Minderung der Souveränität wäre ein Angriff auf die unantastbare Würde.

Der Widerspruch zwischen dem Grundrecht auf Selbstbestimmung und einer Ewigkeitsgarantie, die die demokratische Freiheit beschränkt, ergibt sich allerdings nur, wenn diese Freiheit als Willkür-Freiheit verstanden wird. Schränkt ein Grundsatz, den sich die menschliche Vernunft im Namen der Sittlichkeit selbst verordnet, die Souveränität dieser Vernunft denn ein? Impliziert Kants Kategorischer Imperativ einen gewissen Verlust an Freiheit? Kant würde dies verneinen. Nach seinem Verständnis der praktischen Vernunft besteht deren Freiheit gerade darin, dass sie für sich souverän Prinzipien setzt, um aus der Treue zu diesen frei zu werden von Willkür und Fremdbestimmung.

Einen anderen Widerspruch zwischen hehrer Absicht und faktischer Folge deckt der Verfassungsrechtler Christoph Möllers auf (*Das Grundgesetz – Geschichte und Inhalt*, 2009). Artikel 3 des Grundgesetzes sagt, »alle Menschen« seien »vor dem Gesetz gleich«. Wenn alle Menschen von Geburt an dieselbe Menschenwürde haben, folgt daraus der Gleichheitsgrundsatz. Christoph Möllers: »Das bedeutet, dass sie zunächst einmal vom Grundgesetz in ihrer Verschiedenheit anerkannt werden.« Die Anwendung des Gesetzes dürfe aber zwischen ihnen keine Unterschiede machen. Die Verpflichtung des Gesetzgebers auf den Gleichheitssatz verhindert im Prinzip etwas, das auch zur Pflicht eines Gesetzes gehört: dass es Unterscheidungen trifft, auf Altersgrenzen, bestimmte Gruppen und kulturelle Hintergründe eingeht. Das Bundesverfassungsgericht löse diesen Widerspruch, so Möllers, mit der Formel: Gesetze verstoßen gegen den Gleichheitsgrundsatz, wenn sie Gleiches willkürlich ungleich oder Ungleiches willkürlich gleich behandeln.

Wie kompliziert diese »Lösung« im Einzelfall sein kann, belegt Möllers mit folgendem Beispiel: Ein Vermieter darf im Prinzip seine Mieter nicht nach »diskriminierenden« Kriterien wie soziale oder nationale Herkunft oder Geschlecht sortieren. Andererseits gibt es gute Gründe dafür, »dem Vermieter die Freiheit zu lassen, sich seine Mieter einfach selbst auszusuchen.« Die Freiheit des Mieters, sich um jede auf dem Markt angebotene Wohnung bemühen zu dürfen, kollidiert hier mit der Freiheit des Vermieters, der über sein Eigentum verfügen darf und mit der Entscheidung für einen bestimmten Mieter nicht notwendig schon gegen die Sozialpflichtigkeit des Eigentumgebrauchs verstößt. Es handelt sich um ein »Problem der angemessenen Freiheitsverteilung«, das vom Grundgesetz allein nicht gelöst wird.

In ihrer Allgemeinheit bieten die Grundrechte nicht selten bloß eine prinzipielle Orientierung ähnlich einem Leuchtturm, der einem küstennah manövrierenden Schiff die Richtung vorgibt – lange Zeit vorgab. Das Manöver selbst muss der Kapitän des Schiffes dann selbst dirigieren und verantworten. Am besten erkennt man das Versagen des Kapitäns an der Havarie, wenn er sein Schiff in seichtem Gewässer sich festfahren lässt. Auch die Grundrechte leuchten besonders hell, wenn sie offenkundig verletzt werden.

Das gilt generell, wie ausgeführt, für die Würde. Sie positiv zu respektieren oder gar zu bewundern, ist human, aber gerichtlich kaum einklagbar. Doch wenn sie verletzt wird, sind Klagen vor Gericht und strafende Urteile möglich. Gegen das häufig gefällte Urteil, die grundgesetzlich fixierte Würde verpflichte letztlich zu nichts Konkretem, spricht nicht nur der ausführlichere Menschenrechtskatalog, der im Grundgesetz in Artikel 2 bis 5 niedergelegt ist – betreffend Persönlichkeitsentfaltung, Recht auf Leben, Gleichberechtigung von Mann und Frau, Religionsfreiheit, Meinungsfreiheit. Auch zum Beispiel das Strafgesetzbuch bezieht sich sehr direkt auf die Menschenwürde, wobei es weniger um die generelle Achtung dieser Würde geht als um den fallbezogenen Schutz, zu dem der Staat im Namen der Menschenwürde verpflichtet wird. Da ist die Missachtung dieser Würde konkret strafbewehrt. Paragraf 130 etwa schützt »die Würde« der Opfer der NS-Herrschaft, indem er Strafen verhängt für jeden, der NS-Verbrechen »billigt, leugnet oder verharmlost«. Im selben Kontext – »Volksverhetzung« – wird mit Freiheitsstrafen zwischen drei Monaten und fünf Jahren bestraft, wer die Menschenwürde dadurch verletzt, dass er Teile der Bevölkerung beschimpft, böswillig verächtlich macht oder verleumdet.

Die »Beleidigung« eines einzelnen Bürgers, vom Gesetzgeber definiert als kränkende Verletzung der Ehre einer anderen Person, wird in Deutschland nicht als Ordnungswidrigkeit betrachtet, sondern als Straftat. Sie wird mit Gefängnis, bis zu einem Jahr, oder mit einer Geldstrafe geahndet. Im Begriff der »Person« (»persönliche Ehre«) ist die vernünftige Selbstbestimmung des Individuums enthalten, die wir als Kern des menschlichen Würde-Anspruchs beschrieben haben.

Ist nun die Würde, die das Grundgesetz im ersten Artikel so bauhaus-schlicht wie feierlich ausstellt, mehr als ein Sammelbegriff für die nach dem ersten Artikel folgenden Grundrechte auf individuelle Selbstentfaltung, körperliche Unversehrtheit, Meinungsfreiheit und anderes? Einerseits nein, denn ohne diese Einzelrechte wirkt der Begriff der Würde leer; die Einzelrechte lassen sich vor Gericht einklagen, wenn sie durch den Staat oder Dritte verletzt werden, sie bieten der Würde erst den konkreten Rechtsschutz. Andererseits ja, denn gerade in der Wucht des Allgemeinen, des Schlechthin-Sagens gewinnt der Satz von der unantastbaren Würde eine eigene, feierliche Qualität, konsensfähig über die Grenzlinien der verschiedenen Religionen und Weltanschauungen hinaus. Das erschien schon dem Parlamentarischen Rat wichtig, der, wie bereits ausgeführt, die rein christlich-jüdische Begründung der Menschenwürde durch die im Schöpfungsbericht angesprochene Gott-Ebenbildlichkeit des Menschen als zu eng abgelehnt hat.

Die poetisch anmutende Beschwörung der Würde lässt sich von diesem alttestamentarischen Hintergrund dennoch nicht so leicht ablösen, wie maßgebliche Mitglieder des Parlamentarischen Rats dies im Sinn hatten. Diese Beschwörung der Würde fasziniert in ihrem ideellen, vordergründig betrachtet sogar überflüssigen Überschwang, und der ist im Kern religiös. Er markiert die Kuppel über der Vierung des Gotteshauses. Eine flache Decke über der Vierung würde auch gut funktionieren, doch hat sie nicht die Erhabenheit der Kuppel, die sich wie selbstverständlich aus dem Mauerwerk erheben muss, also nicht aufgesetzt, künstlich wirken darf. In ihrer Selbstverständlichkeit strahlt die Kuppel aus, dass sie den Raum darunter harmonisch ergänzt und schützt, zugleich den Raum darüber – das Himmelsgewölbe – symbolisiert. Das Wort Würde entspricht dieser Ausstrahlung. Es schützt das Individuum vor entwürdigender Behandlung und verweist auf den freien Blick zum Himmel, der schon vor gut 2000 Jahren als Erkennungszeichen der Sonderstellung des Menschen in der Natur angesehen wurde.

Die Würde geht nicht ganz auf in den Rechtsvorschriften – oder gar in den zahlreichen Polemiken –, die sich auf sie berufen. Sie hat eine Aura wie das Andante einer Symphonie von Beethoven oder das gemessene Schreiten des schwedischen Königs bei der Verleihung des Nobelpreises an einen überragenden Wissenschaftler. Dieses »gewisse Etwas« der Würde ist schwer zu fassen. Doch fast alle kennen es – wenn es fehlt.

Würde unter Zeit-Druck

Der Wert des Bleibenden im Wechsel – ein Rückblick

Dass der Mensch »mit dem Lichte seines Verstandes« es vermag, als ein »Zwischenglied zwischen ewiger Dauer und verfließender Zeit« zu agieren, gehört nach dem Renaissance-autor Giovanni Pico della Mirandola zur »Vortrefflichkeit« der menschlichen Natur. Diese Vortrefflichkeit ergibt sich aus der noch vortrefflicheren Freiheit zur Selbstgestaltung. Das bedeutet: Die selbstgestaltende Freiheit der Person denkt und plant im Spannungsfeld der ständig wechselnden Augenblicke einerseits, der Gedanken und Bilder des diese Augenblicke Überdauernden andererseits – jener beiden elementaren Modi der Zeitlichkeit. Das bedeutet auch: Die Begriffe »Würde« und »Zeitfluss« – repräsentativ für das (zunächst) Bleibende und das Vergehende – sind schicksalhaft ineinander verwoben. Sie bedingen sich wechselseitig: Jedes gewinnt sich aus der Negation des anderen. Zeitfluss schwemmt Würde (Autorität) fort, daraus wächst ihre Dynamik; und Würde will den charakterlosen Zeitfluss überbieten: »zeitlos« sein.

Der Begriff Würde steht generell für den Anspruch, das jeweilig Würdige habe es, trotz der unvermeidlichen Einbindung in Zeitlichkeit, verdient, so lange wie möglich zu bleiben. Friedrich Schiller: »Die Abstraktion unterscheidet in dem Menschen etwas, das bleibt, und etwas, das sich unaufhörlich verändert. Das Bleibende nennt sie eine Person, das

Wechselnde seinen Zustand« (»seinen«, d.h. des Menschen). Der Begriff der Person, des Individuums mit zeitüberhobenem Selbst-Bewusstsein, zentriert die Bedeutungsvarianten des Begriffs der Menschenwürde. Die Person steht für die bleibende Identität im Strom der wechselnden Momente.

Dieser fundamentale Zusammenhang erfordert einen Rückblick auf die Geschichte des Nachdenkens über das Wesen der Zeit. Erst auf dem Hintergrund der Zeitlichkeit, die ihr zusetzt, gewinnt die Würde den Charakter des Errungenen und Erkämpften, wodurch sie bei aller Verschwisterung mit dem Bleiben-Wollen und Bleiben-Sollen den Verdacht loswird, etwas langweilig Statisches zu sein.

Fragen wir zunächst, wie es sich grundsätzlich mit dem »Bleibenden im Wechsel« verhält, vor allem: was denn »Zeit« eigentlich meint, jene Zeit, ohne die auch nichts als »zeitlos« bleibend eingeschätzt werden kann. Erste Erkenntnis: Auch der Begriff des »Bleibenden« ist ein Zeitbegriff, er dehnt bloß die Zeit unendlich. Wahre Ewigkeit müsste diese Dimension der Zeitlichkeit sozusagen vertikal überbieten. Aber wie das zu denken wäre, ist seit Jahrhunderten ein ungelöstes Philosophen-Problem.

Auch die diversen Zeitmessungen und Zeittheorien der modernen Physik haben dieses Problem bisher nicht gelöst. »Jeder Beobachter hat seinen eigenen Zeitbegriff«, schreibt der Physiker Stephen W. Hawking, Jahrgang 1942, in seinem Buch *Eine kurze Geschichte der Zeit* (1988). Ein Raumschiff, das schneller als das Licht fliegen könnte, würde es erlauben, dass der aus dem All herbeieilende Beobachter ein irdisches Ereignis gleichsam überholen und beobachten könnte, bevor es stattgefunden hat. Ereignisse, die im gewöhnlichen Raum Billionen Kilometer auseinanderliegen, könnten durch ein »Wurmloch«, so Hawking, auf einige Millionen Kilometer einander angenähert werden, wenn es gelänge, die »Raumzeit« stark genug zu »krümmen«. Im Rahmen derartiger physikalischer Poesie wäre wohl auch eine abrupte Sprengung des Zeit-kontinuums hinein in eine uns noch unbekannte Dimension der raumzeitlichen Realität denkbar.

Angesichts solcher vor allem mathematisch strukturierter, an Science-Fiction grenzender Überlegungen muten die all-täglichen Aspekte der Zeiterfahrung und die historisch ersten Versuche, sie philosophisch zu fassen, märchenhaft simpel an. Die älteste Erkenntnis ist trivial: Ob Tageszeit, Jahreszeit, Lebenszeit oder Epochenzeit, die Zeit ist unser Schicksal. Sie beschert uns die aufregenden Aufbrüche und Anfänge, die schimmernden Wunder des Aufblühens. Aber sie mutet uns auch die Abbrüche zu, das Verwelken, Erstarren, Verwesen, all diese Ermüdungs- und Verfallsprozesse, schließlich das dunkle Ende von allem: den Tod; am Ende der Tage gar das Aussterben der Gattung Mensch und das finale Feuer unseres von der Sonne verbrannten Planeten.

Wichtig dabei: All das geschieht in der Zeit, ist aber nicht schon diese selbst. Die Zeit selbst spiegelt sich zwar in den Turbulenzen der Wirklichkeit, an denen sie abgelesen wird. Sie bleibt aber auch, was sie ist, wenn diese Turbulenzen sich beruhigt haben. Was aber ist die Zeit dann? Diese scheinbar überflüssige, für unsere alltägliche Orientierung im Leben aber immer noch relevante Frage hält die Philosophen seit über 2500 Jahren in ihrem Bann.

Nach wie vor gilt für jeden, der das Staunen noch nicht verlernt hat, die berühmte Sentenz der Ratlosigkeit, die der Kirchenvater Aurelius Augustinus (354 bis 430 n. Chr.) in sei-nen *Bekenntnissen* (XI. Buch) formuliert: »Was also ist die Zeit? Wenn mich niemand danach fragt, weiß ich es; wenn ich es jemandem auf seine Frage hin erklären will, weiß ich es nicht.« Das ist heute kaum anders. Weil wir die Zeit von Sekunde zu Sekunde messen, manche ihre Armbanduhren nicht einmal beim Schlafen ablegen, glauben wir auch intui-tiv zu wissen, was sie ist – dieses ständige Nacheinander der

Augenblicke und Jahre. Doch sobald wir genauer hinschauen und wie Augustinus »mit Worten zu erklären« versuchen, was das stets neue Jetzt eigentlich ist, geraten wir ins Stocken.

Das irritierte schon 900 Jahre vor Augustinus die besten Köpfe der Antike. Es beschäftigte sie zunächst unter diesem Aspekt: Wenn die Augenblicke die Substanz der Zeit sind, deren Wesen uns aber wie bauschige Zuckerwatte entgleitet, sobald wir danach greifen, was hat dann überhaupt Bestand? Worauf lässt sich dann noch ein eindrucksvoll würdiges Werk gründen, etwa ein mathematisches Gesetz, eine glänzende Stadt oder ein Tempel, durch dessen Harmonie die Ewigkeit weht? Woher beziehen wir das alltägliche Empfinden, dass die Wirklichkeit ziemlich stabil wirkt, wenn sie nicht gerade durch Krieg oder Hochwasser bedroht wird? Diese Gewissheit, dass auch wir selbst lebenslang dieselben bleiben, obwohl sich doch alles in und um uns herum dauernd ändert? Kurz gefragt: Gibt es in all dem Zeit-Trubel nicht etwas Verlässliches? Etwas, das zwar zur Zeit gehört, mit ihr jedoch nicht einfach identisch ist?

Die altgriechischen Denker, die vor dem Philosophen Sokrates (um 470 bis 399 v. Chr.) – dem ersten Aufklärer der Weltgeschichte – gelebt haben, nennt man »Vorsokratiker«. Sie verbanden das Philosophieren meist noch mit naturwissenschaftlichen Erkundungen, mit Theologie und mit Dichtung. Ihnen gemeinsam war ihre wachsende Skepsis gegenüber den tradierten Göttern Zeus, Hera, Artemis, Aphrodite, Hephaistos, Apollo oder Dionysos. Die Götter wurden aber nicht abgesetzt, sondern zu Allegorien bestimmter Naturmächte und Ideen erklärt. Diese Aufklärung hatte mehr Würde als jene des 18. Jahrhunderts n. Chr., die es möglich machte, dass Napoleon die schönsten Kirchenbauten Europas zu Pferdeställen und Landserbordellen umfunktionierte. So hat man in der Spätantike den Zeus-Vater Kronos – den Verschlinger seiner Kinder, den Schutzherrn eines rauschenden Erntefestes sowie des Goldenen Zeitalters – zum Herrscher der Zeit umgedeutet, der die Menschen frisst; eine irrtümliche Ableitung des Namens »Kronos« vom griechischen *chronos* (Zeit) hat dabei nachgeholfen. Ein Menschenfresser ist die Zeit ja in der Tat, diese erste mythische Bestimmung gilt bis heute. Als Menschenfresser ist Kronos schlechthin der Feind der Würde.

Der älteste Vorsokratiker heißt Thales von Milet (um 625 bis 547 v. Chr.). Er sah im Wasser den Ursprung aller Dinge, war ein hervorragender Mathematiker und soll eine Sonnenfinsternis des Jahres 585 vorausgesagt haben. Ein anderer Vorsokratiker ist Pythagoras; er bestimmte das Wesen der Welt aus zeitlosen Zahlenverhältnissen. Auffällig viele der Vorsokratiker lebten in den griechischen Kolonien und Hafenstädten am Mittelmeer. Der Handel und die Begegnung mit Fremden haben dort die philosophische Fragelust besonders beflügelt.

Einer der interessantesten Vorsokratiker ist Heraklit (um 550 bis 480 v. Chr.). Er lebte in Ephesos, einer damals von Persern besetzten griechischen Kolonie nahe der kleinasiatischen Mittelmeerküste, und entstammte einer adligen Familie. Auf das ihm zustehende Amt des königlichen Opferpriesters verzichtete er zugunsten seines Bruders. Er war ein melancholischer Einzelgänger, der sich gern in die Berge zurückzog und die Bewohner seiner Stadt nicht besonders mochte: »Recht täten die Ephesier, wenn sie sich alle Mann aufhängten«, polterte er einmal – die Stadt hatte einen von Heraklit bewunderten Bürger verbannt.

Heraklit ist eine mythische Gestalt der Philosophiehistorie. Fast alle bedeutenden Denker der Geschichte zitieren ihn, obwohl sein Hauptwerk *Über die Natur* nur in wenigen Passagen überliefert ist. Die aber haben es in sich: wunderbar eindringliche, paradoxe Epigramme über das Leben als Widerspiel von Konflikt und Versöhnung. These: Nichts ist wahr ohne sein Gegenteil.

Heraklit, der sein Hauptwerk – für alle Fälle – im Artemistempel von Ephesos hinterlegt haben soll, galt schon bald als »der Dunkle«. Er lehrte das Grundgesetz vom ewigen Wandel: »Alles fließt«, der »Krieg ist der Vater aller Dinge«. Das heißt: ständiger Austrag und Ausgleich von Gegensätzen wie Feuer und Wasser, Tag und Nacht, Jugend und Alter, Leben und Tod; jedes neu geborene Kind ist ein neuer Tod, aber ohne diesen Tod gäbe es das Wunder der Geburt gar nicht. Ohne die Nacht ist der Tag nicht, was er ist: die Geburt des Lichts. Das Urgesetz der Welt ist »immer-lebendes Feuer«. Die Bilder der Abermillionen Feuerbälle, die uns moderne Weltraum-Beobachtungsmaschinen zuspielen, scheinen nichts anderes zu verkünden. Und die Zeit, die durch diese Kernmetapher Heraklits lugt? »Die Zeit ist ein spielendes Kind«. Alles Würdige, das der Mensch zustande bringt, trägt von vornherein das Kainsmal von Unernst, Asche und Verwesung – des Neides auf alles Lebendige – auf der hohen Stirn.

Die spätere griechische Philosophie hat deshalb beinahe einhellig gegen Heraklits Vergöttlichung des Wandels rebelliert. Also gegen die Allmacht des Zeitflusses. Denn Wandel und Zeitfluss gehören zusammen. Der erste Rebell war Parmenides aus dem süditalienischen Elea. Parmenides hat von seinem Lehrer Xenophanes (um 565 bis 470 v. Chr.) eines gelernt: Über allen Göttern herrscht ein einziger, oberster Gott, »bewegungslos«, ein erhabenes Wesen, das »als Ganzes« mit seinem Denken identisch sei: reiner Geist – ein WürdePhänomen schlechthin. Parmenides (um 515 bis 445 v. Chr.) erhob diese Lehre in einen solchen Rang, unter dem alles materielle Gewimmel zur Scheinveranstaltung herabsank.

Von Parmenides wird berichtet, dass er »aus glänzendem Hause war und über glänzenden Reichtum verfügte«. Wie in der pythagoreischen Denkerschule üblich, lebte er ziemlich zurückgezogen. Das musste man sich leisten können. In dieser Zeit ist die philosophische Betrachtung des Weltganzen in der Regel das Privileg einer adligen, überwiegend sorgenfrei lebenden und debattierenden Oberschicht, die sich für alles Grobe Sklaven hält. Die Philosophen sind nicht selten zugleich Poeten. Ihre geistige Abgehobenheit basiert auf elementarem sozialem Unrecht – falscher Würde.

Das berühmte Lehrgedicht des Parmenides berichtet von einer prächtigen Kutschfahrt: Die von »vielklugen Rössern« gezogene und von hübschen »Sonnentöchtern« gelenkte Kutsche bringt einen jungen Mann, in dem sich offenbar der Autor spiegelt, zur Göttin Dike, die für die Richtigkeit des Denkens steht. Diese Göttin offenbart ihm, dass die üblichen Meinungen der Sterblichen »keine wahre Verlässlichkeit an sich haben«. Im Zentrum der Belehrung steht der legendäre Satz: »Denn dasselbe ist Denken und Sein«. Eine Sentenz, die die Philosophen bis heute zu immer neuen Deutungen animiert hat. Es ist ein Spruch gegen die Überschätzung des Zeitflusses und des Wandels – gegen Heraklit.

Das Argument des Parmenides: Alles, was wird und vergeht, ist erst und ist dann wieder nicht – wie es ja auch nicht war, bevor es wurde. Alles, was diese Art von Nicht-Sein an sich hat, lässt sich nicht »verlässlich« erkennen, es ist die sinnliche, verwirrende Welt der permanent bewegten Bilder und Dinge, Tummelplatz aller Naiven, Trickser und Täuscher, die Nicht-Seiendes gern als seiend verkaufen. Verlässlich erkennbar ist aber nur das Sein selbst, an dem ja alles, sofern es nur ist – wenn auch meist flüchtig –, teilhat und insofern eine ontische Würde besitzt. Weil nur das Denken sich das bleibende Sein von allem, den unvergänglichen und unendlichen Kosmos, vergegenwärtigen kann, ist dieses Sein selbst – so folgert Parmenides – Denken, Vernunft.

Bei Parmenides wird die Zeit zum bunten Wechselkleid des ewigen Geistes. Der Athener Philosoph Platon (427 bis 348/347 v. Chr.) knüpft hier an und setzt das Sein mit der Idee des Guten gleich, die allem, was ist, sozusagen das elementare Ja zur eigenen Existenz gewährt. Nur dieses Gute, das mit der Sonne verglichen wird, ist zeitlos. Das Gute ist das Eine und Ewige (äon). Die Zeit ist davon ein Abbild, das »in Zahlen fortschreitet«. Dasselbe gilt für den Kosmos, der mit den Umläufen der Planeten anschaulich macht, dass die der Zeit eigene Bewegungsform der Kreislauf ist. Nur als Kreislauf kann Zeit Ewigkeit abbilden.

Platon hat seine Zeittheorie vor allem in den Dialogen *Timaios* und *Parmenides* dargelegt. Im *Parmenides* öffnet er dem Ewigen ein geheimnisvolles Zeitfenster: In der Erfahrung des »Plötzlichen«, des uns völlig überrumpelnden Augenblicks, wenn – zum Beispiel bei einem Erdbeben – etwa Stillstand in taumelndes Durcheinander umschlägt, fallen wir jäh aus der Zeit heraus. Solch ein plötzlicher Übergang, der weder mit dem Vorher noch mit dem Nachher voll identisch ist, wird von Platon »ortlos« genannt. Die Botschaft: Ohne Systembrüche, ohne qualitative Umschläge des Einen ins Andere gibt es keine Veränderung; und ohne Veränderung gibt es keine Zeit.

Die Zeit wird, so gesehen, durch die aus ihr herausfallende Plötzlichkeit erst möglich. Das ist der Abglanz des Ewigen in ihr. Mittelalterliche Mystiker verdichteten das Plötzliche zum ewigen Augenblick des *nunc stans*, des unvermittelt plötzlich »Stehenden«.

Platons bedeutendster Schüler, der Makedonier Aristoteles (384 bis 322 v. Chr.), hatte keinen Sinn für solche tollkühnen Spekulationen. Der Empiriker und Lehrer Alexanders des Großen war der Sohn eines erfolgreichen Arztes. Er unterhielt in Athen, wie Platon, eine eigene Akademie. Aristoteles stuft im vierten Buch seiner *Physik* das bei Platon zwischen Zeit und Ewigkeit vermittelnde Plötzliche herab zum winzigen Moment: zum Jetzt, dessen Zeitdauer nicht mehr wahrnehmbar ist, aber immer noch zur Zeit gehört.

Das punktuelle Jetzt hat einen für den Denker unbefriedigenden Seins-Status: Einerseits ist es immer schon vorübergegangen, andererseits steht es immer noch bevor; in beiden Zuständen ist die Zeit – und sind ihre jeweiligen »Jetzte« – eigentümlich irreal, obwohl sie doch Realität begründen sollen. Aristoteles rätselt: »Was nun aus Nichtseiendem zusammengesetzt ist, von dem scheint es doch wohl unmöglich zu sein, dass es am Sein teilhabe«.

Ist Zeit nicht einfach Veränderung, Bewegung? Nein: »Veränderung kann schneller und langsamer ablaufen, Zeit kann das nicht«. Langsam und schnell werden ja gerade mit ihrer Hilfe bestimmt. Andererseits ist klar: Ohne Bewegung und Veränderung ist Zeit nicht denkbar, vor allem nicht erkennbar. Schließlich definiert Aristoteles, der den Kosmos für ewig, für unerschaffen hält, die Zeit als »das Gezählte der Bewegung hinsichtlich des Davor und Danach.« Das Zählen der Bewegungsmomente verhindert, dass wir die »Jetzte«, die ja formal identisch zu sein scheinen, verwechseln und so die Sukzession, das Fortschreiten von hier nach da und von jetzt auf gleich, verkennen. Nur weil die Zeit auf diese Weise zahlenmäßig messbar ist, kann sie von der zählenden Seele des Menschen bedacht und in Uhren und Kalendern abgebildet werden.

Zeit als Psyche

Zwei nordafrikanische Philosophen der Spätantike haben den Schauplatz des Zeit-Dramas entschieden in die menschliche Seele verlagert: neben Augustinus, der aus Numidien, dem heutigen Algerien stammt und lateinisch schrieb, ist das der in Oberägypten geborene, griechisch schreibende Wahl-Römer Plotin (um 205 bis 270 n. Chr.).

Plotin löst in der Schrift *Enneade* die Zeit so klar wie noch kein Denker vor ihm vom Bezug zu den Jahreszeiten und den Umläufen der Planeten. Er bestimmt die Zeit als Existenzweise der Psyche. Die Zeit ist die Lebens- und Vollzugsform der

Seele selbst. Wie die Seele drängt die Zeit ständig weiter und ins Künftige. Plotin sprengt das zyklische Epochenmodell der Antike. Aus der ins Unendliche strebenden Seele kann sich die reale Zeitstruktur aber nur ergeben, weil die menschliche Einzelseele zur Weltseele gehört. In der Vision dieser allumfassenden, dynamischen Weltseele ist der rastlos Richtung Freiheit und Selbstbewusstsein stürmende »Weltgeist« des radikalen Zeitphilosophen Hegel vorgezeichnet. Die Plotin'sche Einheit von Zeit, Seele und Weltseele – gedacht als ein ins Unendliche weisender Prozess – hebt den Gegensatz von Wandel und Bestand auf. Würdiger wurde nie wieder über die Seele des Menschen gedacht.

Augustinus verlagert die Zeit gänzlich in die menschliche Seele. Nur die Seele ist der Ort, an dem die ganze Zeit mit ihren drei Dimensionen Vergangenheit, Gegenwart und Zukunft erscheinen kann, und zwar über die psychischen Akte der Erinnerung, der Wahrnehmung und der Erwartung. Außerhalb der Seele ist die Zeit eindimensional. Die kleinste Einheit der Zeit, das Gegenwärtige, »fliegt so rasch aus der Zukunft in die Vergangenheit hinüber, dass es sich zu keiner noch so kleinen Dauer dehnt. Dehnt es sich, so zerfällt es in Vergangenes und Künftiges; das Gegenwärtige aber dehnt sich über keinen Zeitraum.«

Das Verhältnis von Zeit und Ewigkeit veranschaulicht Augustinus schließlich am Beispiel eines Liedes. Der Sänger kennt das ganze Lied von vornherein, wie Gott, der alle Zeiten präsent hat. Doch der Zuhörer vernimmt aufmerksam nur die Teile, die ihm gerade vorgetragen werden und die ihm neu erscheinen. Alles ist von Anfang an da, im Geist Gottes; den Menschen ereilt es Strophe für Strophe. Gott hat »am Anfang Himmel und Erde gemacht«, hat sich dadurch aber nicht in einen »Gott vor« und einen »Gott nach« der Schöpfung aufgeteilt. Er ist durch die Erschaffung der Zeit nicht selbst zeitlich geworden. Dieser Gedanke erinnert an die – rational schwer nachvollziehbare – These, vor dem Urknall habe es keine Zeit gegeben.

Die bei Augustinus deutlich gewordene Psychologisierung der Zeit wurde erst im 18. Jahrhundert gründlich erweitert. Der Philosoph Immanuel Kant, nach dessen pedantischen Spaziergewohnheiten die Königsberger Bürger ihre Uhren stellen konnten, schreibt in seiner *Kritik der reinen Vernunft*: »Die Zeit ist nichts anderes, als die Form des inneren Sinnes, d. i. des Anschauens unserer selbst und unsers inneren Zustandes.« Die Zeit ist die subjektive Bedingung unserer Wahrnehmung der Dinge und unserer Selbstbeobachtung. Auch wenn wir uns in Gedanken an uns selbst verlieren oder unsere Gefühle bewerten, bewegen wir uns in einem unausweichlichen Nacheinander der Augenblicke. Dem ist auch unsere Wahrnehmung des Nebeneinanders im Raum unterworfen. Wir sehen erst dies, dann jenes. Wenn man von der inneren wie äußeren Wahrnehmung abstrahiert, ist die Zeit laut Kant »gar nichts«.

Ein wichtiger Zeitphilosoph der Moderne ist der Franzose Henri Bergson (1859 bis 1941), dessen Hauptwerk *Zeit und Freiheit* (1889) und dessen wichtigster Begriff »Lebenstrieb« *(élan vital)* heißt. In einer umfassenden Kritik am bloß physikalischen Zeitbegriff, der die Freiheit des Menschen, seine Offenheit ins Künftige leugne, hat er das Temporale entschlossen subjektiviert und vitalisiert. Daran konnte der Deutsche Martin Heidegger anknüpfen.

Heidegger dramatisiert in seinem Hauptwerk *Sein und Zeit* (1927) die Zeitlichkeit des menschlichen »Daseins« zur umfassenden »Sorge«. Demnach ist der Mensch immer schon ins Dasein »geworfen«, ehe er versteht, warum und wozu. Diesem Verständnis läuft er dann besorgend hinterher wie allem übrigen, vom täglichen Brot bis zu den diversen Anforderungen des gesellschaftlichen »Mitseins«.

Das ruhelose Herz dieses existenzialistischen Zeitverständnisses ist das ständige Vorwegnehmen des je eigenen Endes:

das »Sein zum Tode«. Heidegger landet dann bei der etwas dunklen, fragend formulierten These, der »Sinn des Seins« überhaupt sei wohl nichts anderes als die Zeit. Nur von der Zeit aus sei verständlich, was es heiße, ein Mensch in dieser Welt zu sein, ein »Dasein« in der wie eine Kugel alles umschließenden Sphäre des Seins zu fristen. Wer dieses Verstehen des Daseins im Sein nachvollzieht, fällt aus dem alltäglichen Andrang der Sorge um nützliche Dinge gewissermaßen heraus – er nähert sich dem Würde-Status.

Terror des Tempos – Die gemessene Zeit-Not

In einer eindrucksvollen, in vielem überraschend aktuell wirkenden Tirade über die »Verdüsterung der Welt«, nachzulesen in der schon erwähnten *Einführung in die Metaphysik*, macht Heidegger eine spezifische Verengung des Zeitverständnisses für den fortschreitenden »geistigen Verfall« der modernen Zivilisation verantwortlich: »Russland und Amerika sind beide, metaphysisch gesehen, dasselbe; dieselbe trostlose Raserei der entfesselten Technik und der bodenlosen Organisation des Normalmenschen. Wenn die hinterste Ecke des Erdballs technisch erobert und wirtschaftlich ausbeutbar geworden ist, wenn jedes beliebige Vorkommnis an jedem beliebigen Ort zu jeder beliebigen Zeit beliebig schnell zugänglich geworden ist… wenn Zeit nur noch Schnelligkeit, Augenblicklichkeit und Gleichzeitigkeit ist und Zeit als Geschichte aus allem Dasein aller Völker geschwunden ist, wenn der Boxer« – oder irgendein anderer Sportstar – »als der große Mann eines Volkes gilt, wenn die Millionenzahlen von Massenversammlungen ein Triumph sind« (Stichwort: Quote), »dann, ja dann greift immer noch wie ein Gespenst über all diesen Spuk hinweg die Frage: wozu? – wohin? – und was dann?«

Wenigstens Europa müsse sich aufraffen, um den kulturellen Verfall »auch nur zu sehen und als solchen abzuschätzen … die Verdüsterung der Welt, die Flucht der Götter, die Zerstörung der Erde, die Vermassung des Menschen«, auch diesen »hassenden Verdacht gegen alles Schöpferische und Freie auf der ganzen Erde«. Europa brauche dazu »die Entfaltung neuer geschichtlich geistiger Kräfte« aus seiner kontinentalen »Mitte« heraus, vor allem aus dem Selbstverständnis als eines »geschichtlichen« Gebildes und aus der schöpferischen Erinnerung an sein »ursprüngliches« Verständnis von Sein und Zeit. Dies könne zum Beispiel die Erinnerung an Europa als die Geburtsstätte des selbstbewussten, vielseitig interessierten Individuums sein, das ein Ideal seiner personalen Würde entwickelt – jenseits der technisch dominierten Tempo-Ökonomie.

Die Verfallenheit der modernen Zivilisation an die Schnelligkeit des Zeitgewinns ist existenzieller Zeitverlust. Man erkennt dies an einem der häufigsten alltäglichen Besorgnisse: »Keine Zeit! Keine Zeit!« Keine Zeit für ein Schwätzchen kurz vor Ladenschluss, keine Zeit für den Besuch der Eltern, keine Zeit für Liebe, die sich Zeit lässt, keine Zeit für das Abitur nach neun Gymnasialjahren, acht müssen genügen, keine Zeit für die Lektüre dicker Romane, keine Zeit für lange Gespräche, die SMS gibt kurz Bescheid, keine Zeit für die Zeitungslektüre, der hastig verspeiste Internet-Happen muss reichen, keine Zeit für das halbwegs gründliche Kennenlernen einer fremden Kultur (Europa in vier Tagen!), keine Zeit für konzentrierte, ruhige Entwicklung des Charakters oder beruflicher Kompetenz, keine Zeit dafür, sich mehr Zeit für das Wichtige im Leben zu nehmen, also nicht nur für das Geldverdienen, ja: keine Zeit für die Zeit … Die moderne Zeiterfahrung heißt, kurz gesagt: Zeit-Not.

Sie begann allerdings auch schon viele Jahrhunderte vor der Moderne. Als in der römischen Antike die Kontrolle des öffentlichen Lebens durch den Gebrauch der Sonnenuhren verstärkt wurde, klagte der Komödiendichter Titus Maccius

Plautus (um 254 bis 184 v. Chr.), diese Uhren würden »einen Tag in Stücke reißen«. Das fand er unwürdig. Im Mittelalter übernahm das christliche Kirchenjahr das Zeitregime, dabei ging es behäbiger zu. Erst im späten Mittelalter beginnt recht eigentlich die mechanische Zeitmessung, deren Zuspitzung dann die Moderne charakterisiert.

Mechanische Zeitmesser, die in aller Öffentlichkeit die Stunden ansagen, gibt es seit 1284 in England: Dort schlugen in der Londoner St.-Pauls-Kathedrale mechanische Figuren stündlich einmal gegen eine Glocke. Erst im 14. Jahrhundert ergänzte man dieses Wunderwerk durch Zeiger und Ziffernblatt. Im Jahr 1336 arbeitet in Mailand eine Kirchturmuhr, die – wie es in der Stadtchronik heißt – »in der ersten Stunde einen Ton gibt, in der zweiten zwei Schläge, in der dritten drei und in der vierten vier, und so unterscheidet sie die einzelnen Stunden«. Die ersten tragbaren Kleinuhren kamen im frühen 16. Jahrhundert auf. Der französische »Sonnenkönig« Ludwig XIV. war ein regelrechter Uhrennarr. Er ließ überall in seiner Umgebung mechanische Uhren aufstellen, die ihm gewidmet waren. Er ließ sich als *Maitre du temps* preisen: Herr der Zeit. Von seinen Untertanen erwartete er Pünktlichkeit – das Wort kommt von lateinisch *punktum*, das »Gestochene«, womit die Gravur im Zifferblatt gemeint ist. Im 16. Jahrhundert verbreiten sich in deutschen Landen die Worte »pünktlich« und »Zeitpunkt«. Seit dem 14. Jahrhundert hat sich in Europa neben der Zeit des Kirchenjahrs die »Zeit der Kaufleute« (so der Historiker Jacques Le Goff) etabliert. Ohne die Erfindung der mechanischen Zeitmessung wäre dies nicht möglich gewesen.

Je regelmäßiger und exakter die Zeit in aller Öffentlichkeit gemessen wurde, desto drängender wurde der allgemein empfundene Zeitdruck. Er verschmilzt früh mit der Scham, die kostbare Zeit nicht recht genutzt zu haben. Ein neues ökonomisches Zeitbewusstsein entsteht. Der Philosoph Karl

Marx bemerkt im 19. Jahrhundert: »Ökonomie der Zeit, darein löst sich schließlich alle Ökonomie auf.« Oder wie Hans Lenz in seiner *Universalgeschichte der Zeit* (2005) formuliert: »Aus der Sicht der Unternehmer, der Organisatoren der Produktion, wurde Zeit zur Ressource, die man ausbeutet wie alle anderen Ressourcen auch. Alles in der Wirtschaft dreht sich seitdem um die Zeit.«

Nicht nur in der Wirtschaft. Die ökonomisch genutzte »ausgebeutete« Zeit wird selbst zum Ausbeuter des Lebens, das fortan andauernd unter Zeitknappheit leidet. Neben der »Arbeitszeit«, die noch um 1875 einem deutschen Arbeiter je zwölf Stunden an sechs Wochentagen abverlangte, ist die »Freizeit« elend kurz. Sie scheint umso rascher zu verfliegen, je länger sie sich – nach der Einführung der 38-Stunden-Woche – dehnt. Die hinzugewonnene Freizeit muss nämlich zeitsparend effektiv und befriedigend gefüllt werden, sonst fühlt sich der zeitgemäße Zeitgenosse als Freizeitversager. Aber auch wer heute andere – Sekretärinnen, Assistenten, Fahrer, Programmierer – für sich arbeiten lässt, der rastlose Manager, steht permanent unter Zeitdruck, entscheidet viele Dinge vor allem unter dem Gesichtspunkt, dass sie Zeit sparen – und glaubt, die eigene Zeit unter Kontrolle zu haben. Die Zeit ist ihm, ohne dass er dies zugeben würde, der höchste Wert. Denn »Zeit ist Geld« (*time is money*), wie Benjamin Franklin, der Erfinder des Blitzableiters und als Politiker einer der Gründerväter der USA, bereits 1748 feststellte.

Die alltägliche Präsenz der mechanischen Zeitmessung – im öffentlichen Raum wie in Firmenfoyers und an jedem Handgelenk – suggeriert Kontrolle, aber nicht wir kontrollieren die Zeit. Sie ist es, die uns im Griff hat. Seit der Industriellen Revolution, die im frühen 19. Jahrhundert Europa eroberte, hat sich das Leben immer heftiger beschleunigt. Als effektive Nutzung der zur Verfügung stehenden Reisezeit empfahl sich die durch Dampfloks gezogene Eisenbahn, ihr folgten Automobil und Flugzeug. Die Eisenbahnmetapher war am Beginn dieser Entwicklung das erfolgreichste Symbol der neuen Bewegungskultur. Marx nennt Revolutionen »Lokomotiven der Geschichte«. Beschleunigung und das dadurch erreichte Tempo sind Siege der Zeit über den Raum, über das ruhige Nebeneinander der Dinge.

Diese epochale Erfahrung des Menschen im technischen Zeitalter zermalmt sein Raumgefühl, seinen empfindsamen Umgang mit den mannigfaltigen Schönheiten und Weiten der Natur, was auch ablesbar wird an der Verdrängung der Landschaftsmalerei durch die schnellere Fotografie und schließlich durch den Naturfilm. Der ständige »Zeitdruck«-Salto des gejagten Zeit-Genossen verhindert Würde, wo dieser Zeitgenosse geht und steht – besser: auf allerlei Pisten durch die betonierten und asphaltierten Räume rast.

Keine Zeit zu haben, gilt als Ausweis von Effektivität, Modernität und Flexibilität, von beruflicher Bedeutung und von tüchtiger Zeitgenossenschaft – *up to date*. Jeder Kilometer neuer Autobahn, der die Landschaft durchfurcht, mag wirtschaftlich gerechtfertigt sein, dennoch ist er das sichtbare Zeichen dieser allgemeinen Zerstörung von Schönheit und Würde durch die Technik des Zeitgewinns. An sich wäre Zeitgewinn angesichts des stets nahen Todes ein Lebens-Segen. Aber nicht, wenn er nur dazu dient, noch schneller die Lebenszeit zu minutiösen Effektivitätsvorteilen zu zerstäuben.

Manchmal stehlen wir uns in eine andere, substanzielle Zeit davon: In seltenen Momenten der Besinnung und der Weltferne atmen wir durch. Wir sitzen etwa auf der Gartenmauer und lassen unsere Glieder baumeln, als hätten wir alles Wichtige erreicht; und wir sehnen uns nach scheinbar sinnloser Stille, nach erfüllter Ruhe, nach der Versammlung aller Kräfte auf innerliche Intensität und Identität, nach grundloser Gelassenheit und objektloser Achtsamkeit, nach dem geduldigen Resümieren der Bestände mitten im flirrenden Trubel der realen oder fiktionalen Reize, Bewegungen, Bilder, Töne, Szenen – nach der Würde des selbstgestützten Statuarischen, das den Tag überdauert und unserer nervösen Zeitseele einen Halt verspricht, der ihr aus einer wissenschaftlich unerklärlichen Ferne mystische Nähe, ein aus uralter Zeit heransummendes Beharrungsvermögen zuspielt.

Dazu passt ein Satz aus Eugen Gottlob Winklers – in den 30er-Jahren des vorigen Jahrhunderts verfasster – Erzählung *Gedenken an Trinakria:* »Was steht, ist vollkommen«. Was steht – nicht, was sich bewegt! Die Erzählung beschreibt minutiös die Würde eines Bauwerks, der altgriechischen Tempelruine im sizilischen Segesta. Wir denken darüber nach, gewinnen Abstand zur aktuellen Verdüsterung der Welt – wir spüren so etwas wie die Möglichkeit von Würde.

Diese gefühlte Würde verweist uns auf einen geistig-moralischen Gegenentwurf zum Sensationellen, zum auffälligen, medial hochgejubelten Sinneseindruck, zur atemraubenden, fernseh-kompatibel kreischenden, von Enthüllung zu Enthüllung hechelnden Kultur dieser Tage. Ihr verheerendster Charakterzug ist die auch kulturell fast automatisch funktionierende Dynamik der Beschleunigung. Was heute Abend alle Welt aufregt, steht morgen schon im Schatten eines neuen Aufregers, was heute den Geist böse verdinglicht, gilt morgen als fröhlicher Pop: eine Dynamik, die uns krank macht, geradezu täglich kränklicher.

Der Mythos der stets siegreichen Schnelligkeit, der auch das Veralten und Älterwerden psychologisch beschleunigt, ist der rabiate Brandbeschleuniger einer täglich wachsenden Orientierungslosigkeit. Der diffuse Zorn sogenannter »Wutbürger« auf überteuerte Großprojekte wie »Stuttgart 21« – die Versenkung eines traditionsreichen Großstadtbahnhofs ins Unterirdische – oder die Hamburger Elbphilharmonie mag lächerlich und übertrieben sein, doch sein kräftigster Nährboden ist Orientierungsnot. Nach dem Motto: Wie können einige Superschlaue es nur wagen, selbstsicher, als gehöre ihnen die Ewigkeit, Milliardenbeträge in umstrittene Groß-projekte zu investieren, die massiv die Umwelt verändern – wo doch alles wankt und keiner weiß!

Schnelle Kommunikation:
Denken im »Live-Ticker«

Die Kommunikation ist so global vernetzt wie nie zuvor: Fast alle wichtigen Daten und Neuigkeiten sind online zur Hand. Doch dadurch wird die Übersicht über das Weltgeschehen nicht gesteigert, vielmehr wächst täglich die Unübersichtlich-keit. Alle zwei Jahre verdoppelt sich die Zahl der weltweit gespeicherten Daten. Schon jetzt brauchen wir hinter der Billion neun weitere Nullen, um diese Zahl zu beziffern.

Die atemraubende Vermehrung und Beschleunigung der aktuellen Information erhöht bei den überforderten Nutzern offenbar den Reiz, sich – über E-Mails oder anders – prompt zu Wort zu melden: zum Wort der peinlich vehementen Zustim-mung wie der ebenso peinlich unbegründeten Beschwerde, der Empörung, des Spotts, ja des Hasses. Als der Vizepräsident des Deutschen Bundestages, Wolfgang Thierse, sich im Dezember 2012 kritisch über Schwaben in Berlin-Mitte äußert – es nerve ihn, dass er beim Bäcker nicht mehr »Schrippen« (berlinisch für Brötchen), sondern »Wecken« angeboten bekomme –, wird er von über 3000 E-Mails, die lawinenartig seinen Posteingang überrollen, belästigt, zum großen Teil mit üblen Beschimpfun-gen als Nazi, Rassist, Spießer oder gar »Arschloch« überhäuft. Ein wenig Selbsthass – wer wäre nicht wütend über die eigene Ohnmacht und Überforderung? – scheint bei diesen Internet-Vulkanausbrüchen mitzuspielen.

Auch hier ist die altgewohnte Wechselwirkung von Kultur und Vergänglichkeit aus der Balance geraten. Die Kultur als das halbwegs Beständige kompensiert nicht mehr das omnipräsente Vergehen und Verwehen, die aktuellen Aufgeregtheiten und Polemiken. Nein: Alle vorhandenen geistigen und medialen Qualitäten werden notfalls ignoriert, so veralten sie rascher, als dass neue entstehen könnten. Weil im Sturzbach des flüchtigen und oberflächlichen Dauer-Geredes und der optisch meist bunt oder laut, jedenfalls auffällig dargebotenen Neuigkeiten die Zeit immer so drängelt, gerät die Kultur ständig ins Falsche, in Neuigkeiten, die gar nicht so neu sind. Das ärgert latent nicht nur jeden, der noch Goethe von Schiller und die Beatles von Mozart unterscheiden kann. »Neue Prächtigkeit« war ein Motto der architektonischen Postmoderne Mitte der 80er-Jahre des 20. Jahrhunderts – neu war an dieser Prächtigkeit, die sich von der strengen Bauhaus-Geometrie verabschieden wollte, rein gar nichts. Das Ausrufen scheinbar völlig neuer Stilrichtungen hat sich seitdem wiederum beschleunigt, oft angestoßen durch überraschende Klangbilder der Popmusik – von New Beat, Punk und Post-Punk über New Romantic bis zu Future Pop und Electroclash…

Die Beschleunigung aller Lebensvollzüge wird von der rhythmischen Unrast hart stampfender Beat-Klänge »geil«, wie es kurioserweise heißt, versinnlicht. Sie ist letztlich kein neutrales Resultat technischer Innovationen, sondern ein gesellschaftlich-kulturelles Breitwand-Phänomen – egal ob beim Ausrufen von Kunstrichtungen, beim Verkünden irgendwelcher politischer »Wende«-Manöver, beim Nachrichtenkonsum, beim Wechsel der Ehepartner, der Geldanlagemodelle oder der Geschäftsbeziehungen.

Diese Akzeleration hat etwas von einer existenziellen Hetzjagd, wie sie der Film »Speed« (1994) von Jan de Bont eindringlich veranschaulicht: Ein Erpresser fordert die Übergabe von 3,7 Millionen Dollar bis zu einem bestimmten Zeitpunkt. Solange er das Geld noch nicht in Händen hält, muss ein von ihm mit einer Bombe präparierter Linienbus mit einer Geschwindigkeit über 50 Meilen die Stunde fahren – fährt er langsamer, wird die Bombe gezündet. Der Erpresser kontrolliert das Geschehen über eine im Bus installierte Videokamera. Durch eine Kamera-Manipulation gelingt es schließlich, die Insassen des Busses zu retten. Bis dahin aber ist der Film das perfekte Abbild der Tempo-Moderne: Wer langsamer als 50 Meilen die Stunde fährt, wird in die Luft gejagt. Was die Busfahrgäste auf ihrer Irrfahrt an Staus vorbei, mit einem Wahnsinnssprung über ein Stück unfertiger Straße hinweg, bewegt, ist letztlich nackte Panik. Der drohende Tod diktiert ein bestimmtes Tempo.

Letztlich könnte die existenzielle Angst, die unsere Zivilisation des mechanischen, ständig sich steigernden Tempos begleitet wie die aufschäumende Gischt das rasende Schnellboot, eine Reaktion auf die immer unverhüllter zutage tretende Vergänglichkeit von allem sein – ein Diktat der Zeit, die am Ende nur noch fehlt. Deren nackte, kaum noch von Religion und Tradition verschönerte Drohgebärde – das ist der wohl wichtigste Unterschied zum überlieferten »Vanitas«-Memento – wird täglich medial verstärkt. Und alles Grelle, Schrille, Eitle, Überschnelle, Egomane, Giftige, ja: »Schräge« – ein Modekriterium, das erstaunlich Karriere gemacht hat –, alles, was intelligentere Zeitgenossen an der gegenwärtigen Kultur so irritiert, hat hier seine eigentliche Ursache: in zornig rasender und multimedial überpräsent gewordener Zeitlichkeit – zornig, weil jedes neue Jetzt das vorhergehende angiftet, vernichtet. Selbst das Gelächter dieser Kultur wirkt wie ein Zornesausbruch: Die Wut über das vermeintliche Unrecht, schon morgen nicht mehr der Held oder die Nachricht des Tages zu sein, verzerrt den Protagonisten dieser Kultur auch in den kurzen Augenblicken der triumphalen Medienpräsenz die Gesichtszüge. Der naive Betrachter hält ihre Gesten der ausufernden Heiterkeit für Zeichen des Glücks. Er übersieht, was der vermeintlich Glückliche ahnt oder weiß: die sich nähernde Gewitterwolke des Vergessenwerdens. Darum lacht er so laut.

In den ständig wechselnden Spiegeln ihrer selbst rast Zeit so von Augenblick zu Augenblick, von Bild zu Bild. Jedes Jetzt tobt, weil es schon in Sekunden nicht mehr als beachtenswert gelten wird, und allein deshalb erhöht es die Lautsprecherfrequenz. Wer lebt, indem er im Moment des medialen Daseins auch schon zu sterben beginnt, der ist verzweifelt fröhlich. Seltsam aber ist, dass selbst kritische Betrachter die daraus aufsteigende kreischende Phonstärke oft »lustig« finden; was nicht derart spaßig ist, Spaß hat und Spaß macht, gilt leicht als unmaßgeblich. Ein unwürdiges Epochen-Spektakel. Man nennt es »Unterhaltung«.

Die Tempokultur unserer Tage, die dafür verantwortlich zeichnet, hat viele Gründe und Agenten. Seit der Konstruktion der ersten Hochdruck-Dampfmaschinen in den Jahren 1798 und 1801 sowie ihrer Anwendung im Eisenbahnbau, seit der Einführung des Elektromotors, der das »Kraftwerk des kleinen Mannes« genannt wurde, seit der Entwicklung des Telegrafen in den 30er-Jahren des 19. Jahrhunderts haben der Transport von Menschen und Waren sowie die industrielle Produktion in einer Weise Fahrt aufgenommen, die den mitteleuropäischen Gesellschaften generell einen »Mobilisierungsschub« (so der Historiker Hagen Schulze in: *Kleine deutsche Geschichte*, 1996) ohnegleichen ermöglichte. Zu den gesellschaftlichen Voraussetzungen dieses Schubs gehören die Preußischen Reformen unter den Ministern Karl Reichsfreiherr vom und zum Stein und Karl August von Hardenberg. Sie ermöglichten Gewerbefreiheit statt Zunftzwang, die Emanzipation der Bauern von der Gutsherrschaft und die Freiheit des Kapitals. Erst dadurch eröffneten sich die Chancen auf die beschleunigte Auflösung der überkommenen ständischen Agrargesellschaft und die zunehmende industrielle Dynamik rund um einige städtische Zentren mit wachsender Bevölkerung wie Berlin, Leipzig, Hamburg oder Essen. Der gesellschaftlichen Bewegung der wandernden Industriearbeiter (meist von Ost nach West) entsprachen die neuen Bewegungstechniken, zu denen dann bald – nach 1886 – das benzingetriebene Automobil stieß.

Die neuen Bewegungstechniken haben von Anfang an auch die große Politik beeinflusst. Der Sieg der Preußen gegen die Österreicher und Sachsen in der Schlacht von Königgrätz (1866), der größten des 19. Jahrhunderts, war entscheidend für die weitere Vorherrschaft in deutschen Landen. Ausschlaggebend war die Schnelligkeit der zielgerichteten, massenhaften Truppenbewegung unter General von Moltke. Das wurde nur möglich durch die Schnelligkeit der Transport- und Informationsmedien Eisenbahn und Telegraf. So erschien sehr bald – neben dem funktionalen Praxis-Vorteil etwa der Waschmaschine – als die beinahe wichtigste Qualität des technischen Fortschritts der letzten 200 Jahre die Schnelligkeit selbst, mit der jede technische Neuerung die vor ihr bestehenden Mechanismen überholt. Das gilt bis heute: Nur wer schneller als die Konkurrenz über die verbesserte Technik zur Produktion einer größeren Zahl von Waren verfügt, kann zum Marktführer werden. Wer auf den Ehrgeiz, dies werden zu wollen, verzichtet, ist womöglich bald vom Markt verschwunden.

Die Beschleunigung der maschinellen Bewegung und Produktion erhielt einen weiteren Schub durch die Entwicklung und Verbreitung des Fließbands. Dem Amerikaner Henry Ford gelang es, das Automobil durch die – in kleinen Zeiteinheiten penibel durchgerechnete – Massenproduktion am Fließband so preiswert zu machen, dass es von einer großen Masse Menschen gekauft und dann, im allmählich explodierenden städtischen Verkehrsgewimmel, benutzt werden konnte. Fords erste Fließbandproduktion wurde 1915 in Detroit in Betrieb genommen. Ford demokratisierte das Luxusgut Automobil zum gewöhnlichen Gebrauchsgegenstand. Doch sein Erfolg degradierte auch die Arbeit an einem komplizierten technischen Produkt zu einer stereotypischen Folge von immer gleichen Handreichungen – anfänglich wurde der Motor in 84 identischen Einzeloperationen zusammengesetzt, was wenig später dreimal so schnell gelang, nachdem man das Chassis auf Schienen gehoben und seine Fließbandbewegung mit einem Flaschenzug beschleunigt hatte.

Die Qualität dieser Handreichungen bemaß sich nach ihrer funktionalen Korrektheit, vor allem aber nach dem Effektivitätsgewinn durch Zeitersparnis. Schon 1929 wird ein Produktionsziel formuliert, das erst durch das vollautomatische Fließband erreichbar wird: »Alle zehn Sekunden verlässt eine fertige Karosserie das Ende des Förderbands.« Hier ist der Mensch fast nur noch als Beobachter beteiligt. Erst in der Kombination mit dem Faktor Masse wird die gnadenlose Beschleunigung – »alle zehn Sekunden« – zur alles beherrschenden Logik von Gesellschaft und Kultur.

Der quantitativ rapide zunehmende und immer raschere Austausch von Neuigkeiten seit der Einführung des Telegrafen und dann des Telefons (nach 1863), über Radio und Fernsehen bis zum Mobiltelefon, zu »Smartphone«, »iPhone« und dem Internet generell hat die gesellschaftliche und wirtschaftliche Mobilität ähnlich beschleunigt wie einst die Erfindung der Dampfmaschine, der Ausbau des Eisenbahnnetzes und die Abschaffung der bäuerlichen Gutsuntertänigkeit. Neben den modernen Informationsmedien nimmt sich die einst revolutionäre Tageszeitung, dieses raschelnde Ungetüm im großen Format, fast schon behäbig, wenn nicht museal aus – geradezu gemütlich und ehrwürdig. Im Berlin der 1920er-Jahre werden 147 politische Tageszeitungen gedruckt und verkauft, im heutigen Berlin nur noch etwa zehn. Diese Art Tageszeitung, die während der 1920er-Jahre zum Teil mit verschiedenen Ausgaben am selben Tag herauskommt, erhebt jeden einzelnen Tag zum Weltereignis – darin steckt eine temporale Dramatisierung der Geschichtlichkeit, die historisch absolut neu ist. Die kommunikative Motorik der Tagespresse wird durch den gegenwärtigen Online-Journalismus abermals beschleunigt auf einen Ereignistakt im Rhythmus weniger Stunden.

Diese Entwicklung verändert mehr und mehr auch die politische Willensbildung. Die Beschleunigungseffekte sozialer »Netzwerke« wie Facebook oder Twitter, dieser elektronischen Gerüchteküchen, vor allem aber der hektisch konkurrierenden Online-Medien, die minütlich die neuesten Börsenstände melden, kritische Reaktionen auf eben erst verkündete Regierungsbeschlüsse einsammeln (und diese prompt relativieren) und manche Geschehnisse komplett per »Live-Ticker« spiegeln – diese Temposteigerungen setzen einzelne Politiker, ganze Ministerien und parlamentarische Ausschüsse unter einen historisch noch nie dagewesenen Zeitdruck und Zugzwang. Die karussellartige Abfolge von Informationen, diese Informationen bewertenden Stellungnahmen und von darauf wiederum reagierenden Interviews und Kontroversen erzeugt insgesamt eine Hektik, die der Qualität der politischen Beschlüsse zusetzen dürfte.

Je kürzer die Zeitabstände zwischen politischen Handlungen werden, desto größer wird die Wahrscheinlichkeit, dass nicht alle Aspekte und Informationen, die diese Handlungen fundieren müssten, gebührend berücksichtigt werden konnten. Bundestagspräsident Norbert Lammert, Jahrgang 1948, meint Ende Januar 2013 bei einem von der Stiftung Marktwirtschaft in Berlin veranstalteten Symposion über die Folgen der digitalen Beschleunigung für den Politikbetrieb – Titel: »Nachdenken über Ordnungspolitik« –, durch die neuen Kommunikationsformen steige dramatisch die Erwartung der Öffentlichkeit an die Politik, auf alles sofort zu reagieren: »Wer nicht in Echtzeit reagiert, hat den Verdacht gegen sich, nicht auf der Höhe der Zeit zu sein.« Gerade im Umgang mit der hochkomplexen Finanz- und Schuldenkrise seit 2008 sei dieser Reaktionsdruck fatal, da man sich mit diesen Themen länger beschäftigen müsse, um kompetent zu entscheiden. Tendenziell werde aber die schnellstmögliche Lösung der bestmöglichen vorgezogen. So gesehen, erzeuge die beschleunigte Politik eine »diabolische Erwartung« auf rasche Krisenbewältigung, was am Ende zu völlig falschen Entscheidungen führen könne. Der vermeintlich zupackende Politiker sei dabei im – sachlich ungerechtfertigten – Vorteil gegenüber dem sachorientierten »Tüftler«.

Diese Entwicklung ist demokratiefeindlich, was dem Selbstverständnis der IT-Branche widerspricht, die meint, ihre Techniken förderten Transparenz und Partizipation – urdemokratische Komponenten. Die repräsentative Demokratie mit ihrer Gewaltenteilung sowie dem Nebeneinander von Bundes- und Länderregierungen ist aber eine behäbige Einrichtung, deren Langsamkeit manchmal ärgerlich ist, im Ganzen aber eher Seriosität garantiert. Denn sie erlaubt längere, gründlichere Diskussionen wichtiger Themen und Korrekturen falscher Diskussionsergebnisse, und verhindert tendenziell vorschnelle Entscheidungen.

Der in Berlin lehrende Politikwissenschaftler Herfried Münkler, Jahrgang 1951, sieht in dem »rasenden Politiker« des Internet-Zeitalters sogar eine Gefahr für die parlamentarische Demokratie und fordert die »Qualitätsverbesserung politischer Entscheidungen durch entschleunigte Beratung im Parlament« sowie durch den deutlichen Abstand zwischen der parlamentarischen »Eigenrhythmik« und »externen Temporalitäten« (SPIEGEL, 29/2012). Medien, die aufs Tempo drücken, versuchen, diesen Abstand zu verringern, und verführen die Politiker zu hastigen, unausgegorenen Initiativen. Dem entspricht die wechselnde Tagesform der fast ununterbrochen von Meinungsumfragen ausgeloteten (und beeinflussten) Wählerstimmungen. Schon zwei Wochen, nachdem die FDP in Niedersachsen im Januar 2013 fast 10 Prozent der Wählerstimmen eingefangen hat, stufen Meinungsforscher diese Partei wieder auf jene vier Prozent Wählerzustimmung herab, die dieselben Meinungsforscher ihr auch kurz vor der Niedersachsenwahl prophezeiten. Seriös ist dieser willkürlich anmutende Wechsel von »Hosianna« und »Kreuziget ihn!« wohl kaum.

Die allgegenwärtige Reklame, auch die auf indirekte Weise dem Werbezweck dienliche Information über ein neues Auto, ein neues iPhone oder ein neues Buch, folgt der fast umfassend gewordenen Beschleunigungslogik; ebenso der auf Bestsellerruhm und Maximalquoten fixierte Kulturbetrieb, der alle Wochen neue Starsänger, Starmoderatoren, Starautoren und Filmstars präsentiert, wobei er vom hektischen Kampf der Fußballspieler um alle möglichen Meisterpokale (oder gegen den ständig drohenden Abstieg aus der ersten Liga) kaum noch zu unterscheiden ist. Heute »in«, morgen »out«, heute »geil«, »schrill« und »anders«, morgen »langweilig«, »uncool« und »altbekannt« – im Sog des raschen Auf- und Abstiegs interessiert das Was, der eigentliche Inhalt der um unsere Aufmerksamkeit buhlenden Darbietung, weniger als Auflagen und Quoten, als die Intensität dieses Auf- und Abstiegs an sich.

Die penetrant von der Werbeprosa, auch jener etlicher Rezensenten, beschworene Einmaligkeit, das So-noch-nie-Dagewesene jedes dritten Künstlers oder Werks ist die ziemlich hohl tönende Erkennungsmelodie dieser Dynamik des *up and down.* Um ihre Hohlheit möglichst zu überdröhnen, bevorzugt sie vor allem ein Mittel: das irgendwie Schockierende. Was schockiert, muss ja schon auf Grund dieser Wirkung vom geistigen Status quo abweichen, also neu und darum auch wichtig sein. Und wer schockieren will, muss dies jäh tun, in der Art eines plötzlichen Überfalls, der keine Zeit verlieren darf, soll er ein »durchschlagender Erfolg« werden.

Entdeckung der Langsamkeit

Seit 1983 verfügen jene, die im deutschen Sprachraum diesem Diktat des glanzvoll Schnellen und schockierend Neuen qualifiziert widerstehen wollen, über eine magische Losung: »Die Entdeckung der Langsamkeit«. Unter diesem Titel erschien damals ein Roman des Schriftstellers Sten Nadolny, Jahrgang 1942. Der Titelheld ist ein Kapitän und Polarforscher, der als kleiner Junge zu langsam – zu gründlich sozusagen – auf die schnellen Ballwechsel der Kameraden reagiert und deshalb, statt mitzuspielen, lieber zuschaut oder irgendeine Leine hält, über die der Ball zu fliegen hat. Diese Leine spannt sich quer zur üblichen Flugbahn des Balles, doch ohne dies Verquere verlöre der Ballwerfer die Orientierung an der von den Spielregeln vorgegebenen Wurfrichtung. Da triumphiert die eigensinnige Würde des Nachdenklichen über die flotte Sportlichkeit des Zeitgeistadepten.

Wohl auf diesem Hintergrund entstand das erfolgreiche Schlagwort einer erwünschten »Verlangsamung« des technischen Fortschritts und der mit ihm verbundenen industriellen und kommerziellen Expansion. Diese Verlangsamung soll unter anderem ablesbar sein am schonenden Umgang mit der Natur, deren Ressourcen »nachhaltig« zu nutzen seien, und zwar im Interesse der nachfolgenden Generationen, aber auch zur für sich sinnvollen Bewahrung des natürlichen Artenreichtums und zur Pflege der landschaftlichen Mannigfaltigkeit – beide sind ja massiv bedroht durch den industriellen und urbanen Naturkonsum. In einem Bericht über die Berliner »Fashion Week« im Januar 2013 beobachtet SPIEGEL ONLINE diesen Trend: »Modedesigner setzen auf Entschleunigung« – gemeint ist die sich abzeichnende Abkehr vom Diktat der jeweils allerneuesten Kostümierung, auch von der allzu sorglosen chemischen Behandlung der Textilien. Thema »Biobaumwolle«. Sogar jene Branche, die fast symbolisch ist für den hektischen Wandel im Zeichen rasend schnell aufeinander folgender Neuigkeiten, eben die Mode – »modisch« ist ein Synonym für »flüchtig« oder »kurzlebig« –, sogar diese Branche entdeckt anscheinend den Begriff der Nachhaltigkeit, der naturfreundlichen Verlangsamung des ehernen Fortschritts.

In seiner berühmten Sprüchesammlung *Adagia* hat Desiderius Erasmus von Rotterdam (um 1469 bis 1536) auch die ursprünglich griechisch-lateinische Sentenz »Eile mit Weile« (lateinisch: *festina lente*) zum Thema gemacht. Diese Sentenz bietet in prägnanter Kürze ein paradoxes Zeitverständnis, das dem rasenden Eilzug unserer elektronisch gesteuerten Maschinen-Moderne ein anderes Maß des Humanen entgegensetzt. Erasmus meint, von den vielen Sprichwörtern seiner Sammlung habe »kein anderes mehr verdient, an alle Säulen, an die Tore aller Kirchen geschrieben zu werden, und zwar mit goldenen Lettern«. Vor allem »den Regierenden« schreibt er diesen Spruch ins Stammbuch. Jeder »übereilte Entschluss eines Fürsten« könne zur »Zerrüttung der Gesellschaft« führen. Wenn aber der Politik das »Eile mit Weile« gewärtig sei, bewirke dies »eine gewisse Reife und von Wachsamkeit und Bedächtigkeit getragene maßvolle Haltung«. So würden rasche Entschlüsse vermieden, die der Fürst »später bereuen müsste«. Das Motto »Eile mit Weile« habe beim römischen Prinzeps Augustus hoch im Kurs gestanden, den ein »hochgemuter Sinn« ausgezeichnet habe, »mit dem sich aber in überraschender Weise Gelassenheit und Leichtigkeit verband«. Octavian Augustus habe das Motto oft zitiert, um für eine Haltung zu werben, welche die »Behendigkeit des Eifers« mit der »Behutsamkeit der Sorgfalt« in Schach hält.

Der Ägyptologe und Kulturwissenschaftler Jan Assmann hat – in einem Vortrag über »Tod und Zeit im Alten Ägypten«, den er im Dezember 2012 im Weimarer Goethehaus hielt – den Grundgedanken des altägyptischen Grab- und Mumienkultes so zusammengefasst: Die Ägypter hätten ein »Leben im Gewesensein« geführt, mit der Grabanlage als wichtigstem Ausdrucksmittel. Man habe mitten im Leben ständig an dessen »Rühmlichkeit« für die Nachwelt und für das Weiterexistieren im Jenseits gedacht. Von der erwünschten »Endgestalt« her entwickelte man die »normativen Ansprüche« an die aktuelle Lebensführung: Das Gegenwärtige wird hochgeschätzt, wenn es ein Gutes »gewesen sein wird«.

Das bedeutet: Man lebt durchaus intensiv im Jetzt, doch mit dem Ziel, dass dieses Leben ein würdiges gewesen sein muss. Der Blick auf das Jetzt ist von Anfang an schon ein Rück-Blick. Das ist etwas völlig anderes als, wie es gegenwärtig üblich ist, lediglich den Augenblick auszureizen und zu hoffen, hinterher werde alles schon irgendwie gelungen anmuten. Die heutige Verabsolutierung des Momentanen, des »Events«, diese Dauerparty der superschnellen Information und prompten Reaktion darauf via Internet – sie ist unägyptisch: gegen eine Lebensgestaltung in Würde gerichtet. Die Zeiterfahrung im Rückblick verwandelt den puren Zeitkonsum in ein bewusstes geschichtliches Leben. In dieser historischen Dimension erst entfalten sich die denkwürdigsten und gedenkwürdigsten Würde-Phänomene.

Die Blicke auf Erasmus und auf das alte Ägypten eröffnen nur zwei von vielen Möglichkeiten, aus der Tiefe der Geschichte die Hysterie unseres Zeitverständnisses zu relativieren und kreativ aufzubrechen. Dieses ewige »Keine Zeit«-Haben, dieses permanente »zeitgemäß«, sozusagen »zeit-fit« Sein-Müssen, mit dem ergänzenden Erholungsangebot lärmend leeren »Zeitvertreibs« – das muss nicht unser Schicksal bleiben. Zu den künstlerischen Verstärkern eines Zeiterlebens, das nur noch von einem Augenblick zum nächsten hüpft, gehören die rasenden Rhythmen der letztlich vom Rock 'n' Roll inspirierten Popmusik, aber auch Kriminalfilme, in denen Verbrecher gejagt werden, überhaupt alle Arten von gefilmten Verfolgungsjagden – etwa in dem rasanten Abenteuerfilm »Jäger des verlorenen Schatzes« (1981) von Steven Spielberg, einem von vier »Indiana Jones«-Filmen. Doch ausgerechnet das Medium mit der schnellen Folge schnell bewegter Bilder – einem zweifachen Tempomoment also – bietet die Chance zu dem, was wir die würdige Zeiterfahrung nennen: die Zeitlupe.

Sie wurde 1904 durch August Musger erfunden und erlaubt es, hektische Bewegungsabläufe stark verlangsamt abzubilden. Die Zeitlupe hieß zur Zeit ihrer ersten Erprobung auch »Zeitmikroscop«: Das Jetzt wird vergrößert wie eine Bakterie im Labor. Die Chance zu schauen, zu staunen, die Zeit beinahe anzuhalten: Das sind Würde-Chancen, die uns ausgerechnet von der modernen Technik zugespielt werden, also von der beschleunigten Mechanisierung der Zeitabläufe und Zeitdarstellungen. Erst die Zeitlupe zeigt uns die unglaubliche athletische Grazie eines Sportlers oder einer Sportlerin, der oder die im Scheinwerferlicht einer Abendveranstaltung einen Stabhochsprung über fünf Meter schafft. Die Zeitlupe zelebriert auch die schicksalhafte Grausamkeit, mit der ein glühender Lavastrom wie ein giftiger Brei ein Haus nach dem anderen zermalmt und unter sich begräbt. Diese Art von Verlangsamung erzeugt nicht Würde, sondern zeigt die Erhabenheit des Schaurigen im großformatigen Ausbruch einer Naturgewalt.

Aus der uralten zeitfernen Kultur der Würde könnte eine Korrektur unseres kopflos rasenden Zeitgeists gewonnen werden. Es stehen nicht bloß Stilfragen der Mediendemokratie zur Debatte. Wir, die meist würdelos Gewordenen, können in der Reflexion und schöpferischen Reaktivierung gewesener Würde-Formen auch überraschende Vorbilder für unsere hilflos fuchtelnde Repräsentationskultur aktivieren. Müsste die erste Parlamentssitzung nach den Sommerferien nicht – statt ein Sammelsurium sonorer Reden zu sein – erhebende Festlichkeit ausstrahlen, etwa so wie das traditionelle Neujahrskonzert der Wiener Philharmoniker im Goldenen Saal des Musikvereins der österreichischen Metropole, eine Festlichkeit, die einfach Freude darüber ausdrückt, dass wir prinzipiell über diese Versammlung der von uns Gewählten und die damit innig verbundene Selbstachtung wählender Staatsbürger verfügen? Ist es würdig, die Regie dafür jenen Medienprofis des Fernsehens zu überlassen, die nur auf Sendezeit, Masse und Quote achten? Die Würde des Menschen ist mehr als ein Rechtstitel unseres Grundgesetzes. Sie bietet das Paradigma für eine Erneuerung unseres Selbstverständnisses und dessen öffentlicher Darstellung: eine Chance zum Rettungsmanöver mitten im Absturz der Zeitmaschine.

Beschleunigung frisst Würde. Würde dehnt Zeit. Die Würde-Dimension des gefräßigen, alles vernichtenden Zeitflusses ist die Geschichte. Als in melancholischer Heiterkeit und Gelassenheit rezipierte Geschichte erweitert sich die Zeit zum Raum: zu Zeit-Räumen. In der großräumig tolerant ausgelegten Geschichte konstituiert sich so etwas wie historische Würde, die den Augenblick überdauert und immer neu gedeutet wird. Dies recht bedacht, kann vieles an unserem Zeitverschleiß anders werden. Das wäre nicht zuletzt ein großer Dienst an der Gesundheit vieler zeitlich »gestresster« Zeitgenossen.

Nähe und Distanz

Anstand und Manieren

Der kleine Hund heißt Lulu. Er lebt am Hof des Kaisers und darf auch in dessen Prunkbett schlafen. Manchmal passiert es, dass Lulu, wenn der Kaiser vornehme Gäste empfängt, vom Schoß des Herrchens hüpft und einem der Gäste auf den Schuh pinkelt. In der Regel zeigen die vom kaiserlichen Hundeurin Markierten tapfer keine Reaktion – das gehört sich hier so. Schließlich kommt ein Diener und wischt mit einem Tuch aus Satin den Schuh trocken und blank.

So geschehen, immer wieder, am Hof des äthiopischen Kaisers Haile Selassie (1892 bis 1975). Erzählt hat dies der polnische Reporter und Schriftsteller Ryszard Kapuscinski, Jahrgang 1932, in seinem wunderbaren Buch *König der Könige – Eine Parabel der Macht*. Es geht in diesem Buch, einer reizvollen Mischung aus authentischen Informationen und literarischen Erfindungen, auch um den winzigen Formbruch als Bestandteil höfischer Zeremonie. Deren glatte Perfektion wird durch kleine »Fehler« erst als solche sichtbar, also ermöglicht.

Das Thema hat ein Großneffe von Haile Selassie, der seit langem in Deutschland lebende Prinz Asfa-Wossen Asserate, im Jahr 2003 aufgegriffen und zu einem so amüsanten wie lehrreichen Standardwerk über gesellschaftliche Umgangsformen erweitert. Es heißt lapidar *Manieren*. Die europäischen »Grundkomponenten« der Manieren, fast der Prinz mutig zusammen, seien »Anmut und Demut«.

135

Gibt`s die beiden noch? Sollte es sie noch geben, wo doch feineres Benehmen jahrhundertelang dem Adel Distinktionsgewinne gegenüber dem sogenannten Gesindel verschafft hat? Ist das Herumschlendern in klassenlos bequemen »Unisex-Freizeitkleidern« (Asserate) nicht ein Modezeichen jener Demokratie, die soziale Unterschiede generell kaum noch akzeptiert?

Weniges ist so wandelbar wie das vermeintlich Unwandelbare, wie jene Regeln des Anstands und der Peinlichkeit, die Erzieher gern der ewig ungebärdigen Jugend als besonders haltbares »So-war-es-immer« unter die ärgerlich undiszipliniert tropfende Nase reiben. »So wie früher war es nimmer«, möchte einer dazwischenrufen, der zum Beispiel den krassen Wandel der Tischsitten betrachtet. Aus historischen »Tischzuchten«, die das bessere Benehmen, lange vor dem im 18. Jahrhundert auffällig gewordenen Freiherrn Knigge, beim gemeinschaftlichen Essen regelten, geht hervor: Das Verhalten an der »Tafel« ist seit dem Mittelalter ein besonders wichtiges Kriterium der gesellschaftlichen Zugehörigkeit, der von der Gesellschaft zugeteilten sozialen Würde des Einzelnen.

Im 15. und 16. Jahrhundert verrät schon die Art, wie jemand ein filigranes, schlankes Weinglas hält und leert, seinen sozialen Status. Der Mundschenk, das heißt: der dem Trinkenden Dienende, ergreift mit der ganzen Hand den Schaft und reicht das Glas dem durstigen Herrn; der adelige Genießer aber balanciert, lediglich mit Daumen, Zeigefinger und ausgestrecktem Mittelfinger, den Fuß des Glases wie eine zerbrechliche Elfe. Er muss das von Kindheit an geübt haben, sonst kippte ihm die Kostbarkeit leicht auf den Fußboden. Das »Bildnis eines Mannes mit Weinglas«, ein in der Mitte des 17. Jahrhunderts entstandenes Ölgemälde von dem Niederländer Jan Baptist Weenix, wohl das Porträt eines Weinhändlers, fixiert die historische Phase, in der wohlhabende Bürger die adlige Manier, ein Weinglas betont mit gestischer Würde zu greifen und sich auch so von den Bediensteten abzuheben, allmählich übernehmen.

Die Geschichte des Anstands, des distinguierten, auf soziale Distanzen sorgsam bedachten Benehmens ist auch eine Geschichte der Ekelschwellen, vor der feinere Menschen zurückschreckten. Auch hier liefert das Verhalten zu Tisch einprägsame Beispiele des Wandels. Jahrhundertelang angelte man mit der Rechten nach dem Fleisch – Gabeln wurden erst im 16. Jahrhundert populär –, mit der Linken schnäuzte man sich und wischte die feuchte Beute ins Beinkleid oder, so vorhanden, ins Tischtuch – Taschentücher gab es erst im 18. Jahrhundert. Spucken durfte man durchaus auch beim Essen, aber nur hinter sich oder unter, nicht auf den Tisch.

Im Lauf der Zeit ist die Empfindlichkeit gegenüber Ausscheidungen des menschlichen Körpers kontinuierlich gewachsen. Im 16. Jahrhundert werden übel riechende Flatulenzen noch toleriert, im 18. gelten sie als *très incivil*. Im 19. Jahrhundert nennt eine englische Benimmfibel das Spucken in Gesellschaft »eine ekelhafte (*disgusting*) Gewohnheit«. In China ist es ja heute noch gestattet – mit abnehmender Tendenz.

Ein sesselartiger »Nachtstuhl« aus edlem Mahagoniholz, wie er noch 1860 gefertigt wurde, stellt in der lausigen Historie der Defäkation einen recht frühen Höhepunkt der Körperwürde dar. Im Mittelalter wird die Notdurft ungeniert in aller Öffentlichkeit verrichtet. Ausnahme: Adlige Burgbesitzer nutzen den separaten Aborterker, der allerdings das, was er aufnimmt, ungefiltert in den Burggraben weiterleitet. Ein relevanter Schritt zu mehr Fäkalscham ist im Jahr 1530 die Mahnung des Erasmus von Rotterdam, es sei »unhöflich« (*incivile*), jemanden zu grüßen, der sich gerade wie auch immer erleichtere. Im 17. Jahrhundert wird die Darmentleerung ohne Zeugen die Regel, nur der König bildet da eine Ausnahme: Er gewährt Audienzen auf dem »Leibstuhl«, auch »Kackstuhl« genannt. Das gilt als besondere Huld. Die Barockschlösser verfügen über hunderte von Kammern, aber oft nur über ein einziges fest installiertes Klo. Bei Festen entleeren sich die hohen Gäste in Saalecken, in irgendwelchen Nischen oder unter Treppen – die Dienerschaft räumt weg und wischt auf. Auch die Parkanlagen müssen als Toiletten herhalten. Die hygienischen Gepflogenheiten des 16. und 17. Jahrhunderts fielen teilweise sogar unter mittelalterliches Niveau.

Dass öffentliche Gebäude und Plätze mit verschließbaren, nach Geschlechtern getrennten Toilettenkabinen, dazu noch mit Wasserspülung, ausgestattet sind, kommt sporadisch erst im späten 19. Jahrhundert vor und wird dann generell zu einer der angenehmsten zivilisatorischen Errungenschaften des 20. Jahrhunderts. Wasserleitungen, die auch die oberen Stockwerke erreichten, versorgten die entwickelten europäischen Städte erst nach 1850. Vorher wurden in durchschnittlich wohlhabenden Haushalten mobile »Hausbäder« genutzt: Wasserverkäufer zogen mit Karren warmen Wassers von Haus zu Haus. Noch Kaiser Wilhelm I. (er regierte 1861 – erst als König, dann als Kaiser – bis 1888) zeigt sich geprägt von der würdetheoretisch ambivalenten Devise »Mehr sein als scheinen« (der Schein ist oft würdiger als das Sein), lässt sich einmal die Woche aus einem Hotel seine Gummibadewanne ins Berliner Stadtschloss bringen. Das fest installierte verschließbare WC im privaten Wohnhaus, als Teil eines Badezimmers mit Dusche oder einer Badewanne möglichst aus Porzellan, hat sich, nach englischem Vorbild, beim wohlhabenden Mittelstand Europas in den ersten beiden Jahrzehnten des 20. Jahrhunderts durchgesetzt. Noch heute ist dies nicht überall Standard – rund 2,5 Milliarden Menschen, so wird geschätzt, leben immer noch ohne eigene Toilette.

Der amerikanische Musik-Popstar Frank Zappa lässt sich 1967 nackt auf der Toilette sitzend ablichten. Er schaut provozierend entspannt in die Kamera von Robert Davidson, was so viel heißt wie: Ich wurde nicht vom Fotografen überrascht, sondern wollte es so. Dieses Foto wurde zum ornamental umrahmten Zappa-Poster vergrößert, das dann als Protestikone wider die bürgerliche Verklemmtheit weltweit Verbreitung fand. Der aus dieser Bewegung entstandene, bis heute virulente Kult einer cool zur Schau gestellten, inzwischen stark sexualisierten Körperlichkeit hat bis ins erste Jahrzehnt des 21. Jahrhunderts immer neue Enthüllungseffekte hervorgebracht – bis hin zur sagenhaft erfolgreichen, schnulzenhaft sadomasochistischen Quäl-mich-bitte-Trilogie der amerikanischen Bestsellerautorin E.L. James *Fifty Shades of Grey*, deren sozial und historisch weitgehend kontextfreie seitenlange Anmach-Dialoge von 2011 an unter so originellen Titeln wie *Geheimes Verlangen, Gefährliche Liebe* und *Befreite Lust* auf Deutsch erschienen sind.

In Vielem registrieren wir hier eine Rückkehr zur sinnlich freizügigen, keineswegs nach Geschlecht getrennten Geselligkeit der Badehäuser des Hohen Mittelalters. Allerdings betrifft das die Optik, nicht die Geruchstoleranz. Das schlammige, kakerlakenreiche Ekelfernsehen à la »Dschungel-Camp« oder eine »Wetten, dass..?«-Show des ZDF (noch von Thomas Gottschalk moderiert), in der Experten mit verbundenen Augen Tierkot erschnuppern dürfen, wären nicht so populär, wenn es vor dem TV-Gerät so muffen würde wie die Bilder ausschauen.

Die Würde der Distanz-Kultur benötigt auch den ausreichenden Abstand zum Gestank. Das war stets ein Problem der Stadtplanung und des Wohlstands – wer es sich leisten konnte, lebte im Wohnturm, im Schloss oder auf andere Weise entfernt von den größeren Kloaken. Vor der Verbreitung öffentlicher Kanalisation im 19. Jahrhundert hat es in den Städten infernalisch gestunken: nach Urin und Kot von Mensch und Tier, nach den halb verwesten Abfällen der Schlachter, nach allem möglichen fauligen Müll und nicht zuletzt nach dem Schweiß des *homo sapiens*. Wohlhabende Adelige und Bürger haben nach 1750 mehr und mehr den eigenen Körpergeruch durch Duftstoffe aller Art überboten. Was heute sozialästhetisch begründet wird, galt noch im späten 19. Jahrhundert als medizinische Notwendigkeit. Man glaubte allen Ernstes, üble Gerüche, mithin auch der sie verbreitende Pöbel, seien schuld an etlichen Krankheiten.

Tod und Liebe, Scham und Schock

Der Kulturwissenschaftler Urs Roeber hat drei Jahre lang die Rüpel- und Regelkultur Europas erforscht. Ist er von einem schleichenden Verfall der Sitten überzeugt? Roeber zum Autor: »Ich habe die Einsicht gewonnen, dass die Manieren von heute jene Manieren sind, die unsere Nachkommen einst vermissen werden.« So tief sie auch sinken mögen, die Idee des Bildhauers Gregor Schneider, Jahrgang 1969, einen »live« Sterbenden museal zum Kunstwerk zu erheben, werden sie wohl nicht vermissen. Schneider, der mit einer surreal bis irrwitzig verbauten Haus-Installation immerhin einen ehrenvollen Auftritt auf der Kunstbiennale in Venedig hatte, darf im November 2012 in Stettin seinen »Sterberaum« museal vorstellen, noch ohne echten Toten. Am Ende eines langen dunklen Gangs leuchtet ein Licht – ein bekanntes Motiv aus den Berichten diverser Nahtoderfahrungen –, hinter einer Glaswand sieht man dann das schlichte Sterbezimmer. Ein deutscher Todkranker, der an einem bösartigen Hirntumor leidet und sein baldiges Ende erwartet, hat sich dann Ende 2012 bereit erklärt, in Schneiders Installation, wenn es so weit sei, als Sterbender öffentlich präsentiert zu werden. Die in den 1970er-Jahren von dem Aktionskünstler Joseph Heinrich Beuys (1921 bis 1986) verkündete kreative »Einheit von Kunst und Leben« – eine wichtige Etappe auf dem Weg der ästhetischen Moderne in die gesellschaftliche Distanzlosigkeit – verknappt sich bei Schneider zur Einheit von Sterben und Kunst. Der Tod solle ja nicht verdrängt werden, meinen Künstler und Patient. Na gut, aber muss er deshalb die Würde der Intimität, die ihm bisher weitgehend so eingeräumt wurde wie dem Liebesakt, verlieren?

Die Intimität des Liebesaktes hat sich alltagsgeschichtlich erst durchgesetzt, als im 18. Jahrhundert spirituelle Bewegungen wie der Pietismus und der literarisch dominierte »Sturm und Drang« die Liebe als einmaliges Abenteuer zwischen zwei innigen, zur Schwärmerei neigenden Seelen zu verstehen begannen, zwischen Individuen, die ihre Empfindsamkeit weitgehend unabhängig von ihrer Standeszugehörigkeit auslebten. Seitdem gehört diese Intimität ins kulturgeschichtliche Palais der Würde.

In früheren Epochen wurde die Liebe zwischen Mann und Frau in der Regel nüchterner betrachtet. Im 12. Jahrhundert war die Hochzeit in Adelskreisen wesentlich ein ökonomisch relevanter Rechtsakt; »Hochzeit« meinte damals einen hohen kirchlichen Feiertag, und da zu jener Zeit oft an Pfingsten geheiratet wurde, hat sich der Begriff auf die Eheschließung übertragen. Während der feierlichen Trauung – das Paar steht mitten in einem Kreis der Verwandten – begibt sich die Braut mit ihrem Ja-Wort von der »Muntgewalt«, der Schutz gewährenden Vormundschaft ihres Vaters, in die ihres Ehemannes, der unter anderem durch das Ergreifen ihrer Hand deutlich macht, wer von nun an rechtlich über sie zu bestimmen hat.

Nach dem feierlichen Zug in das Haus des Gatten, der »Heimführung«, findet das Hochzeitsessen statt – und der Mann liebt die Frau unter Zeugen, was die Eheschließung erst rechtskräftig werden lässt. Im 17. Jahrhundert muss der französische König Ludwig XIII. auf Geheiß seiner mächtigen Mutter Maria von Medici im Beisein dieser Mutter und anderer wichtiger Hofschranzen den Hochzeitsakt mit der spanischen Infantin Anna von Österreich vollziehen. Ob es nach der delikaten Verrichtung kräftigen Applaus geregnet hat, ist nicht überliefert.

Die – damals nicht als solche empfundene – Schamlosigkeit im Dienst weiträumiger Diplomatie setzt ein anderes Verständnis ehelicher Verbindung voraus, als wir es gewohnt sind. Maria von Medici wollte durch diese Ehe den Konflikt zwischen dem französischen Königshaus und den damals fast allmächtigen Habsburgern mildern. Von den Zeiten des Julius Caesar bis weit ins 18. Jahrhundert hinein war die Ehe ein Instrument gesellschaftlichen Ehrgeizes oder gar machtpolitischer Netzwerkbildung, nicht aber die Krönung einer als einmalig und endgültig empfundenen, prinzipiell klassenlosen Liebesbeziehung.

Die halböffentliche Hochzeitsnacht von Anna und Ludwig mag bei Hofe als anrüchig oder bloß schlüpfrig angesehen worden sein; diese höfische Ungeniertheit ist aber nichts gegen die unverhohlen ordinäre, angeblich provokative Obszönität mancher moderner Performance-Darbietung. Im Frühjahr 2012 macht das private, durchaus angesehene Berliner »HAU«-Theater mit einer Bühnengroteske der »Pop-Performance-Künstlerin« (SPIEGEL) namens Peaches auf sich aufmerksam, bei der eine künstlich busenbewehrte Frau einen gewaltigen erigierten Penis (aus Plastik) gegen den auf Stöckelschuhen näher kommenden Schoß einer männlich wirkenden Nackten mit echtem Busen richtet. Geschlechter-Verwirrung total – nur zum Lachen?

Natürlich wird das alles als Zitat verkauft, als Ironie, als Verfremdung, die klischeehafte Wahrnehmungsgewohnheiten brechen soll, oder als Anklage des grob kommerziell Pornografischen. Doch diese Art lebensästhetischer Entgrenzung fördert in der wahrnehmenden Gesellschaft letztlich das, was sie anklagend zu spiegeln vorgibt. Mit der ironischen Kinderschändung hat uns derartige Aktionskunst bislang noch verschont – wie lange wird dieses Tabu noch halten?

Die als Irgendwie-Pop daherkommende Kulturattacke selbst auf die Reste jenes Respekts, der traditionell der Intimsphäre gezollt wird, hat viele abstoßende Gesichter. Und einen kraftvollen Vorlauf auf dem Boulevard des Lebens. Der britische Kronprinz Charles, verheiratet mit Lady Diana, telefoniert 1993 mit seiner Geliebten Camilla und gesteht ihr unter anderem, als »Tampon« in ihrem Körper zu sein, das wäre sein »Glück«. Solche oder ähnlich bizarre erotische Geständnisse gab es gewiss schon vorher. In die Nähe der neuen Schamlosigkeit der Künste rückt dieses Telefonat nur dadurch, dass es abgehört, an eine Boulevardzeitung verkauft und dort veröffentlicht wurde. Prinzessin Diana wurde durch diese unfreiwillige Selbstentblößung des Kronprinzen gleichfalls entblößt als die Betrogene, die trotz ihrer Jugend und Schönheit erotisch mit der älteren Camilla anscheinend nicht mithalten konnte. Öffentliche »Skandale« wie diese fungieren als Schleusenöffner für alle möglichen Intimreports aus dem Unterleibskosmos bekannter Politiker, Fernsehstars und Filmschauspieler. Das würdelose Spektakel könnte eines Tages in eine ZDF-Samstagabend-Talkshow münden, auf der Prominente ihre gewagtesten Seitensprünge beichten – und eine fachkundige Jury dem tollsten Fall die höchste Punktzahl zuspricht.

Zur fortschreitenden Destruktion einer auf die Vornehmheit der Distanz, der Diskretion und der Wahrung intimer Rückzugsnischen bedachten Würde-Kultur gehört auch die weithin überschätzte »Schock«-Therapie. Sie soll, so der ursprüngliche, psychotherapeutische Ansatz auf den Blutspuren Sigmund Freuds, Verdrängtes ruckartig ins Bewusstsein holen und durch systematische Entsublimierung, also Vergröberung, das *Unbehagen in der Kultur* (Sigmund Freuds Buchtitel von 1930), das auf Triebunterdrückung basiere, lindern. So predigte im Blick auf eine kollektive Befreiung von der lustfeindlichen Leistungsgesellschaft 1968 auch der Sozialphilosoph Herbert Marcuse. Ein der Aufklärung geschuldetes Pathos der Ehrlichkeit und Authentizität spielt zusätzlich hinein.

Im Bereich der Künste ist das erste spektakuläre, wenn auch gnadenlos überschätze Ereignis dieser Richtung die New Yorker Ausstellung eines keramikweißen, handelsüblichen Urinals als Kunstwerk unter dem Titel »Fountain« (Fontäne) im Jahr 1917, vorgestellt von Marcel Duchamp – der Auftakt einer formfeindlichen Stilrichtung namens »Ready-Made«. Eine Parodie auf den allzu gutgläubigen Museumsbetrieb, aber wohl auch der körperlich-kreatürliche Protest gegen allzu abgehobene Schöngeistigkeit. Schlimm daran war vor allem die Kanonisierung dieses Stilbruchs im Rahmen einer fast total durchgesetzten Dissonanz-Ästhetik des 20. Jahrhunderts.

Die deutsch-bulgarische Schriftstellerin Sibylle Lewitscharoff, Jahrgang 1954, hat in ihren Poetikvorlesungen »Vom Guten, Wahren und Schönen«, die sie 2011 an der Frankfurter Goethe-Universität hielt, eindrucksvoll das zeitgenössische Liebäugeln der Literaten mit dem Schockeffekt des Vulgären und Kaputten gescholten. Der übertriebene Hang zum angeblich Authentischen habe, so Lewitscharoff, die unangenehme Schlagseite, »im Dreck, im Verkommenen zu wühlen«. So gebe es »zu viele coole Texte über kaputte Typen«, die nicht selten bloß vorspiegelten, der Autor sei authentisch dabei gewesen. In Wahrheit gehe es meist um Anerkennung »mittels Provokation, Skandalen und Markierungsgesten«. Auch das deutschsprachige Theater sei der »Idiotie des Schockhaften« verfallen. Es präsentiere eine Gesellschaft »von schreienden Verrückten, die herumbatzen und herumschmieren wie Kleinkinder«, eine Gesellschaft, die sich als »menschlichen Schrott betrachtet« und selbst in ihren elitären Repräsentanten oft zu vulgären Regressionen tendiere, etwa zu den »hochnotpeinlichen alterssexelnden Suaden« des Schriftstellers Martin Walser.

Lewitscharoff hätte auch eine Autorin, die weitaus jünger ist als Walser, in ihre Beispielsammlung aufnehmen können: die deutsch-britische TV-Moderatorin Charlotte Roche, Jahrgang 1978, die im Jahr 2008 mit ihrem Erzählbuch *Feucht-*

gebiete monatelang die Bestsellerlisten für Belletristik ange-
führt hat. Das Büchlein verkaufte sich allein im Jahr 2008
über eine Million Mal. Es ist eine weitgehend autobiografi-
sche Selbstenthüllung in parataktischer Schlichtheit; eine sehr
direkte Prosa-Inspektion der »Feuchtgebiete« des Unterleibs.
Dabei geht es um Intimhygiene (nach Meinung der Autorin
heute meist übertrieben), Analverkehr, Masturbation, Hämor-
rhoiden, aber auch – und dies vor allem verstört den für die
Menschenwürde begeisterten Leser – um einen furchtbaren
Autounfall, bei dem die Autorin ihre drei Brüder verloren
hatte. Diese Kombination von Trauer um die eigenen Brüder und kommerziell spekulativem Sexual-Pop ist einfach
unerträglich – eben unwürdig. 2011 folgte dieser literarisch
unbedeutenden Romanpremiere, die prompt verfilmt wurde,
die nicht ganz so erfolgreiche Fortsetzung *Schoßgebete*, die mit
einer seitenlangen Penis-Betrachtung beginnt …

Das beste Statement dieser außerhalb ihrer literarischen
Bemühung durchaus angenehm unkonventionellen Autorin ist
ihre Interviewbemerkung über Alice Schwarzer, die Ikone des
deutschen Nachkriegsfeminismus: »Ich habe keine Lust, Frau
Schwarzer um Erlaubnis zu fragen, bevor ich im Bett richtig
loslege.« Wenn ihr danach sei, wolle sie notfalls auch sadoma-
sochistische Spielchen gut finden dürfen. Da hat sie Recht.

Der Erfolg dieser Autorin auf dem Ticket »sexuelle Frei-
zügigkeit« ist medienpolitisch erklärbar – sie wurde wegen
ihrer Bekanntheit als TV-Moderatorin auf vielen Kanälen
gleichzeitig gefeiert –, bleibt aber dennoch rätselhaft. Sie
trifft zwar einen gewissen Jugendszene-Ton – herablassend-
witzig – recht gut, aber ihre ganze Unternehmung im Sinne
von »den Spießer über seine geheimen Wünsche aufklären« ist
historisch peinlich verspätet. Jene lesenden, schon lange nicht
mehr braven Bürger, die sie angeblich mit der Wahrheit ihrer
hodenbewehrten oder nur hormonintensiven Unterhosen-
Gottheit schockiert, haben längst schon durch den ameri-

kanischen Schriftsteller Henry Miller (1891 bis 1980) den entsprechend harten Stoff eingeschenkt bekommen. Millers zum Teil jahrelang in den USA und England verbotene Bücher wie *Wendekreis des Krebses* (1934), *Sexus* (1949) oder *Plexus* (1953) sind ebenfalls autobiografisch gefärbte, sehr realistische Selbstentblößungen, die keine erotische Tabuzone auslassen. Der entscheidende Unterschied zu Roche: Miller verfügt über eine authentische Sprache, die einen fieberhaft lebendigen Duktus mit hoher Anschaulichkeit verbindet. Daneben wirkt die Prosa von Frau Roche wie die pedantische Bestandsaufnahme einer Biologin, die unterm Mikroskop Froschbeine seziert und behauptet, dies sei ein erotischer Tabubruch.

Für die Bildende Kunst bestätigt den durchaus vergleichbaren Abstieg zum vermeintlich provozierenden »Dreck« ein Zitat, das der Schriftsteller und Verleger des Hanser Verlags, Michael Krüger, am 9. Mai 2012 in einem bemerkenswert kritischen Zwischenruf zur »Vergötterung des Netzes« – in der *Frankfurter Allgemeinen Zeitung* – preisgegeben hat. Eine der Kuratorinnen der damals aktuellen Berliner Kunst-Biennale habe, so Krüger, formuliert: »Alles, was keine Politik ist, ist keine Kunst, sondern nur eine tote Vogelscheuche, gefüllt mit Scheiße und Reflexion«. Krüger fand diese – für die grassierende Kultur-Verelendung symptomatische – Äußerung nur »widerlich«, zumal die Veranstaltung, die sie überhaupt erwähnenswert macht, vom Steuerzahler, der damit Gutes bewirken will oder soll, hochsubventioniert sei.

Ende der Intimität

Die peinliche Tyrannei der aufdringlichen und permanenten Nähe der Anderen wird ermöglicht durch technische Errungenschaften: durch das omnipräsente Mobiltelefon, das zum kleinen Computer mit Internetanschluss fortentwickelt wurde, durch das Internet überhaupt und durch sogenannte soziale Netzwerke wie Facebook oder Twitter. Dazu noch einmal der Verleger Michael Krüger: »Das Netz ist stärker als wir … stärker offenbar als alle Institutionen zusammen, stärker als Kirche und Gewerkschaften, Parteien und Familie, stärker auch als das Kartellamt. Wir zappeln alle im Netz, auch die, die sich nicht daran beteiligen wollen.«

Zur Bestätigung dieser netzpessimistischen Klage schreibt die Journalistin Melanie Mühl am 14. September 2012 in der *Frankfurter Allgemeinen Zeitung*: »Das Handy wird zum Körperteil« und: »Der Maschinenmensch rückt näher«. Mühl zitiert unter anderem die Soziologin Sherry Turkle, die ein Buch mit dem Titel veröffentlicht hat: *Verloren unter 100 Freunden. Wie wir in der digitalen Welt seelisch verkümmern.* Eine scheinbar besonders »soziale« Internetplattform wie Facebook, laut SPIEGEL »eine Art Radio, das in die große Runde funkt«, wird weltweit von über 900 Millionen Menschen mindestens einmal im Monat genutzt. Turkle sagt, auf diesen Wegen verdunste gerade für junge Menschen, die die Hauptnutzer solcher Plattformen sind, die entwicklungspsychologisch wichtige Erfahrung der Einsamkeit in einer diffusen Pseudo-Gemeinschaft multipler Identitäten, die ihre höchst persönlichen Erlebnisse, Ansichten und Bilder ins Netz stellen, als sei weiter nichts dabei. Man ist zu cool fürs Rotwerden im Zustand der Schamlosigkeit.

So präsentiert sich der Einzelne, wie die britische Essayistin und Romanautorin Zadie Smith, Jahrgang 1975, formuliert, in der Regel »gespielt fröhlich, vorgetäuscht freundschaftlich, voller Eigenlob und routiniert verlogen«. Das kohärente Subjekt, dieses würdige Ergebnis einer Jahrtausende umfassenden Entwicklungsfron des menschlichen Individuums, droht fortzuschwimmen in den falschen Glanz einer Massenidentität. Intimität ist »exklusive Kommunikation«, deren Exklusivität Bedeutung schafft – exklusive Zärtlichkeit gegenüber dem anderen bedeutet etwa, dass mir dieser andere wichtiger ist als sonst jemand auf der Welt – so Martin Simons in dem Buch *Vom Zauber des Privaten. Was wir verlieren, wenn wir alles offenbaren* (2009). Die Aufhebung der Intimität durch alle möglichen Formen öffentlicher Selbstausstellung des Ich ist auf die Zerstäubung des Individuellen gerichtete, alltagskulturelle Wertevernichtung.

Der immense gesellschaftliche Druck, »in« zu sein, also bei einem so erfolgreichen Medientheater selbst mitmachen zu müssen, lässt sich mit dem psychologischen Zwang vergleichen, durch die Anschaffung eines Mobiltelefons möglichst rund um die Uhr und überall erreichbar zu sein. Beide Zwänge haben einen bedenklichen gemeinsamen Effekt: Die traditionelle Verlaufslinie zwischen dem Privaten und dem Öffentlichen, weitgehend identisch mit der Landesgrenze bürgerlicher Würde, verschiebt sich dramatisch – auf Kosten echter Intimität und Privatheit; auf Kosten der persönlichen Würde des Einzelnen. Sie wird pulverisiert von einem künstlichen, unverbindlichen Freundeskreis auf Partyniveau, der so tut, als gewähre er gerade diesem Einzelnen einen würdigen, von ihm selbst kontrollierten Auftritt.

Die scheinhafte Nähe vieler Freunde, die Portale wie Facebook dem Einzelnen suggerieren und die ihn zur spaßigen Selbstentblößung verführen, betreibt in Wahrheit einen kollektiven Abschied vom selbstbewussten Subjekt, auf dessen Entdeckung der deutsche Idealismus zu Recht stolz gewesen ist. Das exhibitionistische Autobiografie-Gerede bei vielen Talkshows im Fernsehen geht in dieselbe Richtung, bleibt aber letztlich harmlos angesichts der Totalität, mit der sich weltweit viele Millionen jüngerer Leute – und älterer Leute, die gern jung erscheinen – der Netzgemeinde eingliedern.

Nein, die mediale Vernichtung der über Jahrhunderte mühsam erkämpften Intimität des Individuums ist nicht »progressiv« oder »modern« in einem normativ positiven Sinn. Würdige Kommunikation darf auf all das, was in diesem Internet-,

Handy-, Youtube- und Facebook-Rausch unterzugehen droht, nicht verzichten: auf die Kultur der Scham, des Rückzugs von der Rampe, des angemessenen Abstands zum – durchaus gleichberechtigten – Nächsten, des taktvollen Umgangs auch mit Geächteten, der simplen Bescheidenheit und alltäglichen Freundlichkeit ohne Geltungsdrang dessen, der diese Freundlichkeit aufwendet, der Bändigung aufdringlicher Unverschämtheit auch in Pressepolemiken, des stillen, aber entschlossenen Widerstands gegen Grenzüberschreitungen und Distanz-Vernichtungen aller Art – auch solcher, deren Akteure sich auf »Kunst« berufen und ihre Kritiker gern »Spießer« schelten. Zu einer Kommunikation der Würde gehören auch: kurze öffentliche Reden, leise Töne, die Fähigkeit, auch mal den Mund zu halten, keine spontanen Überfälle angeblicher Freunde am Telefon oder gar vor der Haustür, weniger »harte Schnitte« (Lieblingskriterium tempobegeisterter Filmkritiker), insgesamt mehr sanfte Übergänge.

Der Architekt Ludwig Hoffmann (1852 bis 1932), nach dessen Plänen Berlin figurativ reizvolle Schulen, Krankenhäuser und Kulturbauten, zum Beispiel das Märkische Museum, errichtet hat, sagte gern lapidar: »Kunst ist Takt«. Eine Kunstszene, die dies heute beherzigen würde, könnte in der Tat die Kommunikation revolutionieren. Deren Credo läuft ja allerorten auf eines hinaus: aggressive Taktlosigkeit.

Würde der Herrscher

Ritter und Paläste

Wie authentisch und notfalls sogar erhaltenswert ist die
»Amtswürde« all der Päpste, Kaiser, Könige, Konzernlenker,
Parteivorsitzenden und Firmenchefs der Geschichte und
Gegenwart – eine Würde, die ja über zahlreiche Zeichen und
Abstandsrituale verfügt, die meist auch in den repräsentati-
ven Gebäuden und Porträts dieser auf die eine oder andere
Weise »Herrschenden« Ausdruck gefunden haben? Und wie
unabhängig ist diese Amtswürde vom jeweiligen Würdenträ-
ger, wenn er nicht gerade Papst ist?

Ein römischer Kaiser wie der strenge Vespasian, der Nachfolger des milden, wüsten, singenden – unwürdigen – Nero,
regierte das Imperium Romanum zehn Jahre (von 69 bis
79 n. Chr.); in dieser Zeit hat er den Staatshaushalt saniert,
das Militär reduziert – obwohl er selbst als Feldherr Karriere
gemacht hatte – und im Großen und Ganzen diszipliniert
und ohne den unter seinem Vorgänger penetrant verbreiteten
Adelsdünkel fast im preußischen Sinne seine Pflicht getan.
Er war ein Herrscher, der der vorgegebenen Form der kaiserlichen Amtswürde mit würdigen Inhalten zu entsprechen
wusste. Die Amtswürde selbst hat er nicht übermäßig strapa-
ziert, er hat ihr einfach genügt und gelegentlich sogar mit takt-
voller Ironie davor gewarnt, sie zu überschätzen. In diesem
Sinne sind wohl zwei berühmte Zitate von ihm zu deuten:
»Oho, ich glaube, ich werde ein Gott!« soll er gerufen haben,

als er im Sterben lag – die Vergöttlichung verstorbener Kaiser war im damaligen Rom ja üblich geworden. Der zweite, wunderbar komische Spruch »Ein Kaiser muss im Stehen sterben« erheitert, enthält aber auch ein deutliches Empfinden für den Zusammenhang von Würde und – kämpferischer – Standfestigkeit. Der im Liegen sterbende Kaiser kämpft nicht mehr, er ist bloß noch leidender Privatmann.

Herrscher-Würde impliziert einen standfesten Charakter, nicht bloß die Überlegenheit aufgrund der größeren Macht. Eine eher freundliche Überlegenheitsformel, die bis heute gebräuchlich ist, obwohl ihr Prestige verblasst, spricht von »ritterlichem Verhalten«, zumal dem rücksichtsvollen Betragen der »Ehrenmänner« gegenüber dem vermeintlich schwachen Geschlecht. Der aus dem 11. Jahrhundert stammende Titel »Ritter« galt im Hochmittelalter als Auszeichnung, die man sich verdienen musste, egal welchem Adelsgrad man angehörte. Die wichtigsten Tugenden des idealen Ritters heißen *staete* und *maze*, die Beständigkeit im Guten und die Fähigkeit, auf dem Mittelweg zwischen den Extremen Maß zu halten – ein Kriterium, das es schon in der Ethiklehre des altgriechischen Denkers Aristoteles gibt.

Der *Ritterspiegel* des Johannes Rothe (um 1400) fügt dem folgende Vortrefflichkeiten hinzu: »Zu einem vollkommenen Manne gehört, dass er wohl [das heißt: gut] reiten kann, schnell auf- und absitzen, gut traben, rennen und wenden und dass er mit Verstand etwas von der Erde aufnehmen kann. Zum zweiten gehört, dass er schwimmen kann … Zum dritten gehört zu einem vollkommenen Mann, dass er mit Armbrust und Bogen umzugehen weiß … Zum vierten muss er auf Leitern klettern können, das wird ihm wohl nützen im Kriege … Zum fünften muss er behende sein und wohl turnieren, streiten und recht und redlich stechen können. Zum sechsten muss er bei Gefechten und Scharmützeln ringen können … Zum siebten muss bei Tisch er sich gut benehmen können, tanzen und hofieren, auch soll er das Bredspiel [Schach] verstehen und alles, was ihn noch zieren mag.«

Erst mit 21 Jahren konnte ein Knappe, der dem Ritter zuvor jahrelang beim Essen, An- und Auskleiden sowie der Waffenpolitur assistiert hatte, selbst zum Ritter ernannt werden. Schon früh gab es Klagen über die würdelos gewordenen Herrenmenschen mit dem wohlklingenden Titel. So empört sich ein englischer Hofkaplan im 12. Jahrhundert: »Der Orden der Ritter besteht heute darin, keine Ordnung zu halten … Früher verpflichteten sich die Ritter durch das Band des Eides dazu, dass sie für die öffentliche Ordnung eintreten würden, dass sie in der Schlacht nicht fliehen würden und dass sie ihr Leben für das allgemeine Wohl hingeben würden.« Doch statt der Übergabe des Schwertes (daher der Begriff »Schwertleite«) durch den »Altar« gerecht zu werden und die Priester und Armen zu schützen, »wüten sie im Erbland des Gekreuzigten« – gemeint sind die Kreuzzüge der Ritter ins Gelobte Land. Für diesen Zeitkritiker sieht es so aus, als bestehe die stolze Ritterschaft schon aus lauter Hedonisten: »Wenn unsere Ritter zuweilen einen Feldzug unternehmen müssen, werden die Lastpferde nicht mit Waffen, sondern mit Wein beladen, nicht mit Lanzen, sondern mit Käse, nicht mit Schwertern, sondern mit Schläuchen, nicht mit Wurfspeeren, sondern mit Bratspießen. Man meint, dass sie zu einem Gelage ziehen, nicht in den Krieg« (zitiert nach: Maike Vogt-Lüerssen, *Der Alltag im Mittelalter*, 2006).

Verfall der ritterlichen Würde – schon damals, lange vor der berühmten romanhaften Ritter-Parodie *Don Quijote* (1605, erster Teil) des spanischen Schriftstellers Miguel de Cervantes. Auch dies gilt bis heute: Die Auszeichnung der ritterlichen oder amtlichen Würdeposition muss durch das konkrete Verhalten des Amtsträgers ethisch eingelöst werden. Sonst verfällt sie. In diesem Fall steigert die Amtswürde die Lächerlichkeit dessen, der für sie steht.

Ein Musterfall dafür ist die Geschichte, die Heinrich von Kleist in der Komödie *Der zerbrochne Krug* (uraufgeführt in Weimar 1808) verarbeitet hat: Jungfer Eve hatte einen nächtlichen Besucher, der einen wertvollen Krug vom Sims stieß – ihre Mutter, die Besitzerin des Kruges, behauptet, Ruprecht, Eves Verlobter, sei der Täter und müsse bestraft werden. Dorfrichter Adam soll den Fall, bei dem es auch um einen Nebenbuhler Ruprechts und den Teufel höchstpersönlich geht, entscheiden. Dumm nur: Er selbst ist der Täter. Er besuchte die junge Dame in der Nacht, um ihre Gunst gegen das Versprechen zu gewinnen, er werde ihrem Verlobten ein Attest ausstellen, das ihn vom drohenden Militärdienst in Ostindien befreien könne. Für diese Gefälligkeit forderte er, wie Eve sagt: »so Schändliches, dass es kein Mädchenmund wagt auszusprechen«. Weil ein höher gestellter Gerichtsrat im Saal ist, kann Adam die Beweise, die für seine Täterschaft sprechen, nicht willkürlich ignorieren. Er, der die Würde des Gerichts gefährdet hat, verliert sein Amt – die Würde siegt, und Eve, deren Verlobter sie schon als hurenhafte »Metze« beschimpft hatte, versöhnt sich mit ihrem Ruprecht.

Lächerlichkeit, die entsteht, wenn alltäglichstes Ungemach, wenn gar Sinnlichkeit und Gier den erhabenen Anspruch einer vermeintlich wichtigen Person durchkreuzen – sie ist der ärgste und geläufigste Feind jeglicher Herrscherwürde. Das gilt nicht nur für Ritter und Richter, sondern auch für Könige, Päpste, Bundespräsidenten, Firmenchefs, Minister und sogar für Abteilungsleiter, die bei der Weihnachtsfeier entgleisen. Auch in der aufgeklärten Demokratie verliert ein mehr oder weniger einflussreicher Würdenträger sein Prestige, wenn er bei Korruption, also Geldgier, oder Schamlosigkeit ertappt wird. Der Anspruch auf Würde verlangt den Verzicht auf triebhaftes Verhalten im Interesse des übergeordneten Allgemeinen – des Gesetzes, des Staates, der Firma, der Kirche.

Zur Ermutigung und Demonstration dieser Art von Herrscherwürde wurden jahrhundertelang Denkmäler, Paläste,
Museen und Mausoleen – an der Würde des so Begrabenen
partizipiert die ganze Familie – errichtet. Zu Ehren antiker
Herrscher wurden ganze Städte gegründet. Große Firmen der
Moderne erliegen dieser Würdesymbolik, indem sie immer
höhere und raffiniertere Wolkenkratzer bauen: Obelisken der
Warenwelt. Würde im Sinne gesellschaftlicher Achtung ist
schon seit Jahrtausenden an den Besitz bestimmter Bauten
gebunden. Der Dichter Walther von der Vogelweide (um 1170
bis um 1230) empfand sich als ein Nichts, solange er keine
Burg besaß. Erst als er ein entsprechendes »Lehen« geschenkt
bekam, schauten, so schrieb er, die Menschen nicht mehr durch
ihn hindurch wie durch ein »Gespenst«. Heute ersetzt solch
steinerne Würde-Garantie der Auftritt in einer Fernsehshow
zur »besten Sendezeit«, also zwischen 20 und 21 Uhr. Wer nicht
über das Fernsehen bekannt wird, hat kaum Chancen, jemals
öffentlich wahrgenommen oder gar geachtet zu werden. Mit
echter Würde hat diese flimmernde Prominenz wenig zu tun.
    Der wohl spektakulärste Würde-Bau der Geschichte ist
das barocke Schloss von Versailles. Wie alle Residenzen der
absolutistischen Fürstenstaaten des 17. und 18. Jahrhunderts
spiegelt die kolossale Anlage von Versailles zugleich das
Selbstverständnis ihres zweiten Bauherrn und die zentra-
listische Verfassung des Staates, den dieser Bauherr gewissermaßen personifiziert. Der erste Bauherr, Ludwig XIII., ist
verantwortlich für das bescheidenere Jagdschloss, das sein
Nachfolger Ludwig XIV. dann opulent umbauen und erwei-
tern ließ. So wie die gewaltigen Sichtachsen und die strenge
Wegeführung von Schloss und Park sind auch das höfische
Leben, die Finanzverwaltung und das Militär auf eine einzige Person zugeschnitten, die »von Gottes Gnaden« herrscht,
wie die Sonne am Zenit – »Sonnenkönig« Ludwig XIV. (1638
bis 1715) hatte schon als 14-Jähriger bei einer Ballettauffüh-

rung die aufgehende Sonne verkörpert. Noch 1861 krönt sich Preußens Wilhelm I. – der Bruder seines Vorgängers Friedrich Wilhelm IV. – in der Königsberger Schlosskirche, weil »die Krone nur von Gott kommt«.

Dieses Gottesgnadentum ist die eigentliche Begründung für die glanzvolle Würde der königlichen Majestät. Das irdische Herrscheramt und die Ordnung, über die es wacht, sind ein »Abbild« der »unsterblichen Autorität« Gottes, wie der Hofprediger Ludwigs XIV. formuliert. Auch Gott selbst wird »Majestät« genannt. Gesetz und Gerechtigkeit kommen von Gott, insofern sind Könige und erst recht Kaiser – als Repräsentanten der Heiligkeit des Rechts – in gewisser Weise Teilhaber der Ewigkeit. Im Fall der gewaltigen Klosterresidenz El Escorial, die sich der spanische König im 16. Jahrhundert vor den Toren Madrids erbaut, dient die äußerliche Pracht mit all den dort inszenierten Zeremonien dem Lobgesang des göttlichen Mysteriums. Der burgartig strikt ummauerte Escorial ist ein Spiegel des Himmlischen Jerusalem, zugleich Klosterstadt und Königspalast. Diese strenge religiöse Symbolik der Palast-Würde lockert sich im Versailler Prunkschloss. Dort feiert sich vor allem der französische König mitsamt seinem gewaltigen Hofadel – zeitweilig leben in den diversen Gebäudeteilen von Versailles rund 20 000 Personen. Die riesige, im Prinzip aber u-förmige Dreiflügelanlage öffnet sich vorn zum Empfangshof und rückseitig zur Landschaft hin, um zu demonstrieren, dass der Sonnenkönig auch den Außenraum, die Natur, beherrscht – die Renaissance wollte noch eher an der Natur Maß nehmen.

Ludwig XIV. verstand die königlich-göttliche *repräsentatio maiestatis* sehr konkret im Sinne des Wahlspruchs »Der Staat bin ich« – der ihm fälschlich zugeschrieben wird, in der Bedeutung jedoch zutreffend ist. Das hieß auch: Er konnte keinen mächtigen und eigenmächtigen Finanzminister wie Nicolas Fouquet lange neben sich dulden. Die Eifersucht auf diesen Mann beruht auf einer für den Absolutismus typischen Würde-Konkurrenz: Fouquet hatte sich 1656 bis 1660, also 22 Jahre vor Ludwigs Einzug in Versailles, unter der Planungshoheit des Architekten Louis Le Vau das Schloss Vaux-Le-Vicomte erbauen lassen, »eine wahrhaft fürstliche Anlage, die zum Vorbild für die Herrschaftsarchitektur des Barock wurde«, wie Rolf Hellmut Foerster schreibt (in: *Das Barockschloss – Geschichte und Architektur*, 1981). Rund 18 000 Arbeiter schufen dieses Vorbild.

Im Jahr 1661 gibt Fouquet dort ein grandioses Fest für den jungen König – etwa 6 000 Gäste essen von goldenen und silbernen Tellern, ein Stück des Dramatikers Molière (eigentlich: Jean-Baptiste Poquelin, das Stück heißt *Die Plagegeister*) wird uraufgeführt, es gibt Ballett zur Musik von Jean Baptiste Lully sowie einen feuerspeienden Walfisch, nach dessen Auftauchen im Schlosskanal ein unerhörtes Feuerwerk abgebrannt wird. Vierzehn Tage später lässt Ludwig eben diesen Fouquet verhaften – offiziell wegen maßloser Bereicherung an Steuergeldern – und ins ferne Piemont schaffen, wo Fouquet noch 19 Jahre, bis zu seinem Tod, Festungshaft erleiden muss. Fouquets Architekt Le Vau wird dann vom König beauftragt, das Versailler Schloss zu planen. Ludwig fand wohl, nur der Architekt von Vaux-Le-Vicomte könne dieses Schloss an Glanz übertreffen – also sich selbst. Das ist ihm ja auch gelungen.

Majestätische Bauten für die Republik

Friedrich Schiller schreibt: »Der höchste Grad der Würde ist Majestät«. Mit dieser Formulierung aus den Ausführungen des Dichters *Über Anmut und Würde* wird zugleich der religiös-monarchische Hintergrund von *maiestas* (abgeleitet von lateinisch *maius*, »größer«) ästhetisiert und die schon von Kant erörterte Idee ästhetischer »Erhabenheit« – »was über alle Vergleichung groß ist« – politisch-religiös überhaucht.

Nachdem es im Oktober 1990 gelungen war, der in der Präambel des Grundgesetzes fixierten Aufforderung, die »Einheit und Freiheit Deutschlands zu vollenden«, nachzukommen, musste rasch die Frage geklärt werden, welche architektonische Würde-Form die von Bonn nach Berlin verlegte Regierung wählen solle. Der alte, dem sachlichen Bauhaus-Credo verbundene Bonner Plenarsaal, den 1992 der Architekt Günter Behnisch in einen dreigeschossigen, großzügig verglasten Kongresspavillon verwandelt hatte, diente zwar bis 1999 immer wieder als Sitzungshülle des Bundestages. Doch allein die repräsentativen Traditionen, an die der alte und neue privilegierte Parlamentsstandort Berlin erinnert, machten es unmöglich, die legendäre Bonner »Bescheidenheit« in der Nähe der ehemaligen Preußen-Residenz zu wiederholen, als sei nichts passiert in den Jahren der Wende von 1989 auf 1990. Mehr repräsentative Hauptstadt-Symbolik war gefragt. Aber was konnte das sein?

Die durch Schiller immerhin gemilderte Idee der majestätischen Würde war bis ins späte 19. Jahrhundert mit der Form der zentralen Kuppel im Bunde, die sich über große Räume wölbt. Michelangelo schuf mit der von ihm Mitte des 16. Jahrhunderts entworfenen Rippenkuppel über der zentralen Vierung des gewaltigen römischen Petersdomes – er fasst 20 000 Gläubige – für die folgenden Jahrhunderte ein strahlendes Vorbild. Die Kuppel in der Fassadenmitte des Berliner Reichstagsgebäudes von Paul Wallot ist ein später, säkularer Nachhall dieser Würde-Tradition. Doch gerade wegen dieser Kuppel ereiferten sich etliche Anhänger der horizontal gestreckten Bonner »Bescheidenheit« über den angeblichen wilhelminischen Protz des Reichstagsgebäudes. Dieses Gebäude bot sich als Forum neuer Hauptstadtpräsenz auch deshalb an, weil es von den Nationalsozialisten nach dem für sie nützlichen, wenn nicht sogar angezettelten Reichstagsbrand 1933 fast ganz ignoriert worden war. Die Nazis wussten wohl, was nach

1989 viele besorgte Reichstagsskeptiker vergessen hatten: dass dieses Gebäude eher ein Symbol der jungen deutschen Republik als der autoritären Tradition darstellt; was nach 1989 nicht nur wegen seiner ursprünglichen Bestimmung, sondern auch in der Erinnerung an zahlreiche Großversammlungen solidarisch beunruhigter Berliner Bürger – etwa anlässlich der sowjetischen Berlin-Blockade 1948 – anerkannt wurde.

Wilhelminischer Protz – nichts ist unzutreffender als dieses Klischee, das seither gottlob in Vergessenheit geraten ist. Als zum Protz neigender, zuweilen peinlicher Kaiser, der es mit der englischen Kriegsmarine aufnehmen wollte und von einem Kolonialreich träumte, das dem britischen ebenbürtig sein sollte, gilt Kaiser Wilhelm II. Er war extrovertiert, zeigte sich gern in prachtvoller Uniform und bestieg den Thron 1888. Der Architekturwettbewerb, den Paul Wallot gewann, wurde aber schon 1882 durchgeführt – einen ersten hatte es bereits 1872 gegeben. Gebaut wurde dann von 1884 bis 1894. Wilhelm II. hat das Gebäude lediglich eingeweiht, auf dessen Neo-Renaissance-Architektur hat er nie Einfluss genommen. Im Gegenteil: Sie gefiel ihm wenig. Entscheidender Bauherr war Wilhelm I., der sich in jungen Jahren wegen einiger hitzköpfiger Ideen zur Zeit der Revolution 1848 zwar den herabwürdigenden Spottnamen »Kartätschen-Prinz« eingefangen hatte, im Ganzen aber ein relativ liberaler und, was das Auftreten in der Öffentlichkeit betrifft, fast bescheidener Kaiser gewesen ist. Deutscher Kaiser wollte dieser König von Preußen ursprünglich gar nicht werden, auch überließ er das martialische außenpolitische Geschäft weitgehend seinem Kanzler Otto von Bismarck.

Gemessen daran, dass der Reichstag neben dem Budgetrecht insofern keine große Bedeutung hatte, als er gegen den Bundesrat der Länderregierungen nichts ausrichten konnte, war das für seine Versammlungen errichtete Gebäude durchaus nobel. Es knüpfte stilvoll an die Tradition jener

Würde-Architektur an, die den Anspruch auf längerfristige Allgemeingültigkeit ihres Inhalts meist mit Zitaten aus der griechisch-römischen Baugeschichte veranschaulichte – Tempel und Basilika. Einschüchternd monumental war dieses Gebäude durchaus nicht, auch wenn in den 1990er-Jahren nach der Wiedervereinigung dies oft unterstellt wurde.

Die hohe, formal ein wenig demselben Gebäudeteil des Florentiner Domes nachempfundene Stahl- und Glas-Kuppel des Reichstagsgebäudes, gekrönt von einem zierlichen, fast verspielt wirkenden Dachreiter, erhob sich optisch genau in der Mitte einer durch viele große Fenster geöffneten und gegliederten Fassade, deren markanteste Motive aus der Vorderansicht zwei Ecktürme auf quadratischen Grundrissen sowie ein Empfangsportikus mit dem obligaten dreieckigen Tempelgiebel waren. Die recht technisch wirkende Kuppel erinnerte eher an Joseph Paxtons berühmten Londoner Kristallpalast aus dem 19. Jahrhundert, einen Vorboten der stählernen Moderne, als an wuchtige Stein-Renaissance. Diese Kuppel überstand den Zweiten Weltkrieg nur als Skelett und wurde nach 1945 abgetragen.

Sollte man sie nun, als der Reichstag endgültig zum Sitz des Deutschen Bundestages gewählt war (1999), rekonstruieren? Selbst der britische Architekt Norman Foster, der den Umbau-Wettbewerb für das ehrwürdige Gebäude gewann, war dagegen, war überhaupt gegen irgendeine Kuppel. Doch die Würde-Fraktion unter den Politikern und Baufachleuten hat sich dann durchgesetzt. Foster entwarf also wieder eine Kuppel, auch sie wieder aus Stahl und Glas, aber sie ragt nicht mehr steil auf und hat auch nicht so einen breiten Sockel wie die ursprüngliche Kuppel, sie duckt sich ein wenig, zeigt eine eher schüchterne, flache, rundliche Wölbung ohne Krone. Diese Wölbung wirkt nicht auftrumpfend, aber auch nicht zu kleinmütig – sie demonstriert auf gelungene Weise das richtige Maß zwischen einem berechtigten Stolz der wiedervereinigten

Nation und jener seit 1945 naheliegenden und meist auch geübten Bescheidenheit, die die moralisch gebotene Reaktion auf die Verbrechen der Hitlerzeit noch lange bleiben wird.

Jahrhundertelang sind Baustile die sichtbarste Signatur für die Grundhaltung einer bestimmten Epoche gewesen. Die unglaublich schöne, spannungsvoll ausgeglichene, an den Proportionen des menschlichen Körpers orientierte Architektur der griechisch-römischen Antike, deren Wiedergeburt in der Renaissance nur zum Teil gelungen ist, konnte mit einigen prägnanten Motiven selbst so unterschiedliche und offensichtlich andersartige Bauformen wie Romanik, Gotik oder Barock unterwandern. Vor allem das typische Repertoire der Symmetrie, der diversen Säulenformen, der Portikus mit Dreiecksgiebel, die Betonung von Sockel und Gesims, Fensterbekrönung und auf Abstand erpichtem, frontalem Treppenaufgang galt fast 2 000 Jahre lang als triftiges Vorbild für repräsentative Bauten, in denen würdige Institutionen untergebracht waren – von den Kirchen über die Herrscherpaläste bis hin zu den Gerichtsgebäuden, Rathäusern, Nationalbanken und Parlamentsgebäuden des späten 19. und frühen 20. Jahrhunderts.

Die Nationalsozialisten hatten die klassizistische Variante dieser Tradition in dem lächerlichen Bemühen, »heldisch« für die Ewigkeit zu bauen, für die meisten deutschen Architekten und deren Kritiker desavouiert. So war es fast logisch, dass nach 1945 in Deutschland auch für repräsentative Architektur Formen ausgeschaut wurden, die aufgeklärt anti-monumental erschienen und aus der Gartenstadtbewegung des 19. Jahrhunderts sowie aus der Schule der Bauhaus-Reformer der 1920-Jahre stammten. Das Bauhaus war als Ausdruck der Weimarer Demokratie besonders angesehen – auch weil die Nationalsozialisten dieses famose Labor der sachlichen Moderne geschlossen hatten. Diese Moderne favorisierte die frei gruppierte Anlage ohne Mittelachse, das dynamische Gleichgewicht annähernd gleichberechtigter Baukörper im offenen

Raum. Nach dem Musterbeispiel des Gebäudeensembles des Bauhauses in Dessau wurde das legere, aufgelockerte, asymmetrische Nebeneinander heller, simpler Kuben im Sonnenlicht zu einem städtebaulichen Ideal erhoben, das noch den deutschen Wiederaufbau nach 1945 wesentlich prägen konnte. Das Ergebnis: Unmengen gleichförmiger, stereotyp wirkender Siedlungskisten, die nur ein Bedürfnis befriedigten: möglichst rasch möglichst viel neuen Wohnraum für die vielen Ausgebombten und nicht zuletzt für die über zwölf Millionen Flüchtlinge und Vertriebenen zu schaffen, die nach dem Ende des Krieges in das verkleinerte Deutschland drängten.

Als Reservoir eines für die frisch vereinigte Republik repräsentativen Architektur-Gewands war das Bauhaus-Erbe zu begrenzt, obwohl das alte Bonner Bundeshaus, eine von dem Architekten Hans Schwippert formal überarbeitete Pädagogische Akademie der Vorkriegszeit, Erstaunliches aus diesem Reservoir geschöpft hat – ein langgestreckter, dreieinhalbgeschossiger, weißer Flachdachriegel mit markanten Fensterbändern als einzigem Fassadenprofil, hell, freundlich, unverfänglich, sympathisch und ein fast ideales Muster für die legendäre Würde der Zurückhaltung. Aber hatte nicht selbst ein Bauhausmeister, Ludwig Mies van der Rohe (1886 bis 1969), mit Bezug auf die mit mächtigen Pilastern gespickte deutsche Botschaft in St. Petersburg (1911/12) des Architekten Peter Behrens, an der Mies mitgearbeitet hat, gestanden: »Unter Behrens habe ich die große Form gelernt«? Mies träumte bei seiner Rede über die »klaren großen Lösungen«, die er als Antworten auf die titanischen Kräfte des technischen Zeitalters begriff, von gläsernen, kristallinisch funkelnden Hochhäusern; den einen und anderen Abglanz davon durfte er im amerikanischen Exil, in Chicago, realisieren. Aber sollte der neue Geist der deutschen Republik sich in Hochhäusern spiegeln, die zu den typischen Reklamezeichen ehrgeiziger Banken oder anderer Firmensitze zählen?

Goethes Geburtshaus

So spitzte sich die legendäre Frage des badischen Baumeisters Heinrich Hübsch (1795 bis 1863), »in welchem Style« denn gebaut werden solle, auf die simple Alternative zu: mehr Bauhaus oder doch wieder mehr Historismus? Besonders exemplarisch für diesen Streit der Nachkriegszeit, der auch das schwierige Verhältnis der Deutschen zu ihrer gebauten und größtenteils zerstörten, aber in wichtigen Teilen durchaus rekonstruierbaren Geschichte betrifft, ist der Disput um den Wiederaufbau von Goethes Geburtshaus – ein Würde-Thema der feinsten Art. Dieser Disput trifft mitten in das Herz der Kulturnation Deutschland, in jenes Herz, wo der extreme Würde-Begriff »Weltliteratur« geprägt wurde: durch den Dichter Johann Wolfgang von Goethe (1749 bis 1832). Kein provinzielles Thema also. Es zeigt unter anderem, wie entscheidend in Deutschland Diskussionen über den scheinbar harmlosen Wiederaufbau zerstörter Denkmale moralisch geprägt waren und es teilweise noch immer sind.

Der Zank über die Rekonstruktion von Goethes Geburtshaus im Großen Hirschgraben entbrannte 1947. Der Mitte des 18. Jahrhunderts von Johann von Uffenbach – als Umgestaltung zweier älterer Häuser – errichtete, dreistöckige Fachwerkbau über einem Erdgeschoss aus Mainsandstein brannte 1943 und 1944, ehe die Straßenfront durch die Wirkung einer Sprengbombe im Herbst 1944 schließlich einstürzte. Aus dem Haus, das schon im 19. Jahrhundert als Goethe-Museum diente, war vorsorglich alles historisch wertvolle Inventar gerettet worden, im Bauschutt fand man dann noch Fenstergitter, Treppengeländer und Originalbeschläge. Der Literaturwissenschaftler Ernst Beutler, der das Museum betreute, mobilisierte 1947 – zwei Jahre vor Goethes 200. Geburtstag – die geistige Elite Deutschlands und bat sie, seinen Aufruf zum Wiederaufbau dieses Gebäudes zu unterstützen.

Der Schriftsteller Hermann Hesse, der gerade ein Jahr zuvor den Literaturnobelpreis bekommen hatte, schrieb: »Soll man rekonstruieren? Ich muss die Frage rückhaltlos bejahen«. Der Dichter Hans Carossa, der Romanist Ernst Robert Curtius, der Physiker Max Planck, der Philosoph Karl Jaspers – sie und andere Prominente waren derselben Meinung wie Hesse. Aber der tendenziell linke Deutsche Werkbund organisierte eine eigene Umfrage unter Architekten, Kunsthistorikern und Journalisten, die sich der Moderne verpflichtet glaubten: durch die Bank Ablehnung.

Die Fronten verliefen ähnlich wie beim Streit um den Wiederaufbau des Berliner Stadtschlosses nach 1990. Wenn der Kunsthistoriker Richard Hamann meinte, »bei Dingen, die Reliquienwert haben«, könne »niemals ein Faksimile das Original ersetzen«, so ist das ein diskutabler Standpunkt, der unter sehr konsequenten Denkmalpflegern bis heute oft vertreten wird – nach der Devise des Denkmalschutz-Veteranen Georg Dehio: »konservieren, nicht restaurieren«. An ideologische Verblendung grenzte aber die Verwerfung des Wiederaufbaus durch den damals prominenten Publizisten Walter Dirks in den *Frankfurter Heften*. Er argumentierte: »Wäre das Volk der Dichter und Denker (und mit ihm Europa) nicht vom Geiste Goethes abgefallen, vom Geist des Maßes und der Menschlichkeit, so hätte es diesen Krieg nicht unternommen und die Zerstörung des Hauses nicht provoziert. Die große Vernichtung steht folgerichtig am Ende eines Weges, der von Goethe weggeführt hat. Mit anderen Worten: es hat seine bittere Logik, dass das Goethehaus in Trümmer sank. Es hat seine Richtigkeit mit diesem Untergang. Deshalb soll man ihn anerkennen.« Die Würde des Flagellanten. Er peitscht sich selbst aus, um Buße zu tun für seine Sünden.

Hesse hielt mit dem Hinweis auf die »Seelenwelt« nachkommender Generationen dagegen: Sie würde, meinte er, ohne Not »eines unersetzlichen Erziehungs- und Stärkungsmittels«, einer edlen »Substanz« beraubt, wenn man das Haus nicht wieder errichtete. Hesse hatte natürlich Recht. Das Goethehaus, von dem das Sockelgeschoss, Teile der Außenmauern, vor allem aber das Inventar authentisch erhalten waren, durfte nicht aus moralischen Gründen geopfert werden. Die moralische Selbstbezichtigung, die den Verzicht auf Goethe rechtfertigen sollte, entsprach zwar einem für diesen geschichtlichen Augenblick ehrenwerten, gewaltigen Schuld-Schock; was daraus folgte, war aber gegenüber den kulturellen Rechten der Nachwelt untragbar rücksichtslos.

Gottlob hat sich Dirks nicht durchsetzen können. Das Goethehaus wurde bis 1951 wiederhergestellt – mit Hilfe der Denkmalpfleger, die in diesem Fall auch zu der in ihren Kreisen meist verachteten Methode der nicht hundertprozentig authentischen Rekonstruktion bereit waren, unter anderem der Verwendung von unhistorischen Stahlstützen bei der Stabilisierung der Wände. Goethe, der Ausnahmedichter, die populäre Frankfurter Ikone deutscher Klassik, die geistige Würde in Person machte sie wohl so großzügig.

In Köln protestierte nach 1945 der Maler Georg Meistermann gegen eine ähnliche Rekonstruktion. »Wir stehen in der Gefahr intellektueller Fassadenkletterei an Ruinen«, meinte er im Blick auf die bevorstehende Wiederherstellung der völlig ramponierten und ausgebrannten romanischen Kirche St. Gereon – eine der schönsten der Stadt. Man solle, riet er, die »Angst« überwinden, »Trümmer zu Ruinen werden zu lassen«. Es komme doch darauf an, »aus dem Geiste ganz Neues« zustande zu bringen. Als derselbe Meistermann 40 Jahre später die neuen Farbfenster für St. Gereon entwerfen durfte und das Ergebnis als »Krönung« seines Lebenswerks empfand, konnte er froh sein, dass seinerzeit niemand seinem Ratschlag gefolgt war. Wie in Frankfurt hatte auch hier die Würde gegen den kurzlebigen Zeitgeist gewonnen.

Streit um die »Bauhaus«-Würde
nach 1945

Der vor allem als Kirchenbauer und – in seiner Kölner Zeit – als Stadtplaner erfolgreiche Rudolf Schwarz (1897 bis 1961) bricht 1953 eine große Bauhaus-Debatte vom Zaun. Schwarz, ein Meisterschüler von Hans Poelzig, ist zu dieser Zeit auch federführend bei der betont vereinfachten Wiederherstellung der Frankfurter Paulskirche, der historischen Demokratieikone der Deutschen. In der Zeitschrift *Baukunst und Werkform* veröffentlicht er 1953 eine Polemik gegen das Bauhaus und dessen Gründer Walter Gropius, in der es unter anderem heißt: »Es ist ein ergreifender Anblick, wenn ein Baumeister endlich, endlich seinen Glaswürfel bekommt, mag auch der Vorwand dazu ein Fabrikbau sein, und es ist beruhigend und beinahe metaphysisch notwendig, wenn es ihm dabei von oben hereinregnet und das Ganze als Treibhaus fungiert. Dabei ist kein Arg und Falsch, er soll nur nicht behaupten, dass sich dieser Glaswürfel funktionalistisch ausrechnen lasse.« Besonders scharf attackiert Schwarz, dass die jungen »Funktionalisten« den Eindruck erweckten, »mit ihrem Auftreten datiere das Jahr 1 und vorher sei alles wüst und leer gewesen«. Er verteidigt in diesem Zusammenhang den architektonischen Historismus des 19. Jahrhunderts, für den die Dogmatiker des Funktionalismus nur Hohn und Verachtung übrig hatten, eine Nachwirkung jenes Giftpfeils, den der Wiener Architekt Adolf Loos 1908 mit einer polemischen Rede unter dem Titel *Ornament und Verbrechen* abgeschossen hatte. Loos verspottete die historistische Gründerzeitarchitektur an der Wiener Ringstraße als »potemkinsche Stadt«.

Der Schweizer Architekt Le Corbusier hat einmal angemerkt, seit Loos sei eine »homerische Säuberung« durch die Architekturwelt gefegt. Mit dem von Loos inspirierten, puristisch moralisierenden, auch ziemlich humorlosen Verdacht, es gehe doch im Historismus bloß um Kulissen, die irgendetwas Unklares oder Unehrliches vortäuschen wollten, wird bis heute gegen alle Rekonstruktionen historischer Fassaden argumentiert. Ob all diese Puristen jemals in der Oper waren? Auf welcher Seite steht hier die Würde? Rekonstruktionen sind unter dem Aspekt der schöpferischen Autonomie des freien Individuums gewiss weniger würdig als kühne Neuschöpfungen. Doch Deutschland hat durch den Zweiten Weltkrieg und den friedlichen Krieg des rücksichtslosen Wiederaufbaus rund zwei Drittel seiner historischen Bausubstanz eingebüßt. Unter solchen Umständen ist jede sorgfältige Rekonstruktion wertvoller historischer Bauten, die Rettung wenigstens eines Drittels der deutschen Baugeschichte, gewiss auch ein Gebot der Fairness gegenüber den Erinnerungschancen der Nachwachsenden und überhaupt: des würdevollen Verhältnisses einer Gesellschaft zu ihrer Identität. Ein Argument aus dem Geist des antidynamischen, historischen Zeitverständnisses, wie wir es in dem Kapitel »Würde unter Zeit-Druck« skizziert haben.

Bauhaus-Gründer Walter Gropius reiste unmittelbar nach Kriegsende durch die deutschen Lande, um seine Architekturtheorie – das Ideal der klaren, rein funktionalen, lichtdurchfluteten kubischen Körper mit übergroßen Glaspartien – als Leitfaden einer neuen, demokratischen Baukultur für Deutschland anzupreisen. Die zitierte Attacke des katholischen Kirchenbauers Schwarz stieß bei den jüngeren deutschen Architekten überwiegend auf Empörung. Gropius selbst fand, dass die »polemische Abhandlung« des »Herrn Schwarz« sich »in ihrem rüden und überheblichen Ton und in ihrem Mangel an Sachkenntnis in nichts von den Angriffen der Bauhausgegner der Hitlerzeit« unterscheide. Auch dieses Verteidigungsmuster wurde später beim ewigen Streit zwischen Traditionalisten und Modernen wiederholt. Immerhin bleibt festzuhalten: Schwarz war kein Nazi und hielt auch nichts von der Nazi-Architektur.

1953 schrieb Schwarz an Martin Wagner, den in die USA emigrierten Architekten, der 1926 – zusammen mit Bruno Taut – die legendäre Berliner Hufeisensiedlung Britz gebaut hatte: »Hier macht sich eine neue Orthodoxie breit, die aus jüngeren Leuten besteht, denen schon die lebendige Verbindung mit den Zeiten vor Adolf dem Unvergesslichen fehlt. Sie lernen mit Eifer auswendig, was Gropius oder [Siegfried] Giedion seinerzeit dem Papier anvertraut haben, und sind von einer ziemlich entschlossenen Rechtgläubigkeit. Die Deutschen können nun einmal aus ihrer Vergangenheit nicht lernen.«

Zu diesen Rechtgläubigen zählte auch der Hannoversche Stadtbaurat Rudolf Hillebrecht. Der ehemalige Mitarbeiter von Hitlers Staatsbaukünstler Albert Speer (1905 bis 1981) war der Bauhaus-Moderne so zugetan, dass er in einem Solidaritätsschreiben an Gropius dessen Kritiker Schwarz als einen »rheinischen munteren Schwätzer« abtat; Gropius habe hoffentlich dessen »überflüssige Bemerkungen« gar »nicht gelesen«.

Auf der Seite von Gropius stand auch der Frankfurter Architekt und damalige Dombaumeister Hermann Mäckler, der zusammen mit Alois Giefer von 1952 bis 1972 das pilzförmige Empfangsgebäude und andere Teile des Frankfurter Flughafens baute. Mäckler schrieb an Gropius, ihn habe der Aufsatz von Schwarz »aufs äußerste empört«, verteidigte aber, dass er von der Zeitschrift *Baukunst und Werkform* zur Diskussion gestellt wurde, wenn auch nach »monatelangem« (Mäckler) Zögern des Herausgebers. Mäckler war so ein glühender Bauhaus-Fan, dass er bei der Restaurierung des gotischen Frankfurter Doms ernsthaft daran gedacht hat, diesem ein modernes Flachdach aufzusetzen. Natürlich war der Mann auch gegen die Rekonstruktion von Goethes Geburtshaus.

Sein Sohn, der erfolgreiche Frankfurter Architekt Christoph Mäckler, Jahrgang 1951, sagt über den Vater: »Diese Generation wollte nicht mehr zurückschauen. Symmetrie war undenkbar.

Zwei Säulen nebeneinander waren schon Faschismus.« In ihrer Besessenheit, modern, verkehrsgerecht und »ehrlich« zu planen, hätte die Generation seines Vaters vergessen, dass eine lebensfähige Stadt auch »mit Schönheit zu tun hat, und Schönheit mit der Geschichte des Ortes verknüpft ist, an dem man baut«. Schönheit ist eine Schwester der Würde.

Christoph Mäckler erinnert im Gespräch mit dem Autor auch daran, dass selbst die »Charta von Athen« – die Städtebaufibel der funktionalistischen Moderne – mit einem Bekenntnis zur »Behaglichkeit«, vor allem aber zur »Schönheit der Stadt« schließt. Insofern fühlt er sich keineswegs als rückwärts schauender Träumer, wenn er – wie im März 2010 am Institut für Stadtbaukunst der Technischen Universität Dortmund – eine große, mit Experten gespickte »Konferenz zur Schönheit und Lebensfähigkeit der Stadt« organisiert. Die dabei verabschiedeten »Zehn Grundsätze zur Stadtbaukunst heute« enthalten klare Bekenntnisse zu einem »auf dauerhafte Schönheit bedachten Städtebau«, zu »ausdrucksreichen Fassaden«, zur »Pflege« der historischen »Denkmäler« und zu Gebäudeensembles, die Maß nehmen an den bestehenden Grundrissen und »Eigenheiten des Ortes«. Diese Grundsätze verlangen zudem eine weniger politologisch-soziologisch, sondern stärker historisch-ästhetisch orientierte Architektenausbildung und sind eine deutliche Absage an die »verkehrsgerechte Stadt«. Zugleich richten sie sich gegen den formalen Wildwuchs bloßer »Event-Architektur«, die in keinen vorhandenen Kontext passt (wie das spektakulär zerklüftete Guggenheim Museum von Frank O. Gehry in Bilbao). Ein städtebauliches Würde-Konzept par excellence.

Großartige Architektur gilt als besonders würdig, wobei das Großartige so viele Jahrhunderte mit faktischer Größe verbunden war, dass es oft mit ihr verwechselt wurde. Großartige Größe zeigen die ägyptischen Pyramiden, die Gewölbe der römischen Prunkbäder, die gotischen Kathedralen des

Mittelalters, etliche barocke Schlösser, auch noch der Eiffelturm in Paris und vielleicht auch die noch im Bau befindliche Hamburger Elbphilharmonie – die Vision einer femininen, kristallin hüpfenden Haube auf dem Sockelbau eines massiven alten Backsteinspeichers, entworfen von den Schweizer Architekten Herzog & de Meuron.

Das Kanzleramt wagt Größe

Um den Unterschied zwischen Großartigkeit und Größe zu finden, fragen wir erst einmal: Was ist Größe? »Die wirkliche Größe ist ein Mysterium«, urteilt der Basler Historiker Jacob Burckhardt (1818 bis 1897) unmittelbar vor der deutschen Reichsgründung (1871) in einem der später berühmt gewordenen Vorträge, die unter dem Titel *Weltgeschichtliche Betrachtungen* veröffentlicht wurden. Burckhardt weiter: »Das Prädikat [der Größe] wird weit mehr nach einem dunklen Gefühl als nach eigentlichen Urteilen aus Akten erteilt oder versagt.« Deshalb kann auch mit falschen Größe-Suggestionen Politik gemacht werden. Burckhardt gibt den Begriff der Größe deshalb aber nicht auf, er definiert sie als »Einzigartigkeit, Unersetzlichkeit« – nicht etwa als politische Dominanz. Burckhardt: »Einzig und unersetzlich … ist nur der mit abnormer intellektueller oder sittlicher Kraft ausgerüstete Mensch, dessen Tun sich auf ein Allgemeines, das heißt ganze Völker oder ganze Kulturen, ja die ganze Menschheit Betreffendes bezieht.« Burckhardt ergänzt, es gebe »etwas wie Größe« auch bei »ganzen Völkern«; außerdem gebe es eine »momentane Größe«, die einen Einzelnen auszeichne, der »sich und sein Dasein völlig über einem Allgemeinen vergisst. Ein solcher erscheint in einem solchen Moment über das Irdische hinausgerückt und erhaben.«
Größe eines Volkes, und das architektonisch gespiegelt – wer denkt da nicht an den dicklippigen Spätklassizismus der

Nationalsozialisten, die der Ewigkeit imponieren wollten? Aber Burckhardts Gedanken weisen darüber hinaus: Groß ist nicht der, der das Allgemeine usurpiert wie die Nazis, sondern der seinen persönlichen Ehrgeiz dem Wohl der Allgemeinheit unterwirft – ein Signum echter Würde. Es müsste – so wurde auf vielen Fachtagungen nach 1990 hin- und herüberlegt – also doch eine geläuterte Monumentalität demokratischen Bauens auch in Deutschland geben können, die sich mehr zutraut als die sachliche Gelassenheit des scheinbar Improvisierten, wie es die Bonner Partei- und Regierungsbauten repräsentieren – jenes an die Ränder der Bundesstraße 9 gewürfelte Kisten-Einerlei aus Bundestag, Kanzleramt, CDU-Zentrale (ehemals) und diversen Ministerien.

Als Vorbilder einer würdigen deutschen Staatsarchitektur der Gegenwart boten sich – und bieten sich immer noch – einige Museumsbauten an, die seit den 1980er-Jahren in Städten wie Düsseldorf, Frankfurt, Stuttgart, Berlin, München und Leipzig entstanden sind. Sie haben einen kultischen, auratischen Gestus, der Gemeinschaft suggeriert , ohne den Bürger zu bevormunden – etwa die fassadenwuchtige, gleichwohl skandinavisch lichte Düsseldorfer Landesgalerie der dänischen Architekten Dissing-Weitling; das zugleich aufgelockert und streng geometrisch wirkende, weiße Bauhaus-Schloss des Frankfurter Kunsthandwerksmuseums des US-Stars Richard Meier; oder der gläserne, im Inneren erstaunlich kompakt und skulptural durchgestaltete Kubus des Leipziger Museums der Bildenden Künste (2009), entworfen von den Berliner Architekten Hufnagel, Pütz, Rafaelian.

Diese und andere neuere Kulturbauten in Deutschland, auch in kleineren Städten, schaffen es, den Besucher unabhängig vom Inhalt des Gebäudes zum staunenden Innehalten anzuregen; in Cottbus etwa entstand eine kühn geschwungene, elegante Universitätsbibliothek. Sie frappieren durch interessante Wegführung, ungewöhnlich geschnittene Räume,

durch optische, meist von raffinierten Lichteffekten gestützte
Haltepunkte, die an Gebetsstationen einer religiösen Prozession erinnern. Wer durch diese Museen geht, verlangsamt den
Schritt, fast ohne es zu merken. Diese Animation zur Verlangsamung strahlt von den Kulturhäusern aus in die urbane
Umgebung von Stadträumen, die dies bitter nötig haben.
Denn sie werden zumeist von breiten, brutal wirkenden Stra-
ßenschneisen durchschnitten, entsprechend dem funktionalistischen Konzept der ökonomisch effektiven »schnellen Stadt«.

So passt es gut, dass das neue Berliner Bundeskanzleramt
von einem Architekten entworfen wurde, der die maßvolle
Suggestion einer Größe ohne Protz zuvor an einem exzel-
lenten Kulturbau erproben durfte, kurioserweise in Bonn.
Gemeint ist das dortige, 1992 eröffnete Städtische Kunst-
museum der Architektengemeinschaft Bangert, Jansen, Scholz
und Schultes. Aus diesem Team ist Axel Schultes, Jahrgang
1943, ausgeschert und hat zusammen mit Charlotte Frank das
2001 bezogene Kanzleramt in Berlin geplant – ein Gebäude,
das dem Betrachter, der sich dem Haupteingang nähert, fast
wie ein dreiflügeliges Schloss erscheint, bei genauerem Hin-
sehen aber sich als ausgeklügelte Balance aus lichter, horizontal gedehnter Offenheit und selbstbewusster Monumentalität
entpuppt.

Das achtgeschossige Hauptgebäude, an das sich im Norden
und Süden der Anlage halb so hohe, lang gestreckte Verwal-
tungstrakte anlehnen, versucht erfolgreich, die rechtwinklige
Sachlichkeit und Funktionalität der klassischen Moderne mit
einem neuen Mut zur skulptural lebendigen und ornamental
ausdrucksvollen Architektur der Repräsentation zu verbinden. Die helle, offene Hauptfassade mit den freistehenden
Stelengruppen, der Terrasse in der Mitte und dem Dachbal-
dachin, der über allem schwebt wie die Krone eines breiten,
mächtigen Baumes; das imposante Foyer mit der gewellten
Decke über dem festlich breiten Treppengebirge; die amphi-

theatralische »Sky Lobby«, die Säulengalerie neben dem Gartenhof, überhaupt dieses immer neu variierte Widerspiel von Weite und Enge, Betonschwere und schwebendem Schwung – all dies ist eine Augenweide für jeden, der sehen mag. Der Journalist Heinrich Wefing nennt in seinem Buch *Kulisse der Macht* (2001) zu Recht dieses Kanzleramt den »wichtigsten Neubau, den sich Parlament und Regierung in der Hauptstadt geleistet« hätten – für 465 Millionen Mark (rund 230 Millionen Euro).

Wichtig ist dieses Gebäude vor allem, weil ihm – trotz einiger funktionaler Mängel – der architektonische, lange Zeit für unmöglich erklärte Ausgleich zwischen althergebrachter steinerner Fassadendisziplin, also dem preußischen Klassizismus, und einer Modernität gelungen ist, die mit den Materialien Beton, Glas und Stahl für verblüffende Lichtereignisse und großzügige Raumöffnungen sorgt. Der alte Streit zwischen (hierarchischer) Tradition und (demokratischer) Moderne wird in einem einzigen Gebäude ausgetragen und in gewisser Weise auch beigelegt, womit die Überwindung einer alten, quälenden architekturideologischen Frontenbildung exemplarisch gelungen zu sein scheint. Das herausfordernde Ideal einer demokratisch legitimierten Machtdemonstration, die paradoxe Verbindung von lockerer Transparenz und imponierendem Geheimnisschutz ist hier verwirklicht. Das Kanzleramtshaus passt auch ideal in die Tradition jener politischen Architektur, die ihre Grundformen bedeutenden Vorgängerbauten kultischer oder kultureller Bedeutung verdankt. Das Gebäude ist wahrlich ein würdiger Ausdruck für die schwierige Situation, dass die demokratische Bundesrepublik sich ausgerechnet an dem geschichtsträchtigen Schauplatz preußischer Königs- und Kaiserherrschaft, auch jener Nazis, die Berlin zur »Welthauptstadt Germania« aufblähen wollten, bausymbolisch zeigen und behaupten muss.

Die Würde des Lateinischen

Der Schriftsteller Martin Mosebach, Jahrgang 1951, hat in dem provozierenden Buch *Häresie der Formlosigkeit – Die römische Liturgie und ihr Feind* (2007) die Frage aufgeworfen, ob ähnlich wie das Nachkriegsdogma der schüchternen Bauhaus-Kuben, im Bauen der Demokratie, das folgenreichste Nachkriegsdogma der Katholischen Kirche – der Verzicht auf die traditionelle Distanz zwischen Altar und Gemeinde sowie auf das Lateinische als Liturgiesprache – wirklich der historischen und spirituellen Weisheit letzter Schluss sein dürfe. Diese Liturgiereform, die aus der altehrwürdigen, gewiss auch gravitätisch gewordenen Amtskirche eine echte »Volkskirche« mit jedermann verständlichen Gesängen und Gebeten machen sollte, wurde unter Papst Paul VI. (1897 bis 1978) beschlossen und durchgeführt.

Das Lateinische ist seit seiner europäischen Dominanz von der Zeit des weströmischen Reiches über das Mittelalter bis weit in die Neuzeit die abendländische Würde-Sprache schlechthin; die Sprache des Rechts, des Kultes, der Mönche und Gelehrten – noch Kant und Schopenhauer verfassten ihre frühen philosophischen Schriften in lateinischer Sprache. Sie kommt gerade in jüngster Zeit überraschenderweise wieder zu schulischen Ehren – also außerhalb der Kirche. Seit Ende der 90er-Jahre des 20. Jahrhunderts ist die Zahl der deutschen Schüler, die wieder *rex* und *lex* verstehen, um 30 Prozent gestiegen, manche Universitäten müssen die Zahl der Studenten, die Latein studieren, künstlich beschränken. Die lateinischen Zaubersprüche von Harry Potter dürften dafür nicht die Ursache sein. Latein hat eine klare grammatikalische Struktur, etwas Übersichtliches, Verlässliches, Lapidares, Definitorisches – exemplarisch fassbar in der wohl von Augustinus auf den Papst gemünzten Sentenz *roma locuta, causa finita,* Rom hat gesprochen, der Fall ist erledigt. Latein schützt tendenziell auch gegen gedankliche Schnellschüsse und hat generell etwas reizvoll Zeitloses – durch die faszinierende Würde einer bedeutenden, schon zeitlich imposanten Vergangenheit. Durchaus im Schlepptau dieser Würde handelt Papst Benedikt XVI. am 11. Februar 2013, als er für den 28. des Monats seinen vorzeitigen Rücktritt vom römischen Pontifikat ankündigt, den ersten freiwilligen Rücktritt eines Papstes seit dem 13. Dezember 1294 – damals verzichtete Papst Coelestin V. »aus freiem Willen … auf den Thron, die Würde, das Amt und die Ehre des Papstes« (der Rücktritt von Papst Gregor XII. im Jahr 1415 geschah nicht ganz freiwillig – es gab zu der Zeit drei Päpste!). Die Würde des Papstes wird äußerlich unter anderem durch den weißen Habit und die Anrede »Seine Heiligkeit« betont; diese Anrede bleibt Benedikt, der sich in ein vatikanisches Kloster zurückzieht, erhalten. Benedikt verkündet einem Kardinalskollegium seinen Rücktritt im Würde-Idiom Latein: Im Alter von nunmehr 85 Jahren fehle ihm die notwendige »Kraft des Körpers und des Geistes« – *vigor quidam corporis et animae* – für die Lenkung der katholischen Kirche in einer Welt, die sich »so schnell« verändere.

Der französische Dichter Paul Claudel (1868 bis 1955) hat die Pointe gewagt: »Zwei Dinge brauchte Gott, um Mensch zu werden: den Schoß der Jungfrau und die lateinische Sprache.« Mosebach knüpft an dieses Zitat die Überlegung: »In der geschichtlich gewordenen Liturgie lebt der historische Jesus, der aus der zeitgenössischen Theologie beinahe ganz verschwunden ist: der Jesus, der die Hände auflegte, der mit Speichel die Augen des Blinden berührte, über dessen Füße duftendes Öl gegossen wurde, der das Brot brach, den Wein trank, der fastete und im Tempel von Jerusalem betete, und der fern von jeder sokratischen Gelassenheit in Erwartung seines Todes Blut schwitzte.«

Mosebach kritisiert, die »rituelle Unfähigkeit der Gegenwart«, ablesbar auch an der Ablösung von alltäglichem Gebet

und Gottesdienst durch abgehobene theologische Spitzfindig-
keit, habe auch die jahrhundertelang bewährte »Sakralspra-
che« Latein an den Rand religiöser Praxis gedrängt. Das seel-
sorgerische Argument gegen das Lateinische, dass kaum noch
jemand es verstehe, lässt er nicht gelten. Zur Wirksamkeit des
Ritus, der dem Menschen zusätzlich existenzielle Sicherheit
gewähre, gehöre seine relative Gleichförmigkeit über Jahrhunderte, sowie seine numinose Distanz zur Banalität des
täglichen Lebens – beides verkörpere aber ideal die lateinische
Sprache. Dass viele sie nicht auf Anhieb verstünden, spreche
also gerade für sie.

Das für uns die Bedeutung des Gesagten zunächst ver-
nebelnde, obwohl an sich ja ungemein prägnante Latein, das
aber nicht mehr leicht verständlich ist, funktioniert demnach
ähnlich wie die Kleider aus Blättern, die sich Adam und Eva
nach dem Sündenfall umlegen. Diese Kleider kompensieren
den Verlust der ursprünglichen, durch die Nacktheit sym-
bolisierten Identität, indem sie den »Nimbus der Gnade«
(Mosebach) suggerieren. Das bedeutet: Verhüllung, wie sie
auch der berühmte Tempelvorhang von Jerusalem zelebriert
hat, muss nicht immer nur »enthüllt« werden, wie die heute
vorherrschende, vulgäre Deutung der Aufklärung es nahe-
legt. Verhüllung, Fremdheit ist ein wesentliches Element von
Sakralität – religiöser Würde. Gegen den medialen Enthül-
lungs- und Entkleidungsfuror unserer Tage wäre von daher
auch einzuwenden, dass eine ernsthaft respektierte Kultur
der Verhüllung möglicherweise erst die Voraussetzung für
eine Kultur der würdigen »Entbergung« (Martin Heidegger)
des Wahren ist. Nur was einen Rest von Verborgenheit, Dun-
kelheit und Distanz zum kalten digitalen Funkeln des globalen Alltagsgeredes bewahren darf, behält auch im Akt der
(partiellen) Enthüllung noch einen Zauber, einen Hauch von
Unberührbarkeit. Ein rituelles Urgesetz, das auch auf kulturell
anspruchsvolle Erotik anwendbar ist.

Rituelle Magie

Als Wiederholung bestimmter Gesten, Gesänge und Worte nach bestimmten Gesetzen ist der Ritus etwas Unveränderbares, obwohl er natürlich im Lauf der Jahrhunderte immer mal wieder verändert wurde. Der Ritus suggeriert, sagt Mosebach, eine »Wirklichkeit, deren Objektivität über den Willen der Menschen, die den Ritus zelebrieren, erhaben ist«. Riten feiern das Geheimnis des Lebens in einer unverfügbaren Form, die kein einzelner Mensch gemacht hat, sondern dem, der sich rituell verhält, aus einer langen Geschichte wie ein Monument entgegenleuchtet. Im Ritus entfaltet das Leben eine zweckfreie Würde – wie in einem gregorianischen Choral oder einem langen Gedicht.

Im Ritus scheint die Zeit stillzustehen. Der weltliche Alltag von heute bietet viele triviale Riten, etwa die jährlich fällige Urlaubsreise, die Party am Wochenende oder auch die Nachrichtensendungen des Fernsehens: Da sitzen die männlichen oder weiblichen Sprecher verloren an riesigen, asymmetrisch geschwungenen, leeren Konferenztischen, mit diversen Welt- und Staatenkarten im Rücken, und berichten vor eingeblendeten Porträts, vor Bildern staatstragenden Händeschüttelns oder vor Videoschnipseln, die die aktuelle Schneekatastrophe oder das Fußballtor des Tages einfangen, mit unverwüstlichem Ernst und in leidenschaftsloser Aneinanderreihung kurzer, möglichst bildfreier Sätze, was jetzt gerade so besonders wichtig aus der Unmenge der Neuigkeiten zu sein scheint. Der Inhalt dieser Nachrichtensendungen suggeriert ständige Bewegung und unaufhaltsamen Wandel, doch ihre starren Formen vermitteln den Teilnehmern der Fernseh-Gesellschaft den Eindruck, dass sich die Gesellschaft in den nachrichtlich relevanten Bereichen nicht wandelt – zumindest nicht während einer bestimmten Zeit: der Sendezeit. Dass die wichtigen Funk- und Fernseh-Nachrichtensendungen ihre feste Sendezeit haben, etwa jede Stunde oder um 20 Uhr abends, ist wichtig für ihren rituellen Dienst an einem Leben, das nach Strukturen lechzt.

Zu den eindrucksvollsten Riten der katholischen Kirche gehören die Prozessionen an bestimmten Festtagen des – selbst rituell unterteilten – Kirchenjahres. In der Prozession, die nicht im Sauseschritt des technischen Zeitalters absolviert wird, verlangsamt sich das Laufen zum rituell verhaltenen Gehen. Am Ziel der Prozession, dem Altar in einer Kapelle oder Kirche, wird das Hinüberschreiten von der Außenwelt in den heiligen Innenraum zum Inbild der würdigen Grenzübertretung – im Alltag draußen haben Grenzüberschreitungen entweder eine künstlerische oder revolutionäre Bedeutung, oder sie bestehen aus peinlichen Indiskretionen und frechen Übergriffen.

Der deutsch-italienische Religionsphilosoph Romano Guardini (1885 bis 1968) hat 1925 in seinem Buch *Von heiligen Zeichen* die würdige Grenzüberschreitung in dem Kapitel »Die Pforte « beschreibend so interpretiert: Die Pforte einer Kirche, die mehr sei als eine bloße Maueröffnung, vermittle »zwischen dem Draußen und dem Drinnen, zwischen Markt und Heiligtum, zwischen dem, was der Welt gehört, und dem Geweihten Gottes.« Dem, der durch den Rahmen der Pforte gehe, sage sie: »›Nun verlasse ich das Draußen; ich trete ein … Lass draußen, was nicht herein gehört, … mach dich rein, du trittst ins Heiligtum.‹ O, wir sollten nicht eilfertig durch die Pforte laufen! Ganz langsam sollten wir hindurch schreiten und unser Herz auftun, damit es vernehme, was sie spricht. Wir sollten sogar ein wenig innehalten, damit unser Durchgang ein Schreiten der Läuterung und Sammlung sei.«

Der Berliner Architekturtheoretiker Fritz Neumeyer, Jahrgang 1946, zitiert die ein wenig dem Pathos der katholischen Jugendbewegung um 1920 verbundene Pforten-Meditation Guardinis in einem Vortrag, den er bei den Dortmunder Architekturtagen 2008 gehalten hat und der in dem Dokumentenband *Stadtbaukunst: Der Hauseingang* (hrsg. v. Christoph Mäckler, 2009) abgedruckt ist. Neumeyer ergänzt Guardinis poetische Beschreibung des Schwellenerlebnisses durch die Anmerkung, das »Eintauchen« dessen, der den heiligen Innenraum betritt, gelange erst durch die Dehnung der Zeit, »durch eine Verlangsamung der Bewegung, ein Zögern und Innehalten … als ein wahrnehmbares Erlebnis in unser Bewusstsein« und werde »zum ästhetischen Ereignis überhöht«. Voraussetzung dafür sei aber, dass das betreffende Portal in seiner Gestaltung nicht nur nüchtern Zugänglichkeit anbietet, sondern eine Art von Feierlichkeit vermittelt wie der klassische Portikus mit Säulen und Giebeldreieck oder die Andeutung eines halbrunden Triumphbogens.

Zur Kultur der Würde gehört es noch heute, nicht mit der Tür ins Haus zu fallen – auch nicht im ursprünglich architektonischen Sinn dieser Metapher. Die sorgfältig gestaltete Tür gebietet durch ihre mehr oder weniger markante Rahmung Respekt, lädt aber auch zum Eintritt ein. Dem Eintretenden erlaubt ein kleiner Vorraum, dass er Atem holt und kurz nachdenkt, bevor er die Distanz überwindet und in die Intimsphäre des Hauses eindringt. Eingänge zu Geschäften, die ganz aus Glas bestehen und sich automatisch öffnen, wenn der Besucher naht, sind das treffende Symbol einer rigorosen, würdelosen Transparenz. So wird, natürlich in rein kommerzieller Absicht, das jahrhundertealte Pforten-Ritual im gleißenden Kaufhauslicht banalisiert.

Würde der Kreatur

Mitgeschöpfe im Würgegriff
der Agrarindustrie

Würde und Schönheit, Würde als Schönheit – diese Thematik
betrifft auch jenen Bereich, der traditionell die Gegenwelt zu
Kunst und Architektur, Geschichte und Politik repräsentiert:
die Natur. Der legitime Anspruch der Tiere, zumal der uns
nahestehenden Säugetiere, auf ein artgerechtes Leben lässt
sich nicht nur ernährungstheoretisch, allgemein-ökologisch
oder naturromantisch begründen, er folgt eigentlich schon
aus der biblischen Schöpfungsgeschichte: »Und Gott sprach:
Lasset uns Menschen machen, ein Bild, das uns gleich sei, die
da herrschen über die Fische im Meer und über die Vögel
unter dem Himmel und über das Vieh und über alle Tiere
des Feldes und über alles Gewürm, das auf Erden kriecht«
(1. Buch Mose 1,1). Und als Gott ansah, was er gemacht hatte,
stand fest: »Es war sehr gut«. Das Gutsein der Tiere wird in
einem Atemzug mit jenem der Menschen biblisch geadelt.
Der Mensch – »ein Bild, das uns gleich sei« – soll über die
Tiere »herrschen« wie Gott über die Menschen und die ganze
Schöpfung. Das heißt: konsequent, mit Verstand, so dienstbar zur Ernährung wie die Pflanzen die Tiere ernähren, aber
nicht brutal.

Gott ist barmherzig zur Kreatur, das muss auch der Gott
nacheifernde Mensch beherzigen: »Der Gerechte erbarmt sich
seines Viehs; aber das Herz des Gottlosen ist unbarmherzig«

(Sprüche 12,10). Das Buch Exodus (20,10) bezieht das »Vieh« ausdrücklich ein in die Sabbatruhe. Im 1. Buch Mose (9,16) spricht Gott mit Noah über den »ewigen Bund« zwischen ihm, Gott, und der ganzen Erde. Dieser Bund schließt auch die Tiere ein: »Darum soll mein Bogen [das Zeichen des Bundes] in den Wolken sein, dass ich ihn ansehe und gedenke an den ewigen Bund zwischen Gott und allem lebendigen Getier unter allem Fleisch, das auf Erden ist«. Diese Hochschätzung des Tieres ist im Altertum nicht auf die jüdische Kultur beschränkt. Der mesopotamische Codex Hammurapi, die älteste überlieferte Gesetzessammlung der Welt, bestraft jeden, der sein Vieh zu schwer arbeiten lässt. Für die Brahmanen Alt-Indiens haben Mensch und Tier Teil an der einen »Weltseele«. Der Evangelist Markus lässt Jesus zu seinen Jüngern sagen: »Gehet hin in alle Welt und predigt das Evangelium aller Kreatur« – also auch den beseelten Tieren.

In biblischer Perspektive wird die menschliche Würde durch die geschöpfliche Würde, die der Mensch zu beherrschen, vor allem aber zu behüten hat, erweitert, ja unendlich bereichert. Die Herde adelt den Hirten. Doch nur, sofern er auch wirklich den Gestus göttlicher Fürsorge für alles Geschaffene abbildlich nachvollzieht. Daraus folgt: Die Missachtung der animalischen Geschöpfe mindert die Würde des Menschen. Die Tiere schützen zu dürfen, ist mehr als eine humane Pflicht: Es ist ein Menschenrecht.

Seit 1992 ist die »Würde der Kreatur« durch die schweizerische Bundesverfassung geschützt. Das deutsche Tierschutzgesetz kennt seit 1990 »die Verantwortung des Menschen für das Tier als Mitgeschöpf«. Seit 1996 verzichtet das Bürgerliche Gesetzbuch auf die Einordnung der Tiere unter »Sachen«. Seit 2002 ist Tierschutz auch ein vom Grundgesetz (Paragraf 20a) sanktioniertes »Staatsziel«. Die Hühnerhaltung in winzigen Einzelkäfigen ist in der Europäischen Union verboten, wenn auch mit langen Übergangsfristen für Nachzügler unter den

Züchtern; bald soll auch die betäubungsfreie Kastration von Schweinen untersagt sein. Doch im Januar 2013 gehört auch dies noch zur Realität: Im niedersächsischen Wietze wütet unbehelligt der größte Geflügelschlachthof Europas, in dem täglich 432 000 Hühner mit Kohlendioxid vergast, aufgeschlitzt, gebrüht, gerupft, zerlegt und zur Weiterverwendung verpackt werden. Das sind 27 000 Hühner in der Stunde. Die Geflügeltransporter sind grün oder weiß, also freundlich, lackiert und für den Laien als solche kaum zu erkennen.

Dies ist ein Musterbeispiel für die moderne Industrialisierung der Landwirtschaft, die der ökonomisch verwertbaren Masse Huhn allemal den Vorrang vor einem halbwegs artgerechten Umgang mit diesen Tieren gibt. Die Masse senkt den Preis für das einzelne Geflügelprodukt an der Ladentheke. Der Verbraucher, der hier allein mit dem Blick auf Preise einkauft, ist mitverantwortlich für das Massenelend der Hühner und Hähnchen. Nicht nur hier stößt das Ideal der kreatürlichen Würde an die Mauer ökonomischer Effektivität. Demnach müssen selbst »Bio«-Lebensmittel konsequenter überwacht werden als bisher. Ende Februar 2013 wird enthüllt, dass in Niedersachsen mindestens 150 Erzeuger von »Bio«-Eiern sowie Eiern aus »Bodenhaltung« mit überfüllten Hühnerställen und kaum artgerechter Ernährung der gestressten Tiere ihre Kunden getäuscht haben. Erst wenn nachweislich schärfer kontrolliert wird und die meist von überschaubaren regionalen Netzwerken getragene, von international agierenden Agrarkonzernen unabhängige Erzeugung dieser Lebensmittel noch beliebter wird, darf man hier auf Besserung hoffen.

Im März 2013 wird bekannt, dass die EU-Kommission beschlossen hat, ab Dezember 2013 drei sehr wahrscheinlich für Bienen schädliche Pflanzenschutzmittel – sogenannte Neonikotinoide – zunächst für zwei Jahre zu verbieten. Großanbauer von Mais, Sonnenblumen, Raps und Baumwolle verwenden gern durch diese Chemikalien vorbehandelte Samen, weil sie resistent gegen schädliche Insekten sind und so eine gute Ernte sichern helfen. Aber diese »Saatgutbeizung« schädigt auch das Nervensystem der Bienen und ist wohl, neben Milbenbefall, die Hauptursache für das Sterben ganzer Bienenvölker, das weltweit seit einigen Jahren beobachtet wird und immer dramatischere Ausmaße annimmt. Dieselbe Landwirtschaft, die die Bienen zur Bestäubung ihrer Feldfrüchte braucht, scheint für den agrarchemischen Massentod dieser Tiere verantwortlich zu sein.

Klassischer Konflikt: Agrarverbände, die die Interessen der Großbauern und Pflanzenzüchter vertreten, sowie Konzerne der Agrarchemie warnen vor Missernte und Arbeitsplatzverlust, falls die EU-Kommission sich durchsetzt – letzteres aber erhoffen die Öko- und Kleinbauern, vor allem aber die Bienenfreunde und die Imker zu Recht. Der Deutsche Imkerbund sieht in dem neuen Gesetz, so es in Kraft tritt, sogar einen »Meilenstein für den Bienenschutz«. Nun ist es wenig sinnvoll, die Interessen der Großbauern, Pflanzenzüchter und Produzenten von Pflanzenschutzmitteln zu ignorieren und deren Vertreter zu verteufeln. Andererseits ist klar: Die Bienen dürfen nicht aussterben. Hier hilft am Ende leider keine Bienen-Romantik, sondern nur eine verbesserte Technik des Saatgutschutzes auf der Basis einer weniger aggressiven Chemie. Die in Deutschland seit der frühen Industrialisierung verbreitete emotionale Ablehnung moderner Technik ist gut für die gerade in Umweltfragen leicht erregbare Bürgerwut, aber doch kein guter Ratgeber, wenn Agrarökonomie und Agrarökologie ihr Verhältnis zueinander verbessern sollen.

Gerade wenn der Verbraucher die Erzeugnisse von schwer kontrollierbaren Agrar- oder Lebensmittelkonzernen, die sich die Bestandteile ihrer Produkte aus irgendwelchen entfernten Labors und vom jeweils billigsten Anbieter irgendeiner Weltgegend liefern lassen, nach Möglichkeit ablehnen will, muss er im kleineren Maßstab auf modernste Technik der zugleich effektiven und möglichst schonenden Bodenbearbeitung, Ernte und Lebensmittelproduktion vertrauen, denn ohne diese Technik geht es nun mal nicht. Mit althergebrachter Handarbeit im Öko-Stil kann der Bioladen im Bauernhaus-Museum bestückt werden – für die Supermärkte, in denen das Gros der Menschen einkauft, erzeugt diese Handarbeit zu wenig, und ihre Produkte sind zu teuer. Angesichts der heute zu ernährenden Massen von Menschen ist eine gewisse Industrialisierung der Lebensmittelproduktion unvermeidlich, es käme darauf an, sie nach Möglichkeit auf ökologisches Maßhalten und auf die Gesundheit der Ernährten zu verpflichten, ohne dass die Preise davongaloppieren. Die Würde des ökologisch sensiblen Lebensmittelkäufers, der nicht betrogen werden und das, was er isst, freudig genießen möchte, hat ihren Marktpreis. Sie auch für die große Masse der Konsumenten und daher preiswerter zu wahren, kann nur durch bessere Technik und verstärkte Kontrolle gelingen, es bleibt aber eine Gratwanderung.

Ob »Bio«-Lebensmittel stets gesünder sind als Produkte der industriellen Nahrungsmittelerzeugung, ist umstritten. Selbst wenn »Bio«-Lebensmittel nicht oder kaum gesünder wären als Lebensmittel aus der konventionellen Massentierhaltung, gäbe es aber ein gewichtiges Argument für »Bio«: die Würde im Umgang vor allem mit jenen Tieren, die wir essen. Mehr Platz, artgerechte Unterbringung mit Raum für Bewegung, bessere Luft und qualitativ angemessenes Futter für Hühner, Puten, Rinder und Schweine – das wäre das Mindeste. Die Tiere sollen es so gut wie möglich haben, bevor wir sie schlachten, eigentlich ist das ein Grundsatz simpler Fairness-Ethik. In der griechisch-römischen Antike, im archaischen Judentum, aber auch im historischen Islam und bei den Hindus alter Zeit wurden die Tiere in der Regel im Rahmen eines Opfermahls verzehrt – erst »schenkte« man das Fleisch den Göttern oder einem Gott, danach wurden die essbaren

Teile gebraten und feierlich verspeist. Solche Opferfeiern fanden vor der Christianisierung auch bei den verschiedenen Stämmen der Germanen und Wikinger Nordeuropas statt. Sie wurden durch reichlichen Konsum von Met angereichert. Als Gottesgeschöpfe waren die Tiere heilig oder wenigstens verehrungswürdig, darum durften sie auch nur im rituellen Zusammenhang, sozusagen im Gottes-Dienst, getötet und gegessen werden – auch deshalb, weil dieses Fleisch zum Kostbarsten gehörte, das man dem Gott opfern konnte, um ihn gnädig zu stimmen.

Nicht wenige muslimische Geflügelhändler legen den Kopf des lebenden Huhnes in Richtung Mekka und sprechen ein Gebet, bevor sie ihm den Hals durchschneiden. Jesus, das »Lamm Gottes«, ersetzt die archaischen Tieropfer, indem er sich selbst opfert und die Gläubigen dann rituell sein Fleisch und Blut in sich aufnehmen lässt – religionsgeschichtlich ist das eine suizidäre, anmaßende, tollkühne Gotteslästerung, allerdings nur, wenn man dieses wirklich starke Motiv der Selbsthingabe von der großen Tradition des Messias-Glaubens isoliert, in der es gerade nicht als Anmaßung eines jüdischen Reformators, sondern als Vor-Bild christlicher Demut bis ans Ende aller Tage erscheint.

Als Mitte Februar 2013 herauskommt, dass jede Menge tiefgekühlte Lasagne in England, Frankreich und Deutschland anstelle des deklarierten Rindfleischhacks auch solches von Pferden enthält, gilt dies als Lebensmittel-»Skandal«. Das Pferdefleisch im Hack ist ärgerlich, weil die Verpackung reines Rindfleisch versprach – doch in Wirklichkeit ist Pferdefleisch gesünder, weniger fett und reicher an Eisen als Rindfleisch. Die pharmazeutischen Relikte von Schmerzbehandlungen im Pferdefleisch dürften auch kaum gesundheitsschädlicher sein als die Relikte von Antibiotika im Rindfleisch.

Dass wir ungern Pferdefleisch essen, hat kulturelle Gründe. Schon die alten Germanen hielten sich in heiligen Hainen

»weißglänzende« Rösser, wie der Römer Tacitus berichtet, aus deren Schnauben und Wiehern die Schamanen auf die Zukunft schlossen. Das berühmteste Herrscherporträt der Spätantike, eine lebensgroße Bronzeskulptur, zeigt den römischen Kaiser Marc Aurel hoch zu Ross. Die Porträtmaler, die Jahrhunderte später Friedrich den Großen und Napoleon als stolze Reiter verewigen, können diesem Motiv nicht viel mehr hinzufügen als die – beim Marc-Aurel-Denkmal noch fehlenden – Sporen und die auffällige, an alte Mythen von überirdischer Reinheit erinnernde Farbe des Tieres. Sie zeigen uns erhabene Schimmelreiter – Karl V. auf Gemälden von Tizian und Anton van Dyck, Napoleon auf einem 1800 entstandenen Gemälde von Jacques-Louis David, Friedrich der Große unter anderem auf einer um 1865 gemalten Schlachtenimpression von Johann Emil Hünten. Das stolze Pferd des Herrschers symbolisiert nicht nur dessen Kraft, ein ganzes Volk zu lenken. Es versinnlicht auch die *magnanimitas*, die Großmut und Großherzigkeit des Königs, das Über-Ich des königlichen Helden. Ähnlich mythisch wie im alten Europa das noble Reitpferd ist die Bedeutung des Rindes in Indien. Das Fleisch einer heiligen Kuh zu verzehren wird im hinduistischen Kulturkreis mehrheitlich so vehement abgelehnt wie in Deutschland der Genuss von Pferdefleisch.

Der Schweizer Theologe Karl Barth (1886 bis 1968), ein Protestant, sieht zwar im Tier das »geringere Wesen«, aber darum noch längst nicht im Menschen den »absoluten Herrn«. Der Mensch sei gegenüber dem Tier »Gottes geschöpflicher Zeuge und Stellvertreter« (so Barth in seiner *Kirchlichen Dogmatik*, 1932 ff.). Die Ausweitung der christlichen Theologie auf die animalische Kreatur, die in diesen Tagen als Novität gefordert und da, wo man sie versucht, gefeiert wird, hat schon längst stattgefunden. Großartig für jeden Liebhaber der Tierwelt ist Barths Kernsatz, die »Ehre« der Tiere sei »die Verborgenheit ihres Seins mit Gott nicht weniger, als unsere

Würdige Tiere und Herrscher:
Friedrich der Große als Feldherr auf einem Schimmel,
gemalt von Johann Emil Hünten (um 1865).

Ehre dessen Offenbarsein ist.« Der »äußere Kreis der anderen Geschöpfe« sei nicht zwangsläufig »um des Menschen willen da« – es könne sich auch »umgekehrt« verhalten; wir wüssten eben nicht sicher, ob nicht die »anderen Geschöpfe« und die Menschen »je ihre eigene Selbständigkeit und Würde, je ihre besondere Art des Seins mit Gott« hätten.

Die Vertrautheit mit Gottes Gnade, die den Menschen durch Jesus vermittelt wird, ist uns Menschen in Bezug auf die Tiere ein Geheimnis – das den Menschen von der Bibel anvertraut wurde. Mit der uns Menschen anvertrauten Obhut über die Tierwelt kann nicht allein die Verrechnung von Tieren in Fleischmengen gemeint sein, die so preiswert wie möglich zu erzeugen sind, um sie so teuer wie möglich zum Verkauf anbieten zu können. Gewiss wären ohne die Tiervermarktung etliche Tierarten schon ausgestorben. Wer Fleisch isst, sorgt auch für das Leben von Millionen von Rindern, Schweinen und Schafen. Doch ein elementares Gefühl für das natürliche Eigenleben der Tiere darf über dieser kalten Reflexion nicht verloren gehen. Bevor der Mensch sie – wie seit Jahrtausenden unumgänglich – verzehrt, sollten die Tiere ein einigermaßen artgerechtes Leben haben, so kostenträchtig und so kurz es auch sein mag.

Wer diesen Gedankengang für bloß sentimental hält, hat von der Würde der Kreatur wenig begriffen. Sie hängt auch nicht unbedingt vom theologischen Gedanken der Geschöpflichkeit ab. Alle Kreaturen dieser Erde sind zunächst einmal schützenswert, weil ihre Mannigfaltigkeit wesentlich zur Schönheit der Welt gehört. Diese Mannigfaltigkeit bietet dem Menschen ein unermesslich reiches Erlebnispotential und stellt ohnedies auch für sich selbst eine erhaltenswerte Lebensfülle und kreatürliche Schönheit ohnegleichen dar. Wer all das aus Profitgier rabiat reduziert, versündigt sich letztlich am Menschen.

Natürliche Erhabenheit

Die Natur vereint aus eigenen Kräften und für sich selbst sinnliche Anmut mit einer ans Übersinnliche grenzenden Großartigkeit, die den Betrachter sprachlos machen kann. Der Liebreiz einer idyllischen Kulturlandschaft wie jener rund um den bayerischen Chiemsee erfreut oder entzückt oder tröstet uns; die wuchtige Monumentalität der jäh in den Talgrund stürzenden und 450 Kilometer langen Felsenschlucht des »Grand Canyon« in Arizona, während Jahrmillionen durch den Colorado River ins rötliche Gestein geschwemmt, lässt uns eher erschauern und demütig werden. Ähnlich ambivalent reagieren wir auf bestimmte Tiere. Das Rotkehlchen im Vorgarten bezaubert uns. Der indische Königstiger im Zoo hingegen, der uns mit seinen Raubtieraugen fixiert, stürzt uns unvermittelt in ängstliches Staunen über so viel geballte, geheimnisvoll lauernde, geschmeidig bewegte animalische Kraft. Was der Anblick einer solchen Großkatze im Betrachter auslösen kann, hat Rainer Maria Rilke in dem berühmten, 1903 entstandenen Gedicht »Der Panther« unübertrefflich eingefangen: Es benennt die Bewegungen des im Käfig unermüdlich hin- und herlaufenden Panthers als »Tanz von Kraft um eine Mitte,/in der betäubt ein großer Wille steht«. Würdiger wurde selten ein Wildtier gefeiert. Ungewöhnliche Landschaften oder Wildtiere, zweckfrei und in Ruhe betrachtet, bieten dem Menschen Schönheitserfahrungen, die seine Phantasie zuweilen nicht nur mit harmonischen Bildern bereichern, sondern ihr auch so etwas wie die Schönheit des Schrecklichen, des unharmonisch Jähen und kraftvoll Gefährlichen zumuten. Im zweiten Fall geht das bloß Schöne und Angenehme in eine Erhabenheit über, die aufwühlen und nachdenklich machen kann.

Die seriell eingepferchte Nutztierwelt, meist auch die Tiere im Zoo, ferner die landschaftsgärtnerisch gepflegte Stadtpark-Natur lassen solche Vorstellungen gar nicht erst

188

aufkeimen. Die freie, noch nicht intensiv genutzte Natur – die großen Wälder, Flusslandschaften, Seen, Wüsten und Gebirgsmassive – und ihre Geschichte erzwingen aber das Staunen vor ihren unermesslichen quantitativen und qualitativen Dimensionen, ein Staunen, das in der kleinmütigen Verrechnungslogik industrieller Eiweißerzeugung und Energieausbeute untergegangen ist.

Was dieser Verrechnungslogik entgeht, macht ein kurzer Blick in jenen Teil von Kants *Kritik der Urteilskraft* (1790) deutlich, der zugunsten der oft zitierten Analytik des Schönen in der Regel vernachlässigt wird: die »Analytik des Erhabenen«. Hier reflektiert der Philosoph nicht nur über erhabene »Affekte« oder das mathematisch Erhabene der Unendlichkeit, sondern auch über das »Dynamisch-Erhabene der Natur«. Es geht ihm dabei um die genaue Bestimmung der »Verwunderung, die an Schreck grenzt«, ausgelöst etwa durch die »Anblicke himmelansteigender Gebirgsmassen, tiefer Schlünde und darin tobender Gewässer, tiefbeschatteter, zum schwermütigen Nachdenken einladender Einöden« oder auch durch das Erlebnis ausbrechender Vulkane und tobender Orkane.

Das Gefühl der Erhabenheit angesichts solcher Naturbilder enthält für Kant die »Beraubung der Freiheit der Einbildungskraft durch diese selbst«. Es handelt sich um die Erfahrung einer geistig-sinnlichen Überwältigung, die wir auch mit dem Begriff des vorgestellten »Unvorstellbaren« einkreisen. »Erhaben«, definiert Kant, »nennen wir das, was schlechthin groß ist«; anders gesagt: »was jeden Maßstab der Sinne übertrifft« und daher, obwohl im Sinnlichen beheimatet, als vom Sinnlichen nie ganz einlösbare »Darstellung von Ideen« zu denken sei. Etwa so, wie der »bestirnte Himmel« über uns das »moralische Gesetz« in uns symbolisiert (so formuliert der »Beschluss« der Kant'schen *Kritik der praktischen Vernunft*).

Die Erfahrungen von Erhabenheit, die uns bestimmte Landschaften, Tiere oder Naturereignisse schenken oder zumuten, sind produktive Ohnmachtserfahrungen – oder auch Ohnmachtserwartungen, wie sie die prognostizierten Katastrophen durch Abstürze von kilometerdicken Meteoriten wecken. Solche Ohnmachtserfahrungen haben ihr Gutes, weil sie dem scheinbar alles beherrschenden Ingenieur im Menschen seine Grenzen zeigen. Der Ingenieur, der angesichts der Naturwunder die Grenzen seiner fabelhaften Erfindungen – zu denen meist Naturmanipulation gehört – reflektiert, geht auch behutsamer mit den begrenzten Ressourcen dieser Natur um. Der übermütige oder selbstherrliche Ingenieur, der – wenig geneigt zu solcher Reflexion – am liebsten schon heute bombenbewehrte Raketen auf Meteoriten schießen oder, als Bioingenieur, durch Manipulation der Gene vermeintlich bessere Menschen züchten möchte, ist ein seltsam unwürdiger Bewohner dieser Erde, gleichwohl immer noch ein Idol der mehrheitlich auf den technischen Fortschritt fixierten Menschheit.

Vor dieser Selbstherrlichkeit schützt ihn – und uns – das natürliche Erhabene. Die Erfahrung der naturgegebenen Erhabenheit verleiht dem Menschen, den sie überwältigt, auch außerhalb des religiösen Motivs der Geschöpflichkeit eine seltsam alltagsferne, ja: überirdische Würde. Das mag einer der Gründe dafür sein, dass Astronomen, Mount-Everest-Bezwinger, Weltumsegler und Teilnehmer an Antarktis- oder Arktis-Expeditionen allgemein besonders beachtet und geachtet werden, selbst wenn sie bei ihren Abenteuern partiell gescheitert sind. Der erste Amerikaner, der 1969 den Mond betrat, der Forschungspilot Neil Armstrong (1930 bis 2012), wird noch heute weltweit verehrt.

Seit den ersten Steuer- und Erntelisten der Mesopotamier, die ihre Naturprodukte penibel verwalteten, sind etwa sechs Jahrtausende vergangen. Was bedeutet diese Zeitspanne angesichts jener 4,5 Milliarden Jahre, in denen die Erde ihre Naturwunder vorbereiten und entfalten konnte? Das technische

Zeitalter der systematischen Naturbeherrschung und Natur-
ausbeutung begann ideell im frühen 17. Jahrhundert mit dem
skeptischen Rationalismus, mit der Fixierung der Wahrheits-
suche auf methodisch gesicherte, klare und distinkte Gewissheit, wie sie der Mathematiker und Philosoph René Descartes
(1596 bis 1650) unter anderem in seiner *Abhandlung über die
Methode* entwickelt hat. Erst aus der definitiv klar erkannten
Naturgesetzlichkeit konnte sich eine Technik entwickeln, die
viele Naturvorgänge nachahmt und sogar ersetzt. Der Auftakt
zu dieser Entwicklung ist gut 350 Jahre her – eine temporale
Winzigkeit angesichts der Erdgeschichte. Und dennoch ist dieses technisch-rationale Modell der konsequenten Naturaus-
beutung bereits in der Krise, wie die politisch-ökonomischen
»Wende«-Manöver dieser Tage bezeugen – von der Energie-
Wende bis zu Agrar-Wende und Nahrungsmittel-Wende. Es
könnte so kommen, dass der große Atem der Natur mit all
den Jahrmillionen, die ihn tragen, die stolzen Errungenschaften jener Techniken, die diesen Atem nutzbar machen, eines
Tages überlebt und zu einer kuriosen Episode menschlichen
Übermuts degradiert. Die Menschen-Geschichte, die sich
einige Jahrtausende die Natur – und speziell die Tierwelt –
gnadenlos unterwarf, würde zu guter Letzt von der Natur-
Geschichte besiegt, überwachsen wie eine vom Efeu erdros-
selte Ruinenwand.

Wie auch immer es kommen mag: Allein schon solche Überlegungen sind geeignet, trotz aller Motoren- und
Computer-Triumphe unserer Zeit den archaischen Respekt
vor der aus geheimnisvoller Eigenart gewachsenen Würde
der Natur zu stärken. Das schließt die berechtigte Furcht
vor der *in summa* unvorstellbaren Grausamkeit eben dieser
Natur ein, vom klimatisch und genetisch bedingten Massen-
sterben unendlich vieler Tierarten im Lauf der Jahrmillionen
bis hin zu der blutigen Gnadenlosigkeit, mit der beispielsweise ein Bussard die noch etwas unbeholfen flatternde, junge

Amsel greift, zu Tode hackt und zum Fressen fortträgt; und dies passiert in unserem idyllischen Garten, der doch durch Schneiden, Düngen, Nachpflanzen und allerlei andere Pflege zu einem Bild des Bleibenden geformt wurde und die Anmut eines kleinen Paradieses vergegenwärtigt.

Landlust ist der Titel einer 2005 gegründeten Zweimonatszeitschrift über die »schönsten Seiten des Landlebens«, die verkaufte Auflage überschritt im Jahr 2012 die Millionengrenze. Diese Publikation, die mittlerweile von anderen Verlagen eifrig imitiert wird, spiegelt exemplarisch die Sehnsucht vieler Deutscher, vor allem Städter, nach dem natürlich Echten und Einfachen, nach grünen Wäldern und Auen, auf denen allerlei Tiere gute Figur machen. Rund achtzig Prozent der *Landlust*-Leser sind Gartenbesitzer, die sich ihren Traum vom Leben mit der Natur in einer Art von Cocooning, einem Sich-Einkuscheln im privaten Paradies, zu erfüllen versuchen. Doch Landlust – der Titel wurde längst zum Motto eines speziellen »Bio«-Lebensgefühls – ist stets auch Landfrust, was von den landsüchtigen Städtern gern verdrängt wird: Mühsal, schlechte Ernten, kranke Tiere, weite Wege, Schlamm, verstärkte Abhängigkeit vom Wetter, zivilisatorische Entbehrung, Einsamkeit. Reine Natur, aus der Nähe betrachtet, ist auch hart.

In den Naturreligionen der Vergangenheit wurde dies nie vergessen. Bevor die römische Macht- und Rechts-Ratio den Norden Mitteleuropas entzauberte, wimmelte es dort von Göttern und Geistern, die an Quellen und Teichen, auf Waldlichtungen und Bergen kultisch verehrt wurden – allen voran Odin alias Wotan, der Gott des Sturmes, des Atems, der Runen und der kriegerischen Wutanfälle, sowie Thor mit dem Hammer, der Gott des Blitzes und der Vertragstreue. Die subkutanen Gedächtnisspuren dieser Naturreligion, die gewiss zu den Hintergründen der unvergleichlichen Erfolgsgeschichte »grüner« Politik hierzulande gehört, geben dem aktuellen Respekt vor der eigen-artigen Naturwürde eine frühgeschichtliche Note. Das von uns bereits angesprochene Würde-Motiv der Historisierung verstärkt somit eine humane Haltung, die dem Menschen aus der Demut vor der überwältigenden Fülle und räumlichen wie zeitlichen Unermesslichkeit von Natur und Kosmos einen Zugewinn an Würde zuspielt.

Tiere auf Händen tragen – das möchte so mancher von der Bewegung der Grünen angeregte Zeitgeistgenosse. Indes: Vegetarische Kost für alle, das würde nicht nur die Zahl der uns vertrauten Tiere drastisch reduzieren, es würde den Tieren auch ihre vertraute Nahrung stehlen, die Pflanzen. Eine Pointe in der Geschichte der Entwürdigung ist überliefert von einer Fehde, die Herzog Eberhard von Franken 937 n. Chr. gegen einen Sachsen führte. König Otto der Große sah seine Entscheidungsbefugnis durch das eigenwillige Verhalten des Herzogs eingeschränkt und reagierte auf fragwürdige Weise: Die Hauptleute Eberhards wurden zu der Schmach verurteilt, über eine längere Wegstrecke bis zum Königssitz Magdeburg Hunde auf dem Arm zu tragen. Die zappelnden Hunde sollten die Leute des Herzogs zum Gespött der Zuschauer machen. Verletzung der Ehre als Machtdemonstration – auch unter Mithilfe der wehrlosen Kreatur: unwürdig.

Würdige Greise

Helmut Schmidt und Stéphane Hessel

Der sprichwörtlichen Rede von »würdigen Greisen« liegt eigentlich ein Pleonasmus nach dem Muster »weißer Schimmel« zugrunde. »Greis« ist wortverwandt mit »grau«, und dieses Farbzeichen für gealtertes Haar hängt sprachgeschichtlich zusammen mit dem lateinischen *gravis* – das wiederum »schwer«, aber auch »bedeutend«, »erhaben«, »würdig« bedeutet. Der würdige Greis ist ein greiser Greis…

Trotzdem hat der Bedeutungswandel des Adjektivs »würdig« die Kombination »würdiger Greis« wieder mit Sinn gefüllt. »Würdig« ist eine umfassende Wertung des Verhaltens, »Greis« nur eine Altersangabe. Die wiederum ist recht relativ in ihrer Aussagekraft: Zwischen 1795 und 1799 bildete sich in Frankreich, nach den ersten Turbulenzen der Revolution, ein Zwei-Kammern-Parlament. Eine der beiden, vergleichbar unserem Bundesrat, nannte sich »Rat der Alten« (*Conseil des Anciens*). Die Bürger dieser Kammer mussten älter als vierzig und möglichst schon verwitwet sein. Auch die altgriechische Demokratie in Athen kannte einen »Rat der Ältesten«, der Beschlüsse der Volksversammlung vorbereiten konnte. In Sparta war das Mindestalter dieser »Greise«, oft ehemalige Beamte, sechzig Jahre.

Die würdigen Greise unserer Tage sind deutlich älter. Und sie genießen einen von den Medien eifrig genutzten Ratgeber-Nimbus, der dem viel gescholtenen Jugendwahn unserer Gesellschaft eigentümlich widerspricht. Der französische Philosoph und Schriftsteller Stéphane Hessel (1917 bis 2013) veröffentlichte 2010 sein Buch *Empört euch!* im Alter von 93 Jahren – es wurde ein Weltbestseller. Der ehemalige französische Widerstandskämpfer, der das Konzentrationslager Buchenwald überlebt und an der Formulierung der UN-Menschenrechtscharta von 1948 mitgewirkt hat, klagt in diesem Pamphlet gegen die überheblichen Finanzjongleure im Umkreis der Krise von 2008 elementare soziale Rechte der Arbeiter und grundlegende individuelle Würde-Standards ein. Er kritisiert sowohl die allzu tiefe Kluft zwischen Arm und Reich in vielen vorgeblich »entwickelten« Gesellschaften als auch die israelische Siedlungspolitik im Westjordanland. Als Fürsprecher vielgestaltigen zivilen Ungehorsams bekennt er sich zu dem keineswegs destruktiven Motto: »Widerstand leisten heißt: Neues schaffen«.

Der deutsche Politiker Helmut Schmidt, Jahrgang 1918, war von 1974 bis 1982 Bundeskanzler. Der Philosoph Volker Gerhardt hat ihn zwar einmal mit Otto von Bismarck und Winston Churchill verglichen, aber dies war eindeutig zu hoch gegriffen. Als Kanzler hat Schmidt es nicht einmal fertig gebracht, seine Partei, die SPD, für die eigene Überzeugung zu gewinnen, die sowjetische Bedrohung durch neuartige SS-20-Raketen müsse um des militärischen Gleichgewichts willen selbstbewusst pariert werden, und zwar mit dem sogenannten NATO-Doppelbeschluss zur Stationierung entsprechender »Pershing«-Abwehrwaffen. Die deutsche Zustimmung zu dieser Politik konnte in den 1980er-Jahren erst der CDU-Kanzler Helmut Kohl durchsetzen – womit wohl letztlich die Abkehr der Sowjetunion vom Rüstungswettlauf und endlich sogar ihr Einlenken in der Frage der lange von ihr abgelehnten deutschen Wiedervereinigung 1990 vorbereitet wurde.

Trotzdem wird Schmidt nach dem Beginn des 21. Jahrhunderts zum beliebtesten *elder statesman* Deutschlands. Gefragt als weiser Erklärer der internationalen Ökonomie und Politik in etlichen Fernsehsendungen, aber auch als Buchautor mit Publikationen wie *Auf eine Zigarette mit Helmut Schmidt* (2009, zusammen mit Giovanni de Lorenzo). Der unermüdlich auch bei Podiumsdiskussionen in geschlossenen Räumen rauchende Schmidt, der die Idee einer multikulturellen Gesellschaft zu einer intellektuellen »Illusion« erklärt, die Aufregung über die sogenannte Klimakatastrophe »überhitzt« findet, mehr Respekt vor der chinesischen Diktatur verlangt und die Herabsetzung der Wahlbürger-Mündigkeit von 21 auf 18 Jahre ablehnt, leistet sich so manche Provokation des linksliberalen Milieus, das ihn verehrt – inzwischen hat er das Rauchen angeblich aufgegeben. Er darf in diesem Milieu sagen, was es anderen kaum verzeihen würde. Er ist fast so etwas wie ein Intellektueller mit Kultstatus, einer speziellen Würde-Variante der Medienwelt.

Sein Ansehen ist aber auch in jenen Jahren gewachsen, als er aktiver Politiker war, und zwar aufgrund seiner stets beherrscht und kompetent wirkenden, rhetorisch treffenden und klaren Äußerungen in zahlreichen Fernsehsendungen. Schmidt vertrat seinen skeptischen Pragmatismus angemessen: selbstbewusst, pointiert in der Formulierung, gut verständlich, niemals geschwätzig oder weinerlich-selbstmitleidig, im Ganzen – trotz seines Spitznamens »Schmidt Schnauze« – taktvoll und selten für andere beleidigend. Schmidt erschien vielen seiner Zeitzeugen als der respektable Typus eines Deutschen, der weder grob überheblich noch übertrieben unterwürfig, sondern höflich und elegant auftritt, eine kleine Befreiung aus dem gewaltigen Dilemma, das nach der Nazi-Schmach jedem selbstkritischen Deutschen in der europäischen Öffentlichkeit ein quasi natürlich-spontanes Auftreten fast unmöglich gemacht hat – Ursache zahlreicher verkrampfter Gastspiele deutscher Politiker auf dem internationalen Parkett.

Schmidt und Hessel sind die würdigsten Greise dieser Jahre, der leibhaftige Einwand auch gegen die konsumorientierte Überschätzung des Jungseins. Sie erinnern an ältere Vorbilder wie Konrad Adenauer, der im Alter von 73 Jahren 1949 erster deutscher Bundeskanzler wurde und 1955 in Moskau nicht zuletzt durch sein zugleich verhaltenes und in würdiger Weise selbstbewusstes Auftreten die Freilassung von nahezu 10 000 Kriegsgefangenen erreichte. Dieses Auftreten wurde ihm zugestanden, weil er als Kölner Oberbürgermeister gegen die Nazis agiert hatte, was ihm die Amtsenthebung und einen Gefängnisaufenthalt bescherte. Zu den älteren Vorbildern heutiger Würde-Greise gehört auch der indische Anwalt und Asket Mahatma Gandhi, der 1947 – im Alter von 78 Jahren – durch seine Kampagne für zivilen Ungehorsam entscheidend zur Unabhängigkeit Indiens von der britischen Kolonialherrschaft und damit zur Wiedergewinnung der indischen Würde beitrug.

Wenn kluge Alte dumm wirken

Worin besteht die Würde des Alters? Konfuzius soll gelehrt haben: »Die Ansicht eines Weisen und den Rat eines Greisen soll man nicht von sich weisen«. Eine Empfehlung, die heute seltsam anmutet, da die Alten vor allem im Zusammenhang mit Altersdemenz, Hilflosigkeit beim Umgang mit Computern und kaum bezahlbarer Altenpflege thematisiert werden. Nun hat ja eine gewisse Abwehrhaltung vieler älterer Menschen gegenüber der neuen Computerdiktatur auch humane Vorzüge und wohl dazu geführt, dass die im Verhältnis zu technisch weniger Versierten provozierend arrogante Computerwelt nach und nach demokratisiert wurde, wovon die schick designten Smartphones, iPhones und Tablet-PCs dieser Tage noch weit entfernt sind – da meldet nach zweimaligem Klingeln das Gerät des Angerufenen schon mal dem Anrufer, der gewünschte Teilnehmer befinde sich gerade »im Kino«, obwohl dieser Angerufene verzweifelt gerade über jenes grüne Symbol wischt, das den altmodischen Vorgang »Hörer abnehmen« verspricht, wenn auch vergeblich.

Diese vermeintlich »angesagten« – wer genau ist der Ansager? – Kommunikationstechniken betreiben immerhin den Tod einer jahrhundertealten Kultur des Briefeschreibens, als sei dies nichts. Wo bleibt der große Nachruf auf ein Medium, das der Geschichtsschreibung unvergessliche Dokumente zur Verfügung gestellt hat? Werden die E-Mails und Twitter-Splitter verlässlich archiviert wie einst die Briefe bedeutender Leute? Natürlich nicht. Kulturgeschichtlich ein Abgrund. Vielen Käufern der neuen Kommunikations-Spielautomaten bereiten deren durchaus nicht immer logisch aufgebaute Bedienungsprogramme nahezu täglich grausame Niederlagen und viele Zeitverluste. So wird sukzessiv, aber hartnäckig jenes Potenzial von Selbstachtung aufgezehrt, das jeder Mensch mehr oder weniger mühsam positiv ausschöpft und zu seiner individuellen Würde nun einmal nötig hat. Die Konstrukteure dieser Wundermaschinen, die inzwischen auch mündlich geäußerte Anweisungen ihres Nutzers geisterhaft umsetzen, handeln wie autistische Fachidioten, denen der gesellschaftliche Zusammenhalt nichts und der »Plop«-Effekt ihrer allerneuesten »Bluetooth«-Verknüpfung und anderer Funktionsnebenwege alles bedeutet.

Der kommerziell bedingte Wettbewerb um immer raffiniertere und komplexere Kommunikationselektronik ist letztlich kommunikationsfeindlich. Es ist ein kalter Krieg gegen die Menschenwürde, unter dem Vorwand, diese zu steigern – weil doch immer mehr zeitunabhängige Verfügungsgewalt über verschiedene Kommunikationsebenen, also Autonomie der Mitteilung und Information, bereit gestellt werde. Von einem bestimmten Komplexitätsgrad an ist die digitale Kommunikationstechnik dem menschlichen Austausch jedoch bloß noch abträglich. Die typische Alltagsszene im Restaurant, wenn zwischen den Gängen Jung und Alt auf ihre Handys starren und SMS-Nachrichten oder Sportergebnisse »checken« – das Schreck-Wort passt gut zum Gegenstand –, symbolisiert diese Kommunikationsfeindschaft treffend.

Mit den würdigen Greisen hat dieses Thema so viel zu tun: Jeder, der nach der frisch beworbenen, immer noch komplizierteren iPhone-, iPad- oder Tablet-PC-Technik ruft wie nach dem Erlöser, beteiligt sich aktiv an dem kontinuierlichen Ausschluss der Alten aus dem gesellschaftlich relevanten Diskurs. Das aber ist der sichere Weg zu geistiger Verarmung. Die Alten sind als Gesprächspartner schon deshalb besonders angenehm, weil sie in der Regel ohne beruflichen Ehrgeiz oder kommerzielle Hintergedanken reden und raten – sie vergeben sich nichts, wenn sie ehrlich sind. Sie lösen sich leichter als Jüngere vom Gesichtskreis ihrer fachlichen Spezialisierung und werden durch ihr weiter gespanntes Interesse an der Welt auch kompetenter für die vielen Fragen, die von der Globalisierung unserer Probleme und Chancen aufgeworfen werden. Sie waren schon im Altertum als Ratgeber beliebt, weil sie neben ihrer Lebenserfahrung das »Kapital« der Interesselosigkeit an irgendeiner Karriere zu bieten hatten.

Die Alten sind immer die letzten noch lebenden Zeugen einer vergangenen Zeit. Von ihnen zu lernen, wie es »damals« für die unmittelbare Anschauung der Zeitgenossen ausgesehen hat in der Welt, etwa im Zweiten Weltkrieg, erleichtert den Jüngeren, die ihre Kenntnisse sonst aus Büchern abstrahieren, das Ausloten überlebenswichtiger Maßstäbe für die Gegenwart. Auch sind die Alten dem Tode näher als alle Jüngeren und verdienen allein deswegen, für ihre Lebensleistung geschätzt und angesichts der finalen existenziellen Herausforderung, die ihnen nahe ist, verständnisvoll und würdig behandelt zu werden. Setzen sich die Jüngeren mit der Todesnähe der Alten auseinander, gewinnen sie dadurch mehr Gelassenheit in Bezug auf die eigene Karriereplanung und eine Toleranz gegenüber den aktuellen modischen Aufgeregtheiten. Diese Kombination von Gelassenheit und Toleranz gehört zum Humus eines existenziellen Humors, der die Endlichkeit unseres Lebens erträglicher macht und den Jüngeren als geistige Wellnesskur geradezu verschrieben werden müsste.

Der positive Nimbus der würdigen Alten hat bisher dem von der Werbung propagierten Jugendwahn erstaunlich gut widerstanden. Er hat sich längst auch auf alte Dinge – alte Häuser und Erinnerungsrequisiten – übertragen. Die malerische Fachwerk-Altstadt, egal ob im elsässischen Riquewihr (Reichenweiher) oder im niedersächsischen Hameln, begegnen uns wie weise Zeugen einer fernen Zeit, die über diese Häuser flüsternd mitteilt, dass früher nicht alles – zumindest die Architektur – schlechter gewesen ist. Ähnliches haben auch, konkret und kontextbezogen, die würdigen Alten unter den Menschen zu sagen. Ihnen zuzuhören oder in den betreffenden Altstädten offenen Auges vergangene Schönheit anzuerkennen, gehört zur geistigen Würde eines kultivierten Bürgers dieser Tage.

Liebe im Alter

Etliche Fernsehspiele des Vorabendprogramms und Unterhaltungsromane betrachten erotische Attraktivität durchweg als Privileg junger oder vermeintlich jung gebliebener Menschen, wobei die Mädchen aussehen wie Models, die mit der Abmagerungskur gerade mal vier Wochen zuvor aufgehört haben, ihre männlichen Jäger oder Problembären dagegen an Skilehrer erinnern, die momentan ein Marketingstudium absolvieren. Klischees, jedoch gesellschaftlich wirksam und zum Teil sogar realistisch. Alte haben auf diesem Sportplatz der körperlichen Dauerekstase nichts zu suchen. Frei nach dem Motto der Populärsängerin und TV-Moderatorin Ina Müller, die sich im Norddeutschen Fernsehen (NDR) am Silvesterabend von 2012 auf 2013 über die typischen Kreuzfahrtkunden einer bestimmten Generation lustig macht: »Job weg,

Kinder aus dem Haus« – also: »weg mit den Alten!« Gewiss ist das ironisch gemeint gewesen, doch die davon betroffenen Alten werden den zynischen Unterton nicht ohne Bitterkeit gespürt haben.

Nein, die Alten gehören nicht »weg«, sie spielen sogar beim vermeintlich jugendlichen Lebensthema Liebe einen ganz eigenen Part. Der Film »Liebe« (»Amour«, 2012) des österreichischen Regisseurs Michael Haneke zeigt dies auf bemerkenswerte Weise. Haneke, Jahrgang 1942, erzählt die letzten gemeinsamen Wochen im Leben der rund 80-jähri-

Letzte Wochen der Zärtlichkeit:
Szene aus dem Film »Liebe« (2012)

gen Pariser Musiklehrer Georges und Anne. Sie wollen ihr bisher weitgehend harmonisches Zusammensein, das schon eine kleine Ewigkeit andauert, nicht in einem Heim beenden. Nach einem Konzertbesuch zeigen sich bei Anne plötzlich seltsame geistige Ausfallerscheinungen, sie erleidet einen Schlaganfall und landet im Rollstuhl. Georges umsorgt sie zärtlich, auch wenn sie ihn mal anspuckt. Am Ende hält er es nicht mehr aus und erstickt sie unter einem Kissen, sein eigenes Ende naht, findet aber nicht mehr in dieser jahrelang abgeschotteten Wohnung statt. Der so einfühlsam wie gnadenlos realistisch, konzentriert auf die Einheit von Handlung und Ort, inszenierte Film erhielt im Februar 2013 den Oscar für den besten ausländischen Film, vorher wurde er schon mit der Goldenen Palme des Festivals in Cannes ausgezeichnet.

Liebe und Tod im hohen Alter – Regisseur Haneke hat bewiesen, dass man dieses heikle, meist vom Jugendtumult verdrängte oder gar ins Lächerliche gezogene Thema eindrucksvoll und sogar weltweit erfolgreich verfilmen kann. Und das mit einer Diskretion und Würde, die der Würde des Alters wahrhaftig angemessen ist.

Der wohl bedrückendste und in den letzten Jahren vieldiskutierte Angriff auf die sprichwörtliche Alterswürde ist das Nachlassen der geistigen Präsenz, »Demenz« genannt, bis hin zu ihrer krassesten Form, der Alzheimerkrankheit. Der österreichische Schriftsteller Arno Geiger, Jahrgang 1968, hat diesem Thema ein autobiografisches Erzählbuch gewidmet, das alle ambitionierten Sachbücher dieser Richtung in den Schatten stellt: *Der alte König in seinem Exil* (2011). Der alte König ist Geigers Vater, der eines Tages durch seltsame Reaktionen und Sätze beginnt, seiner Familie zu entgleiten. Wenn der Sohn ihn fragt, wie es ihm gehe, antwortet er beispielsweise: »Ohne Probleme ist das Leben auch nicht leichter«. Eine Antwort von abgründigem Witz. Geiger erzählt die Tragödie des schleichenden Identitätsverlusts in einem zunächst provozierend leichten, fast humoristischen Gestus. Umso schwerer schlagen dann die lapidaren, nichts mehr beschönigenden Passagen über die alltäglichen Verwirrungen und Irrungen dieser sympathisch eigenwilligen Vaterfigur ein. Michael Lösch schreibt 2011 in der Berliner Internet-*Literaturzeitschrift* treffend, Geigers Buch beweise, »dass die Würde eines Menschen auch aus scheinbar noch so vernunftgetrübter Ferne immer noch ergreifend herüberwinken kann«.

Würdige Sprache

Loben ohne Maß

Ohne eine dem Lebensideal der Würde angemessene Sprache sind »Hopfen und Malz verloren« – um gleich ein Beispiel für unwürdige Metaphorik zu geben. Ein anderes Beispiel für missratene sprachliche Bildlichkeit lieferten die Parteistrategen der Sozialdemokraten im nordrheinwestfälischen Wahlkampf-Mai 2012 mit dem unsäglich würdefernen Spruch: »Currywurst ist SPD«. Der Verdacht, diesen Spruch habe die konkurrierende CDU dem politischen Gegner untergeschoben, hat sich nicht bestätigt. Es geht um die Sprache derer, die Würde für sich erstreben, nicht zuletzt wenn sie herausragende Menschen der Gegenwart oder Vergangenheit ehren: Lobreden, Gedenkreden, Geburtstagsartikel, Nachrufe, Politikerreden, Sprechgewohnheiten auf Konferenzen oder in Talkshows aus wichtigem Anlass.

Der FDP-Politiker Christian Wolfgang Lindner, Jahrgang 1979, hat in jenem NRW-Wahlkampf 2012 eine alte Weisheit zitiert: »Wenn Selbstbewusstsein und Bescheidenheit zusammentreffen, heißt das Souveränität« – ein substanzieller Bestandteil der Würde. Die vorherrschende Rhetorik hierzulande lässt sie vermissen. Anmaßung und Unverschämtheit scheinen die Regel zu sein, da offenbar nur so die begehrte Aufmerksamkeit zu erlangen ist. Wenn vor der definitiven Veröffentlichung aus dem Armuts- und Reichtums-Bericht der Bundesregierung im März 2013 unter anderem die Empfehlung eines flächendeckenden Mindestlohns herausredigiert wird – solche hochpolitischen Empfehlungen gehören ja nicht unbedingt in einen »Bericht« –, nimmt das die größte Partei der Opposition gleich zum Anlass, von »plumper Fälschung« zu schwadronieren.

Anmaßend ist nicht nur mancher Tadel, sondern auch manches Lob dieser Tage. Die erfolgreiche Fernsehshow »Deutschland sucht den Superstar« (DSDS), in der der Musikmanager und ehemalige Popgruppen-Chef Dieter Bohlen Wort führt, kann reichlich mit beidem dienen. Und mit einer ordinären Schnodderigkeit der Rede als Dauerzugabe. Da sagt einer der Juroren, die junge Gesangstalente der Unterhaltungsbranche fair zu sortieren vorgeben, ungeniert zu einer Kandidatin den – positiv gemeinten – Hammersatz: »Ich find' deine Stimme riesengeil.« Riesengeil – da schweigt des Nicht-Sängers Höflichkeit.

Zum schamlosen Lob, dessen sprachliche Armut dem in ihm gemeinten Inhalt signifikant widerspricht, gehört die »Größe«, die in Lobreden auf Preisträger und Jubilare oder in Nachrufen auf soeben verstorbene Künstler oder Denker notorisch angerufen wird. So rühmt der stimmgewaltige, in TV-Talkrunden gern als Wachrüttler geduldete SPIEGEL-Autor Matthias Matussek, Jahrgang 1954, im SPIEGEL (15/2010) den Erzähler Mark Twain, der eigentlich Samuel Clemens hieß und die legendären Lausbuben Tom Sawyer und Huckleberry Finn erfand, pünktlich zu dessen 100. Todestag lapidar als »Amerikas größten Schriftsteller«. Der Leser zuckt und erinnert sich seufzend an William Faulkner (Nobelpreisträger), John Steinbeck (Nobelpreisträger), Ernest Hemingway (Nobelpreisträger) oder John Updike … am Ende lässt er die tollkühne Behauptung als magazintypische Zuspitzung durchgehen.

Aber auch der hochambitionierte Debatten-Oligarch und Mitherausgeber der eher sachlich-kühlen *Frankfurter Allge-*

meinen Zeitung, Frank Schirrmacher, Jahrgang 1959, greift begeistert zu unhaltbaren Superlativen dieser Art. Beispielhaft dafür ist seine olympische Übertreibung 1996 über den – damals gerade verstorbenen – russisch-amerikanischen Lyriker und Literaturnobelpreisträger Joseph Brodsky: den angeblich »größten Dichter unserer Zeit«, die quasi christologische Verkörperung der »Reinheit großer Literatur«. Wer kennt denn heute noch Joseph Brodsky, der in der Tat ein faszinierender Lyriker war? Vielleicht ist er der »Größte« unter den Vergessenen. Und was den Nobelpreisträger betrifft: Der Erzähler Ferdinand Reimund (»Die polnischen Bauern«) ist auch einer – schon gehört?

Schirrmacher besingt nicht nur gern »Größe«, sondern ruft auch alle Jahre wieder eine neue Epoche aus, wie nach der »Entzifferung« des humanen Genoms im Jahr 2000 durch den US-Forscher Craig Venter. Spaltenweise füllte das *FAZ*-Feuilleton seine großformatigen Seiten mit den unterschiedlich angeordneten vier Großbuchstaben CGAT; sie stehen für die molekularen Erbanlagen-Bausteine Cytosin, Guanin, Adenin, Thymin. Das Erbgut eines Menschen besteht aus milliardenfachen Varianten dieser Baustein-Quadriga. Venter hatte die Buchstaben einer unbekannten Schrift identifiziert, wie wenig später auch andere Forscher, aber daraus waren noch keine Wörter und war erst recht keine verständliche Sprache geworden.

Die mutige Präsentation dieser Buchstaben auf sechs *FAZ*-Seiten war überraschend, auch witzig, fast eine Art Pop-Art-Produkt; aber was wirklich passiert war, verstand der Leser nicht. In späteren Berichten zu diesem Thema wich denn auch die Skizze eines neuen Menschenbilds den ein wenig desillusionierenden Erkenntnissen über die molekularen Gemeinsamkeiten und Unterschiede zwischen Mensch hier, Wasserfloh oder Fruchtfliege oder gar Fadenwurm dort. Das fand dann nicht mehr im Feuilleton statt, sondern im Wissenschaftsteil – dabei hatte der tolle Vier-Buchstaben-Gag den

Eindruck erweckt, die traditionelle Trennung von Feuilleton und Wissenschaftsteil werde fortan aufgegeben.

Darauf, dass der Leser den Vier-Buchstaben-Pop wirklich begriff, kam es Schirrmacher nicht an. Ihm war erst einmal wichtig, dass »sein« Feuilleton aus dem Rahmen fiel und Gesprächsstoff lieferte, wenn auch primär Ratlosigkeit dabei herauskam. Er verstand und versteht das Feuilleton dieser immer noch seriösesten deutschen Tageszeitung – im Unterschied zu seinen Vorgängern Joachim Fest und Karl Korn – vor allem als Forum für intellektuelle »Inszenierungen«, wie er einmal in einem Interview bekannt hat. Er will das Feuilleton davor bewahren, ein akademisches »Oberseminar« abzubilden – dann lieber Theatereffekte. Hier wird, für den medialen Überraschungscoup und den erhofften Auflagenerfolg, jene Würde der sachlichen Solidität und der historisch abgesicherten Distanz zum Zeitgeist weitgehend aufgegeben, für die auch schon die *Frankfurter Zeitung* in den 30er-Jahren des 20. Jahrhunderts geschätzt – und verfolgt – wurde.

Zu den Vorgängern der *Frankfurter Zeitung* im 19. Jahrhundert gehört der 1856 erstmals veröffentlichte *Frankfurter Geschäftsbericht*. Die Wirtschaftsberichterstattung ist denn auch bis heute die eigentliche Domäne dieses einzigartigen Blattes, das seine Unabhängigkeit und seine an sich zeitgeistferne Qualität auch der Tatsache verdankt, dass es von einer Stiftung herausgegeben wird, die keine private Gewinnentnahme vorsieht. Dass es der programmatisch uneitlen Sachbezogenheit des Wirtschaftsteils nacheiferte, ohne etwa auf temperamentvolle Meinungsbeiträge zu verzichten, galt noch Jahrzehnte nach 1945 als besondere Qualität des Frankfurter Feuilletons – was nach 1968 als langweilig und bürgerlich diffamiert wurde. Publizistische »Premieren«-Effekte kamen vor Schirrmacher in dem verlässlich konservativen, durchaus debattenfreundlichen Kulturteil kaum vor. Ausführliche Rezensionen aktueller Kunstausstellungen, herausragender

Opern- und Sprechtheater-Premieren oder Buchpublikationen schätzte der »geneigte Leser«, wie der Printmediennutzer einst von den Herausgebern dieser Medien liebevoll genannt wurde, hier auch etliche Tage nach den Geburtstagen dieser Ereignisse – weil sie im Urteil ungewöhnlich fundiert und in der Formulierung so elegant wie ausgeruht wirkten.

Schirrmacher, der kreative und intelligente Chef-Übertreiber des deutschen Feuilletons unserer Tage, hat sich fast ganz von der skizzierten Tradition des Blattes verabschiedet, obwohl er ohne die Förderung durch einen herausragenden Verfechter eben dieser Tradition niemals Mitherausgeber der Zeitung geworden wäre: Joachim Fest, bekannt geworden durch seinen außergewöhnlich stilsicher und diszipliniert geschriebenen, gedanklich substanziellen Bestseller *Hitler. Eine Biografie* (1973). *FAZ*-Mitherausgeber und Chefredaktor Fest (1926 bis 2006) – er war neun Jahre der Vorgesetzte des Autors – glänzte als Meister der Reduktion, im Sinne der berühmten Empfehlung des Dichters Ezra Pound: »Streichen Sie die Adjektive«. Fest öffnete Satz für Satz die Ventile und ließ die überflüssige terminologische Luft entweichen, bevor sie gedruckt wurde. Er misstraute jeder inszenatorischen Amplifikation, erst recht jeder alarmistischen Aufplusterung, die vor allem bei Medienkollegen Eindruck macht und zur Nachahmung anregt – denn sie fürchten, sonst den Beginn einer neuen Epoche zu verpassen.

Die sprachlichen Folgen der üblich gewordenen Aufplusterungs-Attacke auf die sprachliche Würde sind in der Publizistik dieser Tage mit Händen zu greifen: Es vergeht kaum noch ein Tag, von dem an »nichts mehr so sein wird, wie es war«. Das so verbreitete Epochen- und Untergangs-Gerede, verstärkt durch die kaskadenhaft purzelnden Superlative »starker« Online-Aufmacher, die im jeweiligen Medium täglich mindestens dreimal wechseln, wächst mehr und mehr zu einem nicht enden wollenden »Best of«- oder Katastrophen-Choral heran, vor dem der nachdenkliche Leser am Ende nur noch in klösterliches Schweigen oder die Stille seiner melancholischen Einsamkeit fliehen möchte – in die Würde der Stille.

Zum Beispiel in jene stille Intensität, die aus den *Kalendergeschichten* von Johann Peter Hebel (1760 bis 1826) quillt. Nach Goethes Urteil verstand es Hebel, »auf die naivste, anmutigste Weise« die Architektur der Welt im begrenzten kleinbürgerlich-bäuerlichen Milieu zu spiegeln. Die tragische Liebesgeschichte »Unverhofftes Wiedersehen« – die Verlobte trifft ihren im Bergwerk verschütteten Geliebten nach Jahrzehnten wieder: als zufällig zutage geförderten, gut konservierten Leichnam – wirkt ergreifend auch durch die zurückhaltende Lakonie und raffinierte Einfachheit, mit der Hebel sie scheinbar chronistisch-sachlich darbietet. Die Würde dieser Einfachheit lebt von jenem Respekt vor allem elementar Menschlichen, der in der thematischen Nähe des Todes eher anzutreffen ist als im vor lauter Sensationen krachenden Kulturbetrieb unserer Tage. Dieser Kulturbetrieb hört vor allem auf den »Schall und Rauch eines großen Namens« (*magni nominis fumus*), wie der wunderbare Skeptiker Erasmus von Rotterdam einst die Spannung zwischen Recht und Ruhm zugunsten des Rechts entschieden hat.

Im Zeitalter der medialen Aufmerksamkeitszwänge sowie der dramatischen Beschleunigung des Denkens und Erlebens mag die im Ton zurückhaltende, im Stil vornehme, im Blick auf das Schwierige und Substanzielle differenzierende und abwägende, sachlich meist kompetente und unbeirrbare Art des Kulturjournalismus, für die das frühere Feuilleton der *Frankfurter Allgemeinen* beispielhaft war, hoffnungslos veraltet wirken. Aber der neuere, von spät-antiautoritären Überschriften-Gags wie »Obrigkeit, l–k uns am –r—h!« oder »Seeräuberpistole« begleitete Inszenierungseifer, der an die Stelle dieser altmodischen intellektuellen Selbstvergewisserung tritt und längst die meisten Medien des Landes angesteckt hat – er besitzt gegenüber dem Altmodischen einen Vorsprung an lärmender Lächerlichkeit, für den man ihn nicht beneiden muss. Und für den auch die Vorliebe dieses Ressorts für das Blödel-Niveau hässlicher Comic-Zeichnungen nicht entschädigt.

So verrät denn auch die um der verstärkten Aufmerksamkeit des Publikums willen inszenierte, an sich würdelose und inhaltsleere »Größe« gerade erst verstorbener Personen der Kultur- und Zeitgeschichte in der Regel kaum mehr als die latente Selbstüberschätzung des Laudators: Indem er es ist, der öffentlich die Größe dieses Mannes oder jener Frau mit der Posaune verkündet, spreizt er sich und wird selbst ein bisschen größer. Glaubwürdiger wird er zumal dann nicht, wenn ihn der Verstorbene zu dessen Lebzeiten eher wenig beschäftigt hat.

Das ist so wenig souverän wie die Zwanghaftigkeit der gegenläufigen Rhetorik: des Schmähens um fast jeden Preis. Die Zeitgeist-Zeitschrift *Tempo* fand es in den späten 80er-Jahren des vorigen Jahrhunderts angemessen, den jüdischen Schriftsteller Maxim Biller eine regelmäßige Kolumne unter dem Titel »Hundert Zeilen Hass« schreiben zu lassen. Der Repräsentant einer von den Nazis mörderisch gehassten Minderheit sollte nun selbst einmal öffentlich hassen – was für ein abgeschmackter, intellektuell billiger Umkehrungseinfall. Zuweilen sind die vielgepriesenen Abweichungen vom moralischen »Mainstream« – um einen dieser abscheulichen Mode-Anglizismen zu gebrauchen – in ihrer Verkrampftheit schwerer zu ertragen als dieser selbst.

Modische Anglizismen

Wer die scheinbar unaufhaltsame Vermehrung der Anglizismen im deutschen Sprachalltag beklagt, wird regelmäßig als deutschtümelnder Sprachhysteriker lächerlich gemacht, der einfach nicht begreifen will, dass Sprache ohne solche Veränderungen verödet. Gleichwohl wurde die anglizistische

209

Sprachaufblähung noch Mitte März 2013 auf einer Mannheimer Linguistentagung zum Thema »Sprachverfall« bestätigt – Marc Kupietz, Mitarbeiter des angesehenen Mannheimer Instituts für Deutsche Sprache, nannte die Vermehrung der Anglizismen »signifikant«. Über die Würdelosigkeit eines übertriebenen Gebrauchs von Anglizismen lässt sich endlos streiten. In den Welten der Computertechnik, der Produktvermarktung oder der Werbung greifen deutschsprachige Nutzer oder Verwender (muss man unbedingt »User« sagen?) fast zwangsläufig auf Anglizismen zurück, da die Wirtschaft der angelsächsischen Länder, zumal der USA, in diesen Bereichen führend ist und viele Strategiemotive zuerst entwickelt. Deren Originalbezeichnung wird dann von den Kennern auch deshalb gern übernommen, weil sie sich so als Kenner vor schlichteren Bürgern ausweisen können. Fachwissen schafft Experten-Distanz, eine ziemlich kühle Form von Würde.

Schwerer erträglich ist der Siegeszug der Anglizismen im deutschen Sprachraum immer da, wo er nur aus einer seltsam masochistischen Lust an der deutschen Selbstverleugnung zu erklären ist. Die Flucht vieler – vor allem werbeorientierter – Sprecher in das Pseudo-Englisch von Prägungen wie »flashen«, »Step-up-Anleihen«, »Event«, »Highlight«, »Meeting Point«, »Best-Joice«-Telefon, »brainstormen«, »Hedgefonds«, »Must-Haves«, »Mega-Sale« oder »Talkmaster« (das in Deutschland gebräuchliche Gegenstück zum englischen *talkshow host*) ist vordergründig nichts als das Ergebnis eines linguistischen Horden-Instinkts. Dahinter allerdings sind letztlich die psychologischen Spätfolgen der Nazi-Verbrechen am Werk. Diese Verbrechen, die fast täglich auf irgendeinem deutschen TV-Kanal thematisiert werden – in der Regel mit der nicht mehr tragfähigen Begründung, sie würden sonst »verdrängt« –, haben für Jahrzehnte eine einigermaßen ausbalancierte Identifikation der Deutschen mit sich selbst blockiert. Wenn sie an sich selbst denken, werden gewissenhafte Deutsche, die nicht zu den unverbesserlichen Rechtsradikalen zählen, erst einmal unsicher. Und die Flucht ins Englische, in diese federnde Lässigkeit eines globalen Idioms, bietet erst einmal ein bisschen Sicherheit. Mag sein, dass dabei auch der heimliche Wunsch eine Rolle spielt, wenigstens symbolisch an der Spitze des globalen technischen Fortschritts (Microsoft!) und an der Seite der Sieger des Zweiten Weltkriegs – und so vieler Hollywood-filme – zu marschieren.

Der tiefsitzenden deutschen Verkrampfung im Selbstverhältnis verschafft solch kosmopolitisches Imponiergehabe ein wenig Kompensation, doch keine Erlösung. Diese Erlösung erträumen insgeheim auch deutsche Firmen wie Siemens oder die Deutsche Bank, die das Englische zur ersten Verkehrssprache (»Corporate Language«) gewählt haben; auch akademische Institutionen, die nicht nur bei naturwissenschaftlichen Forschungen den englischsprachigen Vortrag – oder wenigstens den zusammenfassenden *summary* – von ihren Referenten einfordern, was in Ordnung ist, sondern auch bei geisteswissenschaftlichen Tagungen in deutschsprachigem Revier; und zwar selbst wenn diese deutschsprachig vorbelasteten Themenbereichen wie der Romantik, der Goethezeit oder gar Hegels Geschichtsphilosophie gewidmet sind.

Wenn das Englische im wissenschaftlichen Diskurs mehr und mehr auch für Kulturwissenschaften, für Politik-, Wirtschafts- und Rechtsdebatten verbindlich wird, folgt daraus für alle nicht-englischen Kulturgemeinschaften ein deutlicher Verlust an kompetenter Mit-Sprache, an einer den *native speakers* ebenbürtigen sprachlichen Souveränität und expressiven Differenziertheit. Differenz, Vielfalt war jahrtausendelang eine Qualität. Wird diese künftig durch globale Einfachheit und Quantität ersetzt?

Gegen das trügerische Paradies der einen Weltsprache hat der Romanist und Sprachtheoretiker Jürgen Trabant, Jahrgang 1942, die Geschichte des sperrigen kleinasiatischen Königs

Mithridates VI. aufgefahren. Der herrschte am Schwarzen Meer über das winzige Königreich Pontos und war der letzte ernstzunehmende Gegner der alten Römer, als diese den Mittelmeerraum eroberten. Mithridates VI. ließ sich im Jahr 63 v. Chr. von seinen Landsleuten töten, um nicht Pompeius und dessen neuem Imperium in die Hände zu fallen. Sein Widerstand gegen Rom hatte auch einen kulturellen Hintergrund: Mithridates war ungewöhnlich gebildet, er beherrschte etwa 22 Sprachen. Die einzige Fremdsprache, die die Römer respektierten, war das Griechische. Sonst mussten alle unterworfenen Völker Lateinisch reden und schreiben. Diesen Kulturimperialismus, der der englischsprachigen Weltherrschaft unserer Tage ähnlich ist, wollte Mithridates nicht ertragen. Er hat für eine bestimmte Form der sprachlichen Würde sein Leben gelassen.

Trabant meint zur Dominanz des Englischen: »Das einseitige Lernen einer einzigen Sprache als Zweitsprache auf der ganzen Welt und die Einsprachigkeit derer, die diese Sprache schon können, sind eine schreiende Ungerechtigkeit und eine bodenlose Dummheit.« Gegenüber der drohenden globalen Einsprachigkeit sei die vorherige Vielfalt der Sprachen, speziell in der wissenschaftlichen Kommunikation, gerechter, interessanter und im Übrigen unabdingbar für die »Freiheit des menschlichen Geistes« – eine substanzielle Voraussetzung intellektueller Würde.

Verschiedene Sprachen sind verschiedene »Weltansichten«, wie Wilhelm von Humboldt (1767 bis 1835), der bedeutende preußische Bildungsreformer, formuliert. Die eine englische Weltsprache droht die Weltansicht zu uniformieren – eine Horrorvorstellung. Dazu noch einmal Trabant: »Wer nur eine Sprache beherrscht, versteht oft gar nicht, was Verschiedenheit des Denkens bedeutet.« Mangelhaftes Verständnis für sprachliche Differenz erklärt meist auch zur Genüge mangelhafte Toleranz gegenüber kulturellen Eigenheiten; und damit einen Großteil kulturpolitisch naiver Befreiungsstrategien angelsächsischer Weltpolitik, etwa in islamisch geprägten Weltgegenden wie dem Irak.

Der vorauseilende Trend-Gehorsam vieler deutscher Manager, Politiker und Wissenschaftler, die selbst dann, wenn sie unter ihresgleichen genuin deutsche Themen verhandeln, jenem angeblich überlegenen »Verschnitt aus einem halben Dutzend europäischer Sprachen, genannt Englisch« (Meinhard Miegel in dem Buch *Epochenwende*) huldigen – dieser Trend-Gehorsam unterwirft sich ohne echte Not, bloß aus Karriereerwartungen, einer einzigen Weltansicht. Wer sich dagegen sträubt, wird oft als altmodischer Sprachnationalist angefeindet – dabei kämpft er doch im Namen der sprachlichen Vielfalt um das eigene Idiom, um seine Würde des Wortes! Als im 18. Jahrhundert die Oberschicht an sich deutschsprachiger Herzog- oder Fürstentümer und Städte lieber Französisch sprach als Deutsch – ein Idiom, das der preußische König Friedrich II. (1717 bis 1786) nur ungern nutzte und unvollkommen beherrschte –, war Deutsch, die Sprache Martin Luthers, der Kleinstadt-Prediger und der Dienstboten, ein Medium der gesellschaftlichen Emanzipation gegenüber dem dominanten Adel. Viel hätte nicht gefehlt, und das Deutsche wäre zu einem Konglomerat lokaler Dialekte abgesunken unter der französischen Hochsprache. Napoleons Größenwahn, das preußische Militär und das Wunder des Aufblühens deutschsprachiger Literatur von Lessing bis Goethe haben dies verhindert. Heute besteht die gesellschaftliche Oberschicht Deutschlands überwiegend aus Managern, Ingenieuren, Naturwissenschaftlern und Politikern, die beruflich und auch abends an der Hotelbar gern Englisch parlieren. Vielleicht gelingt bald dem Englischen hierzulande der Sieg, der vor 250 Jahren dem Französischen verwehrt blieb.

Wenn es stimmt, was der Wiener Schriftsteller und Sprachkritiker Karl Kraus (1874 bis 1936) konstatiert: »Sprache und Denken sind eins«, dann geht es bei alldem auch um die Würde des selbstbestimmten Denkens. Es stehen sogar emotionale Differenzen auf dem Spiel: Die Gefühlswerte deutscher Wörter wie »Heimat«, »Weltschmerz«, »Waldeinsamkeit« oder »Angst« sind nun einmal unübersetzbar, so unübersetzbar wie die wunderbar entspannt und knapp dahinhüpfenden Anglizismen »fair«, »fit«, »cool« oder »Foul«. Auf der anderen Seite muss klar sein: Uns liegt wenig an der Verteidigung jenes zopfigen Kathedergelehrten, der sich schon in früheren Jahrhunderten lächerlich gemacht hat mit Eindeutschungsvorschlägen wie »Zeugemutter« (für die lateinische »Natur«) oder »Jungfernzwinger« (für das vom lateinischen *claustrum* abgeleitete »Kloster«). Der tendenziell antisemitische Fremdwort-Ausmister Gustav Wustmann wütet 1891 in seiner Streitschrift *Allerhand Sprachdummheiten* gegen die »Ausländerei« als »Erbschwäche der Deutschen«, zumal gegen die »Engländernachäfferei«. Seine Erklärung der Krankheit: »Seit der Pressefreiheit von 1848 gibt es ein Überangebot, das zur Verwilderung führt…Vor allem sind die Juden an diesem Verfall schuld: Ein großer Teil unseres heutigen Sprachunrats geht ausschließlich auf das Judendeutsch der Berliner und Wiener Tagespresse zurück. Der Grund dafür ist, dass die Vorfahren der Juden Deutsch noch nicht als Muttersprache sprachen… Die eigentlich Schuldigen sind aber in der Schule zu suchen.«

Wer aus berechtigter Antipathie gegen die Wustmänner dieser Welt zum bedenkenlosen Fremdwort-Liberalismus überläuft, macht es sich aber auch zu einfach. Es kommt hier, wie in fast allen Dingen, auf das rechte Maß an. Nur übertriebene, sprachlich wenig plausible Anglomanie ist würdelos – ebenso wie übertriebener nationaler Reinigungsfimmel bei der Betrachtung der Fremdwörter-Landschaft.

Jugendjargon

Um das rechte Maß – und nicht um Pauschalverurteilung – geht es auch bei der kritischen Abwägung diverser Auswüchse des Jugendjargons. Wolf Schneider, der Autor zahlreicher funkelnder Sprachfibeln, kritisiert zu Recht: »Die Grammatik ist unter jungen Leuten unpopulär, ihr Wortschatz schrumpft, und viele Siebzehnjährige betreiben das Sprechen« wie ein »Nebenprodukt des Gummikauens«. Schneider nennt die Plauder-Stilblüten »Luftschnapp« und »Megaknuddel«, er hätte auch »krass endgeil«, »Karriero«, »alken«, »dissen« (jemanden fertig machen), das im Internet aufgetauchte Twitter-Kürzel »Yolo« (*you only live once*, du lebst nur einmal) oder das aparte Rätselwort »Komasutra« (für versuchten Geschlechtsverkehr zwischen zwei Betrunkenen) wählen können. »Yolo« wurde übrigens 2012 von einer Jury des Langenscheidt-Verlags aus 40 000 Einsendungen ausgewählt und zum Jugendwort des Jahres gekürt. Ein Online-Jugendmagazin für Schüler hat im November 2012 die auf Schulhöfen gebräuchliche, negative Typologie von Mitschülern aufgelistet. Darunter sind so freundliche Kurzcharakterisierungen wie »Tussi«, »Proll«, »Rampensau«, »Sohn«, »Öko-Tante« und »Hipster«; auf ähnlichem Niveau bewegen sich beliebte, nicht besonders elaborierte Redewendungen wie »Aufs Maul, oder was?« und »Sprech das mal pornös aus«.

Jugendsprache ist ja etwas Erfrischendes, weil sie entkrampft, weil sie beiläufig gegen übertriebene Hierarchisierung rebelliert, vor allem weil sie spielerischer und sinnlicher gesprochen wird als der oft abstrakte Nominalstil wichtiger Erwachsener, die gern etwas »unter Beweis stellen«, »zum Ausdruck bringen« oder »Einfluss nehmen« – die steife Sprache bürokratischer Pseudo-Würde.

Doch vieles an der Jugendsprache verrät auch eine fortschreitende Infantilisierung in Richtung »prasseldumm«. Da nähert sich das »affengeile« Frischebad der Sprache der puren »Hot«- und »Top«-Verblödung, welche die tägliche Listenangabe – »Platz eins der Hitliste« – im privaten Dudel-Hörfunk auszeichnet. Wer sich darüber ärgert, der ist nicht notwendig ein pedantischer Oberlehrer. Sprache – und dazu gehört auch das alltägliche Gerede auf dem Schulhof oder im Büro – konstituiert Gesellschaft, wie sie auch selbst von der Gesellschaft konstituiert wird. In den wichtigeren Foren der Gesellschaft – in der Schule, im Gerichtssaal, im Parlament, in den Medien – wird um die Wahrheit dieser Gesellschaft gestritten, um den jeweils besseren Weg zum jeweils besseren Ziel. Nach der erfolgreichen Vorarbeit sorgloser Jugendlicher und solcher Sprachwissenschaftler, die fast jede modische Wort-Torheit als »Sprachwandel« (so der Germanist Rudi Keller) akzeptieren, könnte langfristig auch die Qualität dieses Streites nachlassen: vor allem die Fähigkeit zur angemessenen Differenzierung. Grobe Keile auf grobe Klötze wie zu Wahlkampfzeiten könnten zur Regel werden. Wenn so der Disput um die Wahrheit sprachlich verkommt, dann leidet darunter letztlich die Demokratie. Denn jede Verarmung des sprachlichen Ausdrucks ist ein kleiner Freiheitsverlust, ein Verlust an möglicher Selbstbehauptung Einzelner in der Gesellschaft durch Sprache: ein Verlust an Würde.

Würde als weltliche Religion

*Der Kampf gegen Hass
als Kampf für Demokratie*

Die Religion ist der älteste und beständigste Hort der menschlichen und kosmischen Würde: »Ehre sei Gott in der Höhe« (*gloria in excelsis deo*) singt ein altehrwürdiger christlicher Kirchenhymnus. *Gloria* heißt auch »Herrlichkeit, Ruhm« und ist insofern ein Ehrentitel, der Gott allein zusteht, aber über den Schöpfungs- und Gnaden-Zusammenhang auch Glanz auf die irdischen Lebewesen wirft. Seit rund 200 Jahren bemühen sich Naturwissenschaftler – Evolutionsbiologen, Urknall-Physiker, empirische Soziologen und Psychologen – sowie wissenschaftsgläubige Agnostiker ziemlich erfolgreich, diese von einem Allein-Gott hergeleitete Aura und Idee der Würde zu entzaubern und zu relativieren.

Angenommen, sie hätten Recht, dann bliebe der Würde als nachmetaphysische Begründung immerhin dieser Gedanke: Das große Rätsel, dass überhaupt etwas existiert und nicht etwa bloß nichts, kann selbst an die Stelle seiner religiösen Überhöhung treten. Die Ehrfurcht vor dem Sein ist eine Religion ohne persönlichen Gott. Die Würde, die dieser Ehrfurcht entspringt, ist verschwistert mit der Unendlichkeit, der räumlichen und zeitlichen Unendlichkeit des rätselhaften Alls, von dem unsere Existenz nur ein Staubkorn ist; zugleich der Unendlichkeit als Unabschließbarkeit unseres Fragens nach dem letzten Warum dieses Alls. Die Astrophysik erklärt uns, auf welche

Weise das All – und aus welchen Bestandteilen – entstanden sein kann, aber niemals dieses »Dass-Überhaupt«. Selbst der Urknall setzt schon Seiendes voraus, aus dem heraus er dann die Expansion der winzigen Materieteilchen in Gang setzt.

Der Geist der Würde ist die Würde des Geistes. Im lateinisch abgefassten, anonym überlieferten *Buch der vierundzwanzig Philosophen* aus dem 12. Jahrhundert, einem »der schönsten und folgenreichsten Dokumente der europäischen Theosophie«, so Kurt Flasch, der Philosoph und Übersetzer dieses 2011 erstmals auf Deutsch publizierten Buchs, wird als eine der wichtigsten »Definitionen« Gottes vorgetragen: »Gott ist die unendliche Kugel, deren Mittelpunkt überall und deren Umfang nirgends ist.« Gott zentriert und erweitert unsere Existenz unglaublich: Das ist der philosophisch gefasste Glaube. Die Kugel als Globus, als Vorbild-Form für den menschlichen Kopf und als sphärisch vorgestellte Spiegelung des Alls, die von jeder gebauten Kuppel zitiert wird, ist einer der ältesten Archetypen der figural fixierten Würde. Sie ist auch ein Symbol des Geistes im Sinne der zitierten Gottesdefinition: Der denkende Geist umfasst prinzipiell alles, was ist, und hat sein Zentrum »überall«, wo gedacht wird. Gott selbst wird jahrhundertelang als Geist in diesem Sinne verstanden. Er ist das tiefste Fundament aller menschlichen Würde.

Doch im selben Maß, in dem dieses religiös-philosophische Fundament der menschlichen Würde fragil geworden ist, hat sich der Begriff der Würde zu einer scheinbar innerweltlich autonomen Quasi-Religion erhoben und verfestigt, die konsensfähig zu sein scheint für Atheisten und Gläubige, Christen und Moslems, Politiker und Schöngeister. Dass dieser Aufstieg, der in Wahrheit ja ein Abstieg ist, dem Begriff der Würde nicht jeden Inhalt und jede Legitimation geraubt hat, sollten die bisherigen Ausführungen zum Thema zeigen und betonen. Wer die Geschichte der Neuzeit etwa nach 1500 als Prozess der »Säkularisation«, der Verweltlichung eines zuvor dominanten religiösen, hierarchischen Weltbildes begreift, könnte den Aufstieg der personalen Würde seit der Renaissance als Religionsersatz deuten. Und ein Ersatz ist eben nie so kostbar wie das, was er ersetzt: das Original.

Damit wäre die Religion, schachsportlich gesprochen, am Zug, und zwar in der Vorteilsposition. Doch der Begriff der Würde, soll er entsprechend der ihm vom deutschen Grundgesetz zugesicherten Unantastbarkeit gelten, darf nicht allein auf religiöse Voraussetzungen bauen – auch nicht auf das Numinose unseres Existenzrätsels und der Erfahrung der Unendlichkeit. Der Begriff der Würde kann und muss direkt, zweifelsfrei innerweltlich begründet und vom Staat konkret verteidigt werden, in einer Traditionslinie, die von Cicero bis zu Kant, von Heidegger bis zum israelischen Philosophen Margalit reicht, über alle politischen Differenzen hinweg. Wie das in jüngerer Vergangenheit geschehen ist, mögen einige Beispiele illustrieren.

Das erste Beispiel wird uns vom polnischen Philosophen Leszek Kolakowski (1927 bis 2009) gegeben. Er ist einer der wenigen Denker, die schon Anfang der 1980er-Jahre das Scheitern der kommunistischen Staaten prophezeit haben. Ursprünglich war er überzeugter Marxist, wenn auch sehr bald skeptisch gegenüber sozialistischen Staaten, in denen es »mehr Bürokraten als Arbeiter« gebe. Als er 1968 wegen seines Eintretens für aufbegehrende Warschauer Studenten Lehrverbot erhielt, ging er zunächst nach Kanada und Kalifornien, später dann nach Oxford, wo er am All Souls College bis zu seinem Lebensende eine Forschungsprofessur innehatte. 1970 sollte er an der Universität Frankfurt am Main, auf Vorschlag von Jürgen Habermas, den Adorno-Lehrstuhl übernehmen. Als aber die Fachschaft des Philosophischen Seminars ihm »mangelnde marxistische Linientreue« (!) bescheinigte, verzichtete er.

Immerhin erhielt Kolakowski sieben Jahre später den Friedenspreis des Deutschen Buchhandels – nicht von der staat-

lichen Frankfurter Universität, sondern vom privatwirtschaft-
lich organisierten Börsenverein der Buchhändler. Der Staat
handelt durchaus nicht automatisch würdiger als Privatleute,
was von den Staatsgläubigen bestimmter Parteien, speziell der
Grünen und der Linken, hartnäckig suggeriert wird. Kolakowski bedankte sich mit einer bedeutenden Rede: »Erziehung
zum Hass, Erziehung zur Würde«.

Ein besseres Thema hätte er damals kaum wählen können.
Während er in der Frankfurter Paulskirche, dem Geburts-
ort des ersten demokratischen Verfassungsentwurfs für eine
staatliche Einheit der damals getrennten deutschen Länder,
über den Hass philosophiert, am 16. Oktober 1977, ist die
Lufthansamaschine »Landshut« schon drei Tage in den Händen linksradikaler, antisemitischer Terroristen, die ihre in
Stuttgart-Stammheim inhaftierten Gesinnungsgenossen um
Ulrike Meinhof freipressen wollen – zwei Tage später wird
die »Landshut« dann von der deutschen Spezialeinheit GSG
9 befreit. Kolakowski sagt, Hass sei »die Geheimwaffe des
Totalitarismus«, der seine Anhänger selbstgefällig und dadurch
besser manipulierbar machen wolle. Der Hass schafft dies,
indem er »unsere totale und beziehungslose Rechtmäßigkeit
der totalen, beziehungslosen und unheilbaren Niederträch-
tigkeit der anderen« entgegenstelle. Hass zerstöre sogar das
»geistige Gewebe« des Hassenden selbst. »In meiner Zerstö-
rungswut bin ich selbst zerstört, in meiner Selbstgefälligkeit,
in meiner Unschuld kann meine Würde nicht gerettet werden;
sowohl meine Integrität als auch die Kommunikation und
die Solidarität mit anderen gehen verloren.« Hass sei, ergänzt
Kolakowski, von jener selbstzerstörerischen Grenzenlosigkeit,
die zuweilen auch den Liebenden fortreißt. Wenn der Würdige für das Gerechte kämpfe, müsse er die Balance zwischen
Kampfesmut und dem Verzicht auf Fanatismus wahren.

Kolakowski resümiert: »Die Erziehung zur Demokratie ist
die Erziehung zur Würde, und das setzt beides untrennbar

voraus: sowohl die Bereitschaft zum Kampf als auch die Freiheit vom Hass«. Der notwenige Versuch eines jeden von uns, das »Übel« des Hasses in uns zu begrenzen, sei letztlich eine »unsichere und brüchige Vorwegnahme eines erträglichen Lebens auf unserem Narrenschiff«. Dasselbe gilt für den Versuch, das Selbstwertgefühl des Einzelnen mit der Verpflichtung zur Solidarität mit anderen selbstbewussten Individuen so auszubalancieren, dass dadurch ein einigermaßen würdiges Zusammenleben auf »unserem Narrenschiff« möglich wird. Auch dieser Versuch ist die »brüchige Vorwegnahme« einer besseren Zukunft, aber kein sicheres Zukunftskonzept, wie es Politiker im Wahlkampf gern verkünden.

Kolakowski knüpft seinen Weg zur Würde an den für eine Demokratie unentbehrlichen Verzicht auf den tendenziell grenzenlosen Hass gegenüber Andersdenkenden. Die Autonomie des Einzelnen bedarf der Gesellschaft, von der sie anerkannt wird und deren Souveränität der Einzelne selbst anerkennt. Seine Würde kann er dabei nur finden, indem er auf das Hass-Konzept verzichtet.

Vom heiklen Verhältnis zwischen der Selbstbestätigung durch andere und dem Selbstrespekt handelt der argentinische Psychotherapeut Jorge Bucay, Jahrgang 1949, in seinem erfolgreichen Buch *Komm, ich erzähl dir eine Geschichte* (1999, deutsch 2007). Bucay möchte die Angst bewältigen durch Geschichten, die das Komplizierte der psychischen Aufwallungen und Frustrationen vereinfachen und so den Patienten helfen, sich selbst besser zu verstehen. Erzählkunst als psychotherapeutische Methode. In der Erzählung vom »König, der angebetet werden wollte« sagt Jorge zu seinem Gesprächspartner Demian: »Wir alle besitzen kostbare Güter, die wir ganz und gar nicht einzuschätzen wissen. Die Würde zum Beispiel. Ich halte die eigene Würde, den Selbstrespekt, für so wertvoll, dass damit zu zahlen immer ein zu hoher Preis ist.« So kniet denn auch der Bettler, der sich dieser Würde bewusst ist, nicht nieder, um von dem Wohlhabenden, der an ihm vorbeigeht, ein bisschen Geld zu ergattern. Die Würde verbietet es ihm. Eine Bereicherung oder Ego-Bestätigung durch andere um den »Preis der Selbstaufgabe« ist würdelos. Der Selbstrespekt ist wichtiger als derartige Selbstbestätigungen, etwa durch Applaus oder einen Bestsellererfolg. Zur Würde des Menschen gehört wesentlich, dass sie hartnäckig auch gegen die Anfechtungen einer kurzfristigen Bestärkung des Egos verteidigt wird.

Würde als Kampf gegen den Hass; Würde als Verzicht auf Selbstbestätigung auf Kosten des Selbstrespekts – das sind sehr aktuelle Würde-Konzepte, die nicht auf religiöse Absicherung angewiesen und dennoch plausibel sind.

Medialer Ego-Wahn

Frank Schirrmachers brillanter Bestseller *Ego – Das Spiel des Lebens* (2013) stellt unter anderem dar, wie durch die computerbewehrte Digitalisierung der egoistische »Homo Oeconomicus«, der skrupellos alle menschlichen Beziehungen und somit auch das Gemeinwohl seiner individuellen Erfolgsstrategie unterwirft, so schnell und so effektiv das Innenleben der Menschen erreicht und auffrisst wie noch nie in der Geschichte der Geldwirtschaft. Zu der Pointe dieses Buches, das beinahe die komplette Würdelosigkeit unserer westlichen Gesellschaft zum vollendeten Faktum erklärt, gehört seine perfekte Vermarktung: Kaum erschienen und entsprechend medial volltönend begleitet, führt es im März 2013 schon die Bestellerliste des SPIEGEL an. Ein Buch, das seine Hauptthese an sich selbst beweist.

Der unerbittliche Strom der Zeit ist nicht nur ein Gegner des (vorerst) Bleibenden, weil er täglich neue Denkmoden hochspült. Er ist auch ein Helfer der wahren Würde, sofern er hochgejubelte Eintagsfliegen irgendwann der Vergessenheit überantwortet und den Raum freigibt für das, was wirklich

Bestand hat. Zu den Erfolgen, die Bestand haben dürften, gehört mit Sicherheit Susan Cains eindrucksvolles Buch *Still – Die Bedeutung von Introvertierten in einer lauten Welt* (2011; Originaltitel: *The Power of Introverts in a World That Can't Stop Talking*). Die US-Amerikanerin Cain, Jahrgang 1968, hat als Juristin im vermeintlichen Finanzhimmel der New Yorker Wall Street gearbeitet, bevor sie sich ins Familienleben und zum Bücherschreiben zurückzog. Heute schaut sie auf ihre Wall Street-Zeit zurück wie auf ein Leben in einem »fremden Land«. Ihre Hauptthese bringt sie in einem einzigen metaphorischen Satz unter: »Ein leerer Topf klappert am lautesten«. Gegen die publizistische Dominanz der selbstbewussten Dampfplauderer, der Extrovertierten, hält Cain die faktischen Verdienste vieler bedeutender Forscher und Entwickler, die sich früher eher durch Ernsthaftigkeit, Scheu, Geduld und Sensibilität auszeichneten als durch das heute speziell in der Werbewirtschaft so beliebte Verhaltensideal des kontaktfreudigen, weltoffenen, Google-schnellen, beredsamen Super-Kommunikators. Bill Gates ist kein Partylöwe.

Die Super-Kommunikatoren des deutschen Fernsehens sind die Moderatoren der erfolgreichen Talkshows. Bezeichnend für die strukturelle Würdelosigkeit dieser in der Regel überbesetzten Plauderrunden, bei denen meist nichts herauskommt als die wachsende Bekanntheit ihrer Teilnehmer, ist die niederschmetternd direkte, eigentlich schamlose Benennung der Sendungen nach dem Namen des Super-Kommunikators: »Kerner«, »Günther Jauch«, »Beckmann«, »Lanz«. Gewiss stammt das Vorbild dafür aus den USA: Die wirkmächtigste TV-Talkrunde dort trägt eigentlich auch nur den schlichten Namen der Gastgeberin Oprah Winfrey – »The Oprah Winfrey Show«, später bloß noch »Oprah«.

Oprah Gail Winfrey, Jahrgang 1954, ist die erste Afroamerikanerin, die es zur Milliardärin gebracht hat; ihre wöchentlich ausgestrahlte Talkshow wurde jahrelang in mehr als hundert

Ländern gesehen. Der wichtigste Unterschied zu ähnlichen Sendungen von »Kerner« bis »Lanz«: Oprah Winfrey ist keine bloß rhetorisch geschickte, freundlich dreinschauende Moderatorin, die lediglich durch ihr penetrant häufiges Erscheinen auf dem Bildschirm zur TV-Ikone geworden ist. Sie beherrscht die Showbühne von Anfang an als markante, schauspielerisch hochbegabte, witzige und angenehm lebhafte Persönlichkeit. Dass ihre Sendung mit ihrem Namen verschmilzt, ist trotz der egofixierten Aufdringlichkeit gerechtfertigt, weil sie selbst diese Sendung *ist*, weil diese Sendung ohne sie nichts wäre. Das lässt sich von kaum einem der deutschen Nachfolgeformate behaupten.

Die deutschen Show-Damen zeigen sich immerhin etwas diskreter als ihre männlichen Konkurrenten. Sandra Maischberger benennt ihre Talkrunde, deren Dramaturgie zuweilen an eine kaum noch beherrschbare Überschwemmung denken lässt, nicht plump mit dem Hammer ihres Nachnamens, sondern weicher: »Menschen bei Maischberger«; und Maybrit Illner ertrug es immerhin acht Jahre lang, ihre politische Talksendung unter dem Titel »Berlin Mitte« zu moderieren, bevor sie sie 2007 in »Maybrit Illner« umtaufen ließ. Der schlichte Name als Firmenlogo, das ist die kommerzielle Logik des Marketings: Der Name macht's, er muss aufleuchten wie ein Mercedesstern oder ein »Flashlight«. Inhalte sind beliebiger Vorwand der Veranstaltung, eigentlich Firlefanz, den sich keiner zu merken braucht. Der so frontal dem Zuschauer vor die Augen und Ohren gewuchtete Name macht dessen Träger zum Bestandteil eines medialen Wochenmarktes.

Der Name als erste Botschaft repräsentiert auch trefflich die epochale Tendenz zur Personalisierung aller wichtigen Sachverhalte und Problemfelder. Und Moderatoren sind so eitel und geschäftstüchtig, dass bisher noch keiner bekannt geworden ist, der sich geweigert hätte, so penetrant mit seinem Klarnamen ausgestellt zu werden. Nicht einmal der hochintelligente Philosophie-Autor Richard David Precht, dessen unter-

haltsame Menschenkunde *Wer bin ich und wenn ja, wie viele?*
(2007) viereinhalb Jahre auf der SPIEGEL-Bestsellerliste stand
und in 32 Sprachen übersetzt wurde, konnte verhindern, dass
sein – als Dialog zu zweit angelegter, 2012 erstmals gesende-
ter – Philosophie-Talk im ZDF schlicht »Precht« heißen musste.
Die Medientendenz zur Personalisierung hat damit auch die
Metaphysik überrollt, in der eigentlich das Sein von Allem
zur Frage wird – ohne Rücksicht auf die Person des Fragenden.

Als anspruchsvoller, unerschrocken begriffslastiger Dialog
zwischen zwei Wissenden, der nicht nur vom Durcheinander-
TV-Talk abweicht, sondern auch vom klassischen Interview, das
ein Generalist mit einem Spezialisten führt, ist das »Precht«-
Unternehmen dennoch eine löbliche Ausnahme im medialen
Stimmengewirr und Promi-Gelächter. Vorpreschen, Lächeln,
Ich-Sagen, auffällige Sprüche klopfen, Ware in die Kamera
halten und dabei gut aussehen – das ist im schlechten Regelfall
die immer gleiche, würdelose Ästhetik der üblichen Talkrunde.
Sie unterscheidet sich zwar in Anspruch, Personal und Form,
aber kaum grundsätzlich von lachhaften Verkaufssendungen
à la »Harry Ivens Schmuck-Woche«, auch »Tele-Shopping«
genannt. Ein gutes Zeichen: Im März 2013 wird bekannt, dass
die Leitung der ARD darüber nachdenkt, die Zahl der Talkshows zu reduzieren. Wenig später lässt sie ausgerechnet die
kaum klamaukbelastete Sendung »Beckmann« fallen.

Würde des Rückzugs und des Verzichts

Reduktion auf das Wesentliche, Zurücknahme von funkelnden
Behauptungen des Größten, Letzten und Schlimmsten, selbst-
kritische Zurückhaltung mitten im Medienpalaver, Verzicht auf
Rache und unbedingte Selbstbehauptung, freimütiger Entschluss zum Rücktritt, etwa zur Kündigung aus Gründen des
Selbstschutzes gegen Herrenmenschen mit ererbter oder auf
andere Weise verdienstfrei erworbener Chefmütze, Entschluss

zu einem einfacheren Lebensstil, ja sogar zu einer Armut, die sich auf das Notwendige der Ernährung, Kleidung und der Statussymbole beschränkt – all dies hat eine eigene, beinahe mystische Würde. Das sind uralte Würde-Motive, die im antiken Griechenland so relevant waren wie im heutigen Berufsleben. Die ehrenvolle Rücktritts-Würde gilt nicht nur für Manager, die den Rendite-Stress ihrer Firma nicht mehr aushalten, sondern für viele namenlose »Aussteiger« dieser Welt, die eine »Auszeit« aus der rasenden Zeit des permanenten »In«-Seins nehmen.

Sie galt in der Vergangenheit für einzelgängerische Asketen, doch sie galt auch für Kaiser Karl V. (1500 bis 1558), jenen Habsburger, in dessen Reich, wie es hieß, die Sonne niemals unterging. Er zog sich ein gutes Jahr vor seinem Tod in ein westspanisches Kloster zurück; er war gesundheitlich angeschlagen, hätte aber durchaus noch eine Weile durchhalten können. Oder für Franz von Assisi (um 1181/82 bis 1226), jenen Sohn eines italienischen Tuchhändlers, der mit seinem Vater stritt, weil er aus väterlichen Mitteln Almosen verteilte und Baumaterial für die Renovierung verfallener Kirchen besorgte. 1207 kam es deshalb zu einer öffentlichen Gerichtsverhandlung, bei der sich Franz seiner Kleidung entledigte – zum Zeichen dafür, dass er auf das Erbe der Familie verzichten wollte.

Er sagte sich in aller Form vom Vater los. Franz alias Giovanni wurde von seinem Vater »Franceso« (»Französchen«) gerufen, als der Händler von einer Reise nach Frankreich zurückgekehrt war. Franz nannte die freiwillig gewählte Armut seine »Herrin«. Er lebte lange in einer felsigen Einsiedelei, das erste Kloster des von ihm begründeten Franziskanerordens der »Minderen Brüder« bestand aus einer winzigen Kirche und einigen bescheidenen Reisighütten. Der berühmte »Sonnengesang« aus seiner Feder, der auch an seinem Sterbebett vorgetragen wurde, rühmt den »Herrn mit all deinen Geschöpfen«, mit »Bruder Sonne« und »Schwester Mond«, »Bruder Wind« und »Schwester Wasser«. Wer sich von den

Zwängen des Haben- und Gelten-Wollens befreit hat, wird innerlich weit und offen für die Bejahung der Schönheit des schlichten Da-Seins, für das Faszinosum der Unergründlichkeit des eigenen Seins und der kosmischen Unendlichkeit.

Diesem Vorbild der mönchischen Zurücknahme weltlicher Ambition verpflichtet sich der argentinische Jesuit und Kardinal Jorge Mario Bergoglio, als er am 13. März 2013 zum neuen Papst der römisch-katholischen Kirche gekürt wird und sich den Papstnamen Franziskus I. zulegt – mit einem diskreten Dankeshinweis auf den dritten Vornamen seines italienischen Vaters (»Francisco«). Papst Franziskus hat als Erzbischof von Buenos Aires oft demonstrativ in einem Elendsviertel der Stadt die Messe gelesen, er hat geholfen, dort eine Armenküche und ein Behandlungszentrum für Drogensüchtige aufzubauen. In die bischöfliche Residenz fuhr er in der Regel mit der U-Bahn. Unmittelbar nach der Wahl zum Papst lässt er den luxuriösen Dienstwagen seines Vorgängers stehen und steigt zu den Kardinälen in den Bus, der sie alle ins vatikanische Gästehaus bringt.

Der Wiener Kardinal Christoph Schönborn nennt Franziskus I. den »Papst der Armen«. Ein Jesuit, der die spanischsprachige Abteilung von Radio Vatikan leitet und einst selbst an der Seite von Bergoglio in einem Arbeiterviertel Gemeindearbeit geleistet hat, bezeugt, wie Bergoglio gegen Prostitution und Menschenhandel gepredigt habe: »Er hat gegen die Käuflichkeit und die Korruption gesprochen und die Menschenwürde verteidigt.« Ein anderer geistlicher Weggefährte dieser Zeit sagt über das damalige Wirken des neuen Papstes: »Er hat den Armen ihre Würde zurückgegeben.« (SPIEGEL 12/2013). Ende März erregt es Aufsehen, dass der neue Papst einigen Insassen eines Jugendgefängnisses die Füße wäscht; ein alter Brauch, neu ist, dass sich unter den Gewaschenen zwei weibliche Sträflinge finden.

Der Begriff »Würde der Armut« zielt nicht auf verklärende Darstellungen der Heiligen Familie im Stall von Bethlehem und auch nicht auf die zahllosen Bilder jener Arme-Leute-Schlichtheit, die man aus der Genremalerei des 19. Jahrhunderts kennt – nach dem Musterbeispiel eines stimmungsvoll in Brauntönen gehaltenen Gemäldes, das, entstanden um 1820, eine verarmte Mutter aus dem rheinischen Leinenwebermilieu zeigt, die in die ausgestreckten Hände ihrer hungrigen Tochter nur einen traurigen Blick legen kann: Die Brotschale auf dem Tisch ist leer.

»Würde der Armut« ist zum einen die Würde der unfreiwillig Armen, die trotz ihres gesellschaftlichen Misserfolgs potenziell selbstbestimmte, stolze Individuen sind wie alle anderen Mitglieder der Gesellschaft und darum jenen Respekt verdienen, der sie vor der allergrößten Not bewahrt – durch der Menschenwürde geschuldete Zuwendungen der Allgemeinheit. Wenn der Kardinal oder der Armenpriester mit diesen Armen die Messe feiert, erkennt er deren prinzipielle Gleichrangigkeit als »Kinder Gottes« und selbstverantwortliche Mitglieder der Gesellschaft rituell an. »Würde der Armut« ist aber auch ein Respektstitel für die Wahl des Heiligen Franziskus, aus freier Entscheidung vom elterlichen Wohlstand Abschied zu nehmen und Bettelmönch in brauner Kutte zu werden – die Würde des besitzlosen Asketen zu suchen. Diese Entscheidung ist zwar radikal, aber als deutliches Zeichen der Selbstbeherrschung und Selbstüberwindung ein Zeichen für die Möglichkeiten menschlicher Autonomie: ein Würde-Beweis.

In dieses Bild passt der amerikanische Landvermesser und Naturschwärmer Henry David Thoreau (1817 bis 1862). Er gehörte zum Kreis der sogenannten Transzendentalisten, die in der Begeisterung für englische Romantik und deutschen Idealismus – von Kant bis Schelling – sowie in der Hinwendung zur Natur und zum einfachen Leben eine verlockend schimmernde Widerstandswolke gegen den Materialismus und Rationalismus der Puritaner in den Himmel zwischen Boston und Concord (Massachusetts) schickten. Zu den Anhängern dieses Kreises zählen auch Autoren wie Walt Whitman und Nathaniel Hawthorne.

Thoreau arbeitet längere Zeit in der kleinen Bleistiftfabrik seines Vaters, ehe er – nach einem ernüchternden Intermezzo als Hauslehrer in einer Großstadt – zurück zur Natur findet: zu den Wäldern, Wiesen, Bächen und Seen rund um seine Heimatstadt Concord. Auf einem Grundstück, das ihm der Philosoph und Natur-Apostel Ralph Waldo Emerson zur Nutzung überlässt, baut er eine bescheidene Hütte, die aus einem Raum besteht. Darin finden gerade mal Bett, Tisch, Pult, Stühle, Topf, Essgeschirr, Lampe, Spiegel und eine kleine Büchersammlung Platz. Er sei, notiert Thoreau, »in den Wald gegangen, weil mir daran lag, mit Bedacht zu leben, mich nur mit wesentlichen Dingen des Lebens auseinanderzusetzen, um zu sehen, ob ich nicht lernen könne, was es zu lernen gibt, um nicht, wenn es ans Sterben ginge, entdecken zu müssen, nicht gelebt zu haben.«

Thoreau beschreibt seinen wunderbaren Alltag: Morgens geht er durch die Wälder, schaut nach den Bohnen auf seinem Acker oder geht fischen. Nachmittags liest er, beobachtet Tiere und bereitet sein Abendessen vor. Manchmal bringt seine Mutter Apfelkuchen vorbei, auch besuchen ihn Freunde oder Neugierige. Die nahe Stadt Concord, die ihm als »Nachrichtenagentur« dient, wird regelmäßig aufgesucht. Bei seinen Spaziergängen zum Walden Pond entdeckt er das Wesen dieses Sees: »Auge der Erde: wer hineinschaut, ermisst die Tiefe seines eigenen Wesens.« Wenn er, bewaffnet mit Notizbuch, Bleistift und Messer durch die Landschaft um Concord schweift, spricht er auch mit den Vögeln – wie der Legende nach der Heilige Franziskus. Gut zwei Jahre hält Thoreau es hier aus, dann wohnt er wieder in Concord, kurze Zeit wegen Steuerschulden auch im Gefängnis, und ist viel unterwegs auf Vortragsreisen. 1854 veröffentlicht er das Buch *Walden; oder: Leben in den Wäldern (Walden; or: Life in the Woods)*, das heute ein Klassiker der Grünen Bewegung ist.

Ende der Sklaverei

Thomas Clarkson: ein Held der Würde

Henry David Thoreau war ein grimmiger Gegner des Sklaven-
handels und der Sklavenhaltung – einer elementaren Würde-
Missachtung, die zu jener Zeit in den Vereinigten Staaten trotz
wachsender Kritik üblich war. Die ersten Impulse zum entschlossenen Kampf gegen die Sklaverei regten sich allerdings
nicht dort, sondern in England: 1787 beschlossen in London
zwölf Männer eine Anti-Sklaverei-Kampagne, sie gründeten
die »Gesellschaft für die Abschaffung der Sklaverei«. Dabei
folgten sie einer Eingebung, die dem 25-jährigen Theologen
Thomas Clarkson bei einem Ritt von Cambridge nach London
gekommen war. Clarkson, nach dem Urteil eines Zeitgenossen, des Dichters Samuel Taylor Coleridge, eine »moralische
Dampfmaschine«, hatte vorher an der Universität einen Essay-
Wettbewerb mit einer kritischen Betrachtung gewonnen, in
der er unter anderem die Papiere eines verstorbenen Sklaven-
händlers ausgewertet hatte. Auf der halben Wegstrecke nach
London hielt er an, setzte sich, wie er sich später erinnerte,
»am Wegrand tieftraurig ins Gras und hielt mein Pferd am
Zügel. Hier ging mir ein Gedanke durch den Sinn – wenn
der Inhalt des Essays wirklich zutraf, dann war es an der Zeit:
Irgendein Mensch sollte darum besorgt sein, diesem Schrecken ein Ende zu machen.«

Er selbst war dieser Mensch, wie er einsah, und die von ihm
inspirierte Initiative der Zwölf zog Kreise: 1807 wurde das Ver-

schiffen von Sklaven aus britischen Häfen vom britischen Parlament verboten. Aber erst 1838 war die Befreiung der Sklaven im ganzen Empire faktisch durchgesetzt, mit allen Begleitgesetzen, die zum Beispiel die Entschädigungen für Farmer und andere Sklavenbesitzer regelten. Grausame, entwürdigende Bilder von Schwarzafrikanern, die in langen Reihen an Ketten, mit Hals- und Fußeisen, angetrieben von peitschenden Aufsehern, zu den Häfen marschierten, wo sie wie Vieh auf Schiffe verladen wurden und von wo sie dann auf koloniale Zuckerrohr- oder Baumwollplantagen etwa in der Karibik gelangten – diese Bilder gehörten fortan der Vergangenheit an. Immerhin hatte die koloniale Sklaverei im Empire 276 Jahre gedauert. Sie war das traurige Erbe einer Unkultur der Menschenverachtung, die über mehrere Jahrtausende in den verschiedensten Weltgegenden als normal galt, auch im islamisch geprägten Orient. Als nach 1838 im britischen Kolonialreich die Sklaven zu – meist schlecht bezahlten – Lohnempfängern wurden, die immerhin über sich verfügen und nicht mehr körperlich misshandelt werden durften, schufteten in brasilianischen Bergwerken und Plantagen noch 1,5 Millionen Sklaven; auf Kuba waren es etwa 400 000 und im Süden der Vereinigten Staaten – noch weitere zwanzig Jahre lang – über zwei Millionen.

Die Abschaffung der Sklaverei ist bisher das größte, umfassendste, erfolgreichste und vielgestaltigste Würde-Projekt der Geschichte. Motivierend war unter anderem der Bezug zur Religion, denn vor Gott sind alle Menschen gleichwertig. Aber es waren vor allem die konkreten Geschichten und Bilder krasser, teilweise grotesker Misshandlungen, die zumal unter englischen Damen emotionale Empörung auslösten und die Parlamentarier schließlich dazu brachten, die monströse, auch für die englische Kultur letztlich peinliche Behandlung von Menschen als handelbare und beliebig zu misshandelnde Waren zu beenden. Hier hat das ästhetische Feingefühl auch etlicher Adliger geholfen, die richtige Moral durchzusetzen.

Manche Historiker meinen, die Sklavenbefreiung sei als historischer Riesenschritt auf dem Weg zur allgemein anerkannten Menschenwürde eine größere Leistung gewesen als die Französische Revolution – so der Amerikaner Adam Hochschild in seiner eindrucksvollen Studie *Sprengt die Ketten* (2005). Diese kolossale Emanzipationsbewegung, der erst im 20. Jahrhundert die allmähliche weltweite Verbreitung des Frauenwahlrechts und wichtige Einzelgesetze wie das Diskriminierungsverbot im Umgang mit Farbigen folgten, begann an einem winzigen Fleck der Erde: in einem Theologen-Seminarraum der Universität Cambridge.

Totale Institutionen

Nicht vergleichbar in den Dimensionen, auch nicht in der Dramatik, wie sie den diversen historischen Sklavenaufständen eignet, aber immerhin ähnlich in diesem Verhältnis zwischen in einem bescheidenen, provinziellen Anfang und einer nach und nach anschwellenden, letztlich nicht aufhaltsamen Wirkung im großen Maßstab, ist eine andere Emanzipationsbewegung. Sie betrifft die Menschenwürde der psychisch Kranken, Behinderten, Siechen und mehr oder weniger »anstrengend« gewordenen Alten.

Die Industrialisierung der Arbeit, die zweckrationale Lebensorganisation in den größeren Städten und die Kommerzialisierung menschlicher Beziehungen – auch der Kontakt zu anderen muss »etwas bringen« – haben lange Zeit die ohnehin vorhandene Neigung der Gesunden und Erfolgreichen verstärkt, die Geisteskranken, Scheiternden und alle anderen vermeintlich Überflüssigen abzuschieben in mehr oder weniger geschlossene Institutionen. Solange die Großfamilie am Ort ihrer handwerklichen, bäuerlichen oder kaufmännischen Arbeit einigermaßen beisammen lebte, wurden diese Überflüssigen meistens irgendwie mitgeschleppt, gewiss auch nicht selten in entlegene Kammern fortgesperrt. Aber selbst da gab es den täglichen Familienkontakt, etwa wenn geputzt oder das Essen gebracht wurde.

Nur die krassen Fälle landeten in »Zucht«- oder »Tollhäusern«, wo die Geisteskranken oft angekettet und zusammen mit Behinderten, als Störenfriede aufgefallenen Vagabunden, Sträflingen, unheilbar kranken Huren oder politisch Widerspenstigen in großen Sälen mehr schlecht als recht »behütet« wurden. Diese – häufig so bezeichnete – »Ausgrenzung der Unvernunft« hat auch die Aufklärung überlebt, bis dann im 19. Jahrhundert das angebliche Irre-Sein als Krankheit erkannt wurde, die von Spezialisten zu behandeln sei, und zwar in speziellen Krankenhäusern, die bald »Nervenheilanstalten« hießen. Der 1784 eingerichtete »Narrenturm« im 9. Wiener Bezirk war die erste europäische Spezialeinrichtung dieser Art. Gegenüber den älteren, turbulenten, lichtlosen, kerkerartigen Tollhäusern waren die Krankenanstalten ein klarer Fortschritt, vor allem ein Gewinn an Rationalität im Umgang mit Menschen, die nicht funktionieren wollen oder können.

Aber auch von diesen Nervenheilanstalten musste sich die Menschheit emanzipieren. Der amerikanische Soziologe Erving Goffman (1922 bis 1982) zählt sie zu jenen »totalen Institutionen«, zu denen für ihn auch Internate, Gefängnisse, Altenheime und Kasernen gehören. Mehr und mehr wurde in den 70er-Jahren des 20. Jahrhunderts erkannt, dass diese geschlossenen Kliniken – in Deutschland hießen sie oft »Landeskrankenhäuser« – durch die Art, wie sie ihre Patienten rigoros einsperrten, reglementierten und fremdbestimmten, das jeweilige Krankheitsbild eher noch verdüsterten: Krankenhäuser, die ihre Kranken erst recht krank machten.

In Dänemark protestierten Bürger schon 1934 gegen die Zwangsbetreuung und Zwangssterilisation geistig Kranker in dafür bestimmten »Anstalten«. Die deutsche Gegenbewegung begann, wie bei dem Kampf gegen den Sklavenhandel, im Kleinen, in der Provinz. 1979 entwickelte eine Gruppe Nachdenklicher im Baden-Württembergischen Sozialministerium in Stuttgart erstmals ein Konzept, das die vollstationäre Betreuung Hilfsbedürftiger teilweise durch Unterstützungsangebote ersetzt, die ambulant dorthin geschafft werden, wo der Hilfsbedürftige lebt. Dem dafür geprägten Stichwort »Betreutes Wohnen« gaben seine Erfinder auch den bis heute gebräuchlichen Standardschlüssel 1:12 mit auf den Weg: Ein ambulanter Helfer für zwölf Hilfsbedürftige – seien diese nun altersdement, körperbehindert, suchtkrank oder anders psychisch krank.

Der bekannte Sozialpsychiater Klaus Dörner, Jahrgang 1933, sieht in dem Motto dieser Bewegung – »ambulant vor stationär« – den Anfang vom Ende jener »Institutionalisierung«, die er als »Abnormisierung des Helfens« bezeichnet. Er hält die davon ausgehende »globale Bewegung der De-Institutionalisierung« im Umgang mit den Verlierern einer Gesellschaft für unumkehrbar. Die Institutionalisierung des Helfens habe letztlich bewirkt, dass die Hilfsbedürftigen »entwürdigt wurden«. Dörner: »Man kann geradezu experimentell zeigen, dass eine beliebige Bevölkerungsgruppe, die man systematisch aus ihrer Lebensweise herausselektiert, homogenisiert, spezialisiert und tendenziell lebenslang in Institutionen konzentriert, in den Augen der Anderen, aber auch in ihren eigenen Augen derartig an Wert und Würde verliert, dass insbesondere in Krisenzeiten die Gewalthemmschwelle gegen sie sich drastisch erniedrigen wird, egal ob es sich um psychisch Kranke, Behinderte, Sieche oder Alte handelt.« (*Leben und Sterben, wo ich hingehöre*, 2007).

Dörner war von 1980 bis 1996 Chefarzt der Westfälischen Klinik für Psychiatrie, Psychosomatik und Neurologie in Gütersloh. Zu seinen einflussreichen Schülern gehört der Leiter der sozialpsychiatrisch besonders engagierten psychiatrischen Abteilung am Johanniter-Krankenhaus im holsteinischen Geesthacht, Matthias Heißler. 1998 veröffentlicht Dörner einen provozierenden »Rechenschaftsbericht über die Entlassung aller 435 psychiatrischen Langzeitpatienten des Landeskrankenhauses (der Klinik) Gütersloh von 1981 bis 1996, also über die 15-jährige De-Institutionalisierung dieser Institution und damit über das Ende der Veranstaltung der chronisch psychisch Kranken«, wie er im Vorwort schreibt. Die Vorbereitung dieser kleinen Revolution, dieser Art von Sklavenbefreiung, enthält sieben Jahre Gruppenarbeit.

Das *Ende der Veranstaltung,* so der Titel der Veröffentlichung, war der Anfang einer flexiblen, mobilen, eben: ambulanten Organisation der psychiatrisch-sozialen Hilfe. Deren Basis sind individuelle Gespräche, in denen der Arzt dem Patienten auf Augenhöhe begegnet, auch um herauszufinden, wie dieser Patient in seiner jeweiligen Gemeinde, seinem vertrauten Milieu, zurechtkommt und welche konkrete Hilfe er braucht. Hier geht es, wie generell in der modernen Medizin, um neue Wege zur möglichen Autonomie: zur Würde der psychisch Kranken und anderer, die aus der Ratio unserer Leistungsgesellschaft herausgefallen sind.

Ausblick

Transparenz und Geheimnis

Wer den Mund hält, ist dem imaginären Tempel der Würde näher als jeder, der munter drauflos plappert. Nach nationalen Katastrophen erlebt die staunende Menschheit sogar Schweigeminuten ganzer Länder. Der Schweigende gestikuliert nicht, schon darin ist er im Würde-Vorteil gegenüber dem Redseligen. Hinzu kommt: Er redet, als Schweigender, auch keinen Unsinn, was er wiederum dem Redseligen voraushat. Vielleicht ist dies der simple Hintergrund des Sprichworts »Reden ist Silber, Schweigen ist Gold«. Die Würde des Schweigens ist golden gefärbt, sozusagen der Goldgrund unter und hinter den Girlanden der Rede. Nicht zuletzt: Das Schweigen einer Nation kann man nicht senden, nur – redend – kommentieren.

Die moderne Medienwelt ist das dornenreiche Feld, über das die Würde zu schreiten versuchen muss. Medien wollen an dem jeweiligen Geschehen und seinen Akteuren »nah dran« sein, also Distanz aufheben. Das ist ebenso würdefeindlich wie das unvermittelte Anstarren eines fremden Menschen. Dieselben Medien aber errichten neue, für die Fans quälende Distanzen zwischen sogenannten Medienstars und unauffälligen Zuschauern, die den Starstatus für einen Ausweis von Bedeutung halten und in kreischender Ehrfurcht erstarren, wenn ihr Bildschirmheld plötzlich leibhaftig vor ihnen auf der Bühne steht und affektiert hüstelt. Diese Distanz zwischen

Medienstar und Publikum hat mit Würde nichts gemein – sie ist gerade unwürdig, weil künstlich und ohne Maß.

Ihre Würdelosigkeit wird fortgesetzt und bestätigt durch Zeitgenossen, die in sogenannten Reality-Shows wie »Dschungelcamp«, in allen möglichen Rate- und Beratungssendungen Medienprominenz für Minuten suchen, als könnten sie so die Kluft zwischen Star und anonymem Publikum überwinden. Wenn sie sich dabei blamieren und einen Würde-Schaden davontragen, ist das die logische Folge ihrer unwürdigen Medien-Ruhmsucht und verdient nicht allzu viel Mitgefühl. Allerdings ist auch billiger Spott nicht angebracht, weil es sich letztlich um Opfer des Zeitgeistes handelt – des skrupellosen Hangs zu einer Selbst-Aufführung des Ichs, die der Vergänglichkeit mit elektronisch fixierten Bildern ein Schnippchen zu schlagen und mediale Bekanntheit um fast jeden Preis zu erlangen hofft.

Eine lebendige Demokratie ist angewiesen auf die vernünftige Balance zwischen Transparenz und Teilhabeformen wie Volksbefragung einerseits, gewissen Formen der repräsentativen Distanz und Geheimhaltung andererseits. Der Respektsbedarf, der diese Distanz involviert, dient letztlich der Selbstwertschätzung der Allgemeinheit – also von jedermann, ist demnach also nicht undemokratisch. Diese Spannung zwischen Teilhabe und Distanz muss unsere Demokratie aushalten, wenn Politik nicht zum platten Ergebnis wöchentlicher Meinungsumfragen und täglich wechselnder Internetkampagnen herabsinken soll. Die schiere Demoskopie-Demokratie ist unwürdig. Sie verletzt jene Würde der Allgemeinheit, die den Selbstrespekt aus Treue zu Prinzipien benötigt. Ein Prinzip wie die Fairness oder der Kategorische Imperativ darf aber nicht von Meinungsumfragen abhängig gemacht werden: Das wäre der Gipfel des Würde-Verlusts.

Diese strenge Zwischenbemerkung vorausgesetzt, können wir abschließend die Würde als die über unseren Grundrechten schwebende, mit ihnen eng verknüpfte Leitidee einer ästhetisch wie ethisch ambitionierten Lebensweise definieren. Dieses Lebensideal ist verbindlicher als ein Violinkonzert von Beethoven, aber musikalischer als die Vorstellung eines souveränen, meistens gerecht handelnden Charaktermenschen.

Im Zeichen der so verstandenen Würde ist es wichtig, dem multimedialen Sturmlauf des globalen »Lady Gaga-ismus«, der ironisch und elegant inszenierten Vulgarität, zu widerstehen. Lady Gaga nennt sich eine US-amerikanische Popsängerin, Jahrgang 1986, die den Welterfolg ihrer Songs gern mit erotisch bizarren Videos beschleunigt. Die wirksamste Form solchen Widerstands ist immer noch der Druck auf den »Aus«-Knopf.

Auch in die Irre führende Egalitätsprojekte wie jener 2011 gemachte Vorschlag der Hamburger Schulbehörden, in der Grundschule nur noch die Druckschrift zu lehren, sind würdefeindlich. Das darf man konstatieren, ohne undemokratisch zu sein: Die als Normschrift für Lesen und Schreiben durchgesetzte Druckschrift wäre das Ende der handschriftlich geleisteten, markanten Unterschrift, die in Druckbuchstaben kaum zu erkennen wäre. Und auf dieses sichtbare, urkundlich relevante Zeichen persönlicher Identität hat jedermann seit Jahrhunderten einen Anspruch.

Wer die von uns beschriebenen Tendenzen zur schematischen Egalisierung, zur schrankenlosen Transparenz und falschen Nähe, zur qualitätsfeindlichen Beschleunigung des Alltags und der Kommunikation, zur permanenten Übertreibung, Selbstinszenierung und Respektlosigkeit zusammennimmt, der kann nur auf eine Wiedergeburt der Würde hoffen, die die momentane Hochkonjunktur dieses Begriffs verstetigt und überdauert. Humanität schützende Tugenden wie Takt, Höflichkeit, Treue, Respekt, Zurückhaltung, Anerkennung von Qualität, Diskretion, Selbstkritik, Sinn für leise Töne, für Verschwiegenheit und die Zeichensprache der Diskretion sowie der indirekten, ironisch vermittelten Kritik verdienen verstärkte Beachtung gegenüber der medienüblichen Direktheit, Aggressivität, Herablassung und einer in allen persönlichen Belangen seltsam unempfindlichen Unverschämtheit. Das Ideal der Würde könnte diese kleine Kulturrevolution ohne pädagogischen Zeigefinger oder irgendeine behördliche Verordnung anregen und begleiten. Dieser Weg zu mehr Würde wäre allemal würdiger als eine strengere Reglementierung der Medien, wie sie im Frühjahr 2013 in Ungarn und Großbritannien angekündigt wird.

Exerzitien der Schlichtheit

Unsere Beschwerde-, Rechthaber-, Schmäh-, Schreihals-, Selbstentblößungs-, Zocker-, Geldvernichtungs- und Vergnügungsgesellschaft bedarf dringend der Orientierung an einer parteiübergreifenden, weder kirchlichen noch kirchenfeindlichen, dennoch quasi-religiösen, aus den Tiefen der Vergangenheit geschöpften Würde-Kultur. Diese sollte dem in funktionaler Blindheit und im Strom vielfältiger Reizflutungen vorwärts getriebenen Zeitgeist immer wieder mal Einhalt gebieten. Die Religion wäre die klassische Schutzherrin dieser Würde-Kultur, doch sie hat schwer zu kämpfen gegen einen selten skeptisch befragten Vulgär-Skeptizismus und einen Positivismus, der seine Definitionshoheit über »Fakten« behauptet wie einst die Kirche die ihre über theologische Dogmen. Die führenden Naturwissenschaftler, auf die sich unsere Positivisten berufen, sind selbst meist offen für jene Rätsel des kosmisch-unendlichen Seins, die auch einem Gottesleugner einen Hauch von Existenz-Würde vermitteln können. Doch das schert die agnostischen Dogmatiker nicht, die den Zeitgeist und die kulturelle Zukunft auf ihrer Seite zu wissen meinen.

In der Sorge um die Zukunft unserer Kultur darauf würdig zu reagieren, heißt zum Beispiel: das staunende Nachdenken über die großen Rätsel des Daseins möglichst täglich üben wie ein intellektuelles Gebet; nachzusinnen über jene Geheimnisse des Mikro- und Makrokosmos, die noch nicht auf dem sterilen Labor-Küchentisch der Naturwissenschaften zu winzigen, strahlenden Würfeln kleingeschnitten wurden. Das Vorbild dafür könnten einige Motive aus den durch Ignatius von Loyola entwickelten »Exerzitien« sein, orientiert an seinen 1533 erstmals gedruckten *Geistlichen Übungen*.

Ignatius von Loyola, der sich vom baskischen Ritter zum Mitbegründer des straff organisierten Jesuitenordens wandelte, setzte für gute Exerzitien vier Wochen an, in denen der Übende täglich vier bis fünf Stunden die Evangelien studieren, über seine Sünden, sein Verhältnis zu Gott und die Auferstehung meditieren und ansonsten schweigen sollte – was alles nur an einem abgelegenen Ort der Würde, etwa in einem Kloster, möglich ist. Franziskus I., der neue Papst der Römischen Kirche, ist der erste Jesuit in diesem Amt. Die Jesuiten verzichten auf eine Ordenstracht. Franziskus I. hat in den ersten Wochen nach seiner Wahl nicht nur auf die verschiedenfarbigen päpstlichen Prunktextilien verzichtet, sondern sogar auf das Wohnen im vatikanischen Papstpalast, auch »Apostolischer Palast« genannt – einem Gebäudekomplex aus dem 16. Jahrhundert mit rund 1400 Räumen. Diese demonstrative Schlichtheit mitten im byzantinisch geprägten Formen-Überfluss am Heiligen Stuhl könnte nicht nur die Katholische Kirche stilistisch und geistlich reformieren, sondern auch den Rest der Welt nachhaltig beeindrucken.

Stellen wir uns eine kulturlose Endzeit vor, in der nichts mehr gilt – kein Respekt vor den Eltern oder irgendeiner Institution, keine Scham, keine Diskretion, keine Religion, kein Grundgesetz, kein Ideal angemessenen Betragens, keine humanistische Idee der Balance von Sinnlichkeit und Vernunft, Schönheit und Gerechtigkeit; eine Endzeit des Endkampfs zwischen Arm und Reich, Priestern und Wissenschaftlern, Idealisten und Geld-

Zynikern, Machtgierigen und Konsens-Vernünftigen; eine Endzeit des weltwirtschaftlichen Kollapses, einer aus den Fugen geratenen, am Rand eines Kriegs aller gegen alle taumelnden Weltordnung und einer Natur, die eine Stickoxyd-, Sturm-, Erdbeben-, Kälte-, Hitze- und Überschwemmungskatastrophe nach der anderen gebiert. Selbst für diese extreme Situation lässt sich vorstellen, dass einer der letzten überzeugten Humanisten in irgendeinem Winkel der niedergehenden Welt, vielleicht auf einer irischen Insel, gelassen bleibt und ein einziges Prinzip seines Glaubens hochhält: seine Würde. Sie gebietet: Auch wenn alles vergeht, lässt er sich nicht gehen. Er wäscht sich und seine Kleider und geht aufrecht in die Abendsonne, unabhängig von der Wahrnehmung durch andere. Er selbst ist der nachdrücklichste Hüter seiner Würde.

Was uns fehlt, wenn die Würde geht: Das ist mehr als die souveräne Außenwirkung eines innerlich unabhängigen Menschen, so sehr er auch eingebunden sein mag in allerlei institutionelle, historische und familiäre Abhängigkeiten. Das ist auch mehr als der imposante Auftritt eines stolzen Individuums und der von solchen Individuen konstituierten, selbstbestimmten Gesellschaft. Das ist auch mehr als die achtunggebietende Symbiose aus moralischer Bemühung um Integrität und deren stilvoller Vermittlung im respektgeprägten Miteinander. Was wir verlieren, wenn die Würde verloren geht, ist eine Humanität, deren Anhänger innere Freiheit mit sozialer Empathie verbinden, die sich um diese Verbindung aber eher unauffällig und diskret bemühen – nicht demonstrativ und mit sichtlichem Stolz auf das eigene Gut-Sein oder Gut-Handeln.

Vermögende Kunstsammler oder Sportsponsoren, die diesem Würdekodex mehr oder weniger unauffällig folgen, verdienen allen Respekt. Den verlieren sie, sobald sie – was leider oft passiert – ihr Gut-Handeln allzu hartnäckig nutzen, um kultur- oder vereinspolitisch Macht auszuüben. Selbstlosigkeit aus Geltungsdrang, das geht würdepolitisch daneben. Wenn wir die Würde nicht mehr hochhalten, halten wir es auch nicht mehr für notwendig, jeden Menschen zu respektieren, der »ganz einfach« zu sich steht, ohne als aufgeblasener, ideologisch ferngelenkter Zeitgenosse seiner gesellschaftlichen Wichtigkeit herumzuwuseln. Das medienabhängige politische Showgeschäft hat naturgemäß mit dem täglich drohenden Würdeverlust dieser Richtung besonders zu kämpfen. Die Akteure verdienen unser Mitgefühl und unseren kritischen Zuspruch.

In der Historie dürften Gestalten wie der altgriechische Philosoph Sokrates diesem Idealbild des Gut-Seins ohne Macht-Fußnote entsprechen. Er zog die Treue zum Gesetz der Rettung seines Lebens vor; er war zum Tode verurteilt, hätte aber leicht fliehen können. Ferner dessen Landsmann, der philosophierende Happening-Asket Diogenes von Sinope, der, wie es heißt, im Jahr 399 v. Chr. just an jenem Tag geboren wurde, an dem Sokrates starb. Dieser bettelarme Meister des »genügsamen Daseins« schlief angeblich oft in einer großen, bauchigen Tonne für Getreidevorräte, flanierte tagsüber auf dem Marktplatz und verstand seinen Spitznamen »Hund« als Ehrentitel: »Die mir geben, umwedle ich; die mir nichts geben, belle ich an; die Bösen beiße ich.« Am liebsten beiße er aber seine Freunde, um sie zur Vernunft zu bringen – zu der Einsicht, wie unwichtig Besitz und Reichtum letztlich seien.

Für die Würde des heldenhaft introvertierten Eigenbrötlers ist der Schreiner Georg Elser ein leuchtendes Beispiel. Er war Mitglied der KPD, verweigerte schon 1933 den Hitlergruß und hätte es 1939 beinahe auf eigene Faust geschafft, Hitler im Münchner Bürgerbräukeller durch ein präzise geplantes Bombenattentat zu töten. »Ich hab den Krieg verhindern wollen« – dieser schlichte Satz Elsers aus dem Gestapoverhör enthält mehr Würde als alle kunstvoll rhythmisch gezwirbelten Sätze, die der deutsche Literaturnobelpreisträger Günter Grass in seinem autobiografischen Werk *Beim Häuten der*

Zwiebel (2006) aufwendet, um zu erklären, wie und wieso er als 17 Jahre junger Mann und als Zeitgenosse Elsers Mitglied der Waffen-SS werden musste. Der KZ-Insasse Elser, kein vielzitierter Intellektueller, wurde 1945, einen Monat vor Kriegsende, von der Waffen-SS erschossen.

Im Alltag der Gegenwart treffen wir immer wieder auf solche Unbeirrbare, die wir spontan und nachhaltig bewundern, ohne dass wir daraus irgendeinen Vorteil ziehen wollten oder könnten. Manche Menschen, nicht selten Künstler, sind gesellschaftlich und wirtschaftlich absolute Niemande, doch sie vermitteln uns, wenn wir ihnen begegnen, durch ihre eigenwillige, äußerlich eher glanzlose, aber ästhetisch und moralisch entschiedene, oft asketische Lebensweise ein Beispiel von personaler Würde, das wir auch nach Jahren nicht vergessen. Eine Künstlerpersönlichkeit dieser Art war der schweizerische Bildhauer Alberto Giacometti (1901 bis 1966), der sich in den 30er-Jahren des vorigen Jahrhunderts aus dem Kreis der Pariser Surrealisten um André Breton zurückzog, als ihm vorgeworfen wurde, nach der Natur zu modellieren und als Möbeldesigner die künstlerische Radikalität einem »Brotberuf« zu unterwerfen: Das war »Verrat an der Avantgarde« (Breton). Giacometti arbeitete in verschiedenen, meist winzigen Ateliers. Seine hyperschlanken, fast entkörperlichten Fadenmenschen werden als Metaphern der existenziellen Reduktion auf das einsame Selbst gelesen, der Künstler aber erklärte sie recht schlicht: So reduziert, als lange bewegte Fäden im »unbetretbaren Raum« ihrer Innerlichkeit, sehe er auch seine Modelle, weil er sie stets aus größerem Abstand zeichne. Das sei ein wichtiger Unterschied zur Kamera, die alles nah an sich heranhole. Da ist sie wieder: die Distanz als Grundmotiv darstellerischer und gelebter Würde – das Gegenmotiv zum penetranten »Nah dran« moderner Reporter-Ideologie.

Aber auch in diesem Eigenwillen, dieser strukturellen Einsamkeit, diesem Konsensbruch gegenüber einer Clique (der Surrealisten) zeigt sich das Idealbild des moralisch wie ästhetisch Unbeirrbaren; einer besonders würdigen Person, die zu jener Zeit, als sie so lebte, vom späteren Weltruhm – und der damit zusammenhängenden verachtungswürdigen Menge gefälschter Imitate – noch nichts ahnen konnte. Und dies trotz der frühen Künstlerdialoge mit dem damals schon berühmten Maler Pablo Picasso, der meinte, Giacometti nähre die Erwartung auf ein Meisterwerk, das er wohl nie vollenden werde.

Der anonyme Sonderling der christlichen Tradition ist der »Eremit« in seiner Klause; dieser Begriff für den spirituell konzentrierten Einsiedler bedeutet ursprünglich »Wüsteneinwohner«. Der Eremit bleibt als ein zwar extremes, aber auch seltsam plausibles Vor-Bild dieser Elementarwürde in unseren Köpfen lebendig. Der Heilige Bruno von Köln, der im 11. Jahrhundert den auf Gebet, Einsamkeit, Schweigsamkeit, Meditation und vegetarische Ernährung ausgerichteten Kartäuserorden in den Bergen bei Grenoble gründet, ist eine konkrete Person, die dieses Vor-Bild mit Leben erfüllt. Das Motto der Kartäuser ist ein Würde-Motto: »Das Kreuz steht, indes die Welt sich dreht« (*Stat crux dum volvitur orbis*).

Unsere eigene Selbstachtung wird, auch wenn wir außerkirchlich leben, durch solche Beispiele gestärkt. Darum müssen wir auch versuchen, diese Beispiele im Alltag ausfindig zu machen. Wer sich dafür nicht interessiert, dem ist sie am Ende gleichgültig: die fremde wie die eigene Würde. Dem ist auch der Mensch am Ende gleichgültig – verstanden als je einmalige Chance, ein ethisch ministrables Selbst zu werden. Nach alter Lehre ist das Individuum »unfassbar« oder »unaussprechlich« (*ineffabile*), während Sprache das Individuelle stets schon verallgemeinert, also auch ein wenig verrät. Die auch aus dieser Unaussprechlichkeit wachsende Würde des Individuums konformistisch oder bloß schlampig preiszugeben, ist aussprechlich, aber unsäglich. Das darf unserer Gesellschaft und ihrer Kultur, allen unterhaltsamen »Anti«-Veranstaltungen zum Trotz, nicht passieren.

Nicht nur angesichts der gefährlichen Exzesse einer fast absolutistisch verselbständigten Finanzwelt in den vergangenen Jahren wäre eine neue Kultur der dem Unaussprechlichen verpflichteten Reduktion und Einfachheit, die nicht mit Armseligkeit zu verwechseln ist, ein Gebot der Würde. Ökonomisch gewendet, hieße das: möglichst nicht viel mehr nehmen, als man selbst gibt. »Weniger ist mehr«, lautet ein Motto des Bauhaus-Architekten Ludwig Mies van der Rohe aus den 20er-Jahren des vorigen Jahrhunderts (die Parodie »Weniger ist langweilig«, die ein postmoderner US-Kritiker in den 1980-Jahren darauf bezog, ist würdefeindlich).

»Weniger« ist die entscheidende Losung der nächsten Jahrzehnte, wenn die Menschheit gemeinsam einigermaßen friedlich überleben will, statt sich in einem Vernichtungskampf um die begrenzten Ressourcen der Erde zu zerfleischen. Dieses »Weniger« mit Stil und Respekt vor allen Mitbewohnern der Einen Welt zu repräsentieren, ist der mögliche Kerngedanke eines zwar gewandelten, jedoch zugleich der Tradition innig verbundenen Verständnisses der Würde. Eine solche Würde der Bescheidenheit ist nicht mehr kleinbäuerliches Schicksal, sondern Ergebnis der Reflexion in einer Überflussgesellschaft. Jedermann entscheidet darüber für sich. Das in diese Richtung zielende, militant bis lautstark und jedenfalls volkstümelnd verkündete Erziehungsdiktat irgendeiner Partei ist hier eher kontraproduktiv, weil es gerade jene selbstbewussten und gut informierten Nachdenklichen gegen sich aufbringt, die dem Inhalt der Botschaft am ehesten zum gesellschaftlichen Durchbruch verhelfen können.

Einer umfassenden, so intellektuell wie existenziell verstandenen Bescheidenheit, die standhaft ist, während um sie herum alles vorwärts rast, gehört die Zukunft. Das wäre auch die Zukunft der Würde.

Literaturverzeichnis

Aristoteles: *Die Nikomachische Ethik*, aus dem Griechischen von Franz Dirlmeier, Stuttgart 1969.

Assmann, Jan: *Weisheit und Mysterium. Das Bild der Griechen von Ägypten*, München 2000.

Asserate, Asfa-Wossen: *Manieren*, Frankfurt a.M. 2003.

Augustinus: *Bekenntnisse*, aus dem Lateinischen von Joseph Bernhart, Frankfurt a.M./Hamburg 1955.

Bielefeldt, Heiner: *Auslaufmodell Menschenwürde?*, Freiburg i.B. 2011.

Bloch, Ernst: *Naturrecht und menschliche Würde*, Frankfurt a.M. 1961/1972.

Borsi, Franco: *Die Monumentale Ordnung. Architektur in Europa* 1929–1939, aus dem Italienischen von Rut Föhn, Stuttgart 1987.

Bucay, Jorge: *Komm, ich erzähl dir eine Geschichte*, aus dem Spanischen von Stephanie von Harrach, Frankfurt a.M. 2007.

Cicero, Marcus Tullius: *De officiis/Vom pflichtgemäßen Handeln*, aus dem Lateinischen von Heinz Günermann, Stuttgart 1976.

Ders: *De natura deorum/Über das Wesen der Götter*, aus dem Lateinischen von Ursula Blank-Sangmeister, Stuttgart 1995.

Ders: *De re publica/Vom Gemeinwesen*, aus dem Lateinischen von Karl Büchner, Stuttgart 1979.

Cain, Susan: *Stille. Die Bedeutung von Introvertierten in einer lauten Welt*, München 2011.

Conrads, Ulrich; Neitzke, Peter (Hrsg.): *Die Bauhaus-Debatte* 1953. *Dokumente einer verdrängten Kontroverse*, Wiesbaden 1994.

Denzler, Georg: *Das Papsttum. Geschichte und Gegenwart*, München 1997.

Dörner, Klaus: *Leben und Sterben, wo ich hingehöre*, Neumünster 2007.

Ders. *Ende der Veranstaltung. Anfänge der Chronisch-Kranken-Psychiatrie*, Gütersloh 1998.

Dreier, Horst: *Gilt das Grundgesetz ewig?*, München 2008.

Erasmus von Rotterdam: *Adagia*, aus dem Lateinischen von Anton J.Gail, Stuttgart 1983.

Flasch, Kurt: *Was ist Gott? Das Buch der* 24 *Philosophen*, aus dem Lateinischen von Kurt Flasch, München 2011.

Foerster, Rolf Hellmut: *Das Barockschloss – Geschichte und Architektur*, Köln 1981.

Forum für Philosophie Bad Homburg (Hrsg.): *Zeiterfahrung und Personalität*, Frankfurt a.M. 1992.

Gauger, Jörg-Dieter; Stagl, Justin (Hrsg.): *Staatsrepräsentation*, Berlin 1992.

Goos, Christoph: *Innere Freiheit*, Göttingen 2011.

Giese, Bernhard: *Das Würde-Konzept*, Berlin 1975.

Grimm, Dieter: *Die Würde des Menschen ist unantastbar. Vortrag zum 60-jährigen Bestehen des Grundgesetzes*, Stuttgart 2010.

Hagencord, Rainer: *Die Würde der Tiere*, Gütersloh 2011.

Hawking, Stephen W.: *Eine kurze Geschichte der Zeit*, Reinbek 1991.

Hegel, Georg Wilhelm Friedrich: *Vorlesungen über die Philosophie der Religion*, Frankfurt a.M. 1969.

Heidegger, Martin: *Einführung in die Metaphysik*, Tübingen 1957.

Ders.: *Der Ursprung des Kunstwerkes*, in: *Holzwege*, Frankfurt a.M. 1950/1963.

Hochschild, Adam: *Sprengt die Ketten. Der entscheidende Kampf um die Abschaffung der Sklaverei*, aus dem amerikanischen Englisch von Ute Spengler, Stuttgart 2007.

Hoerster, Norbert: *Ethik des Embryonenschutzes*, Stuttgart 2002.

Ders. (Hrsg.): *Recht und Moral*, Stuttgart 1987.

Horn, Christoph: *Augustinus*, München 1995.

Huse, Norbert: *Geschichte der Architektur im 20. Jahrhundert*, München 2008.

Jakubeit, Barbara; Hoidn, Barbara (Hrsg.): *Schloss – Palast – Haus Vaterland. Eine Debatte über Form, Inhalt und Geist von Wiederaufbau und Neugestaltung*, Berlin/Basel/Boston 1998.

Joas, Hans: *Die Sakralität der Person*, Berlin 2011.

Kant, Immanuel: *Kritik der praktischen Vernunft. Grundlegung zur Metaphysik der Sitten*. Band 7 der Theorie-Werkausgabe Immanuel Kant. Herausgegeben von Wilhelm Weischedel, Frankfurt a.M. 1968.

Kündiger, Barbara: *Fassaden der Macht. Architektur der Herrschenden*, Leipzig 2001.

Kettner, Matthias (Hrsg.): *Biomedizin und Menschenwürde*, Frankfurt a.M. 2004.

Kultusministerium des Landes NRW: *Grundgesetz für die Bundesrepublik Deutschland; Verfassung für das Land Nordrhein-Westfalen*, Düsseldorf o.J.

Lenz, Hans: *Universalgeschichte der Zeit,* Wiesbaden 2005.

Longinos (zugeschr.): *Die Schrift vom Erhabenen,* aus dem Griechischen von Renata von Scheliha, Berlin 1938.

Luhmann, Niklas: *Grundrechte als Institution,* Berlin 1999.

Margalit, Avishai: *Politik der Würde,* aus dem amerikanischen Englisch von Gunnar Schmidt und Anne Vonderstein, Frankfurt a.M. 1999.

Mäckler, Christoph (Hrsg.): *Stadtbaukunst: Der Hauseingang,* Dortmund 2009.

Menke, Christoph; Raimondi, Francesca (Hrsg.): *Die Revolution der Menschenrechte,* Berlin 2011.

Mohr, Reinhard: *Bin ich jetzt reaktionär? Bekenntnisse eines Altlinken,* Gütersloh 2013.

Merseburger, Peter: *Theodor Heuss – Der Bürger als Präsident,* München 2012.

Münkler, Herfried; Münkler, Marina: *Lexikon der Renaissance,* München 2000.

Möller, Andreas: *Das grüne Gewissen. Wenn die Natur zur Ersatzreligion wird,* München 2013.

Möllers, Christoph: *Das Grundgesetz. Geschichte und Inhalt,* München 2009.

Mosebach, Martin: *Häresie der Formlosigkeit,* München 2007.

Montaigne, Michel de: *Essais,* aus dem Französischen von Hans Stilett (erste moderne Gesamtübersetzung), Frankfurt a.M. 1998.

Negt, Oskar: *Arbeit und menschliche Würde,* Göttingen 2001.

Osten, Manfred: *»Alles veloziferisch« oder Goethes Entdeckung der Langsamkeit. Zur Modernität eines Klassikers im 21. Jahrhundert,* Frankfurt a.M./Leipzig 2003.

Pico della Mirandola, Giovanni: *Oratio de hominis dignitate/Rede über die Würde des Menschen,* aus dem Lateinischen von Gerd von der Gönna, Stuttgart 1997.

Ritter, Joachim; Gründer, Karlfried (Hrsg.): *Historisches Wörterbuch der Philosophie,* Basel 1971/2007.

Roeber, Urs; Bernsmeier, Uta: *Manieren. Geschichten von Anstand und Sitte aus sieben Jahrhunderten,* Berlin/Heidelberg 2009 (Katalog zu einer Ausstellung des Bremer Focke-Museums).

Schaber, Peter: *Menschenwürde,* Stuttgart 2012.

Schindler, Jörg: *Die Rüpel-Republik. Warum sind wir so unsozial?,* Frankfurt a.M. 2012.

Schiller, Friedrich: *Die theoretischen Schriften.* Sämtliche Werke Band 5, München 1958.

Schirrmacher, Frank: *Ego. Das Spiel des Lebens,* München 2013.

Schubert, Ernst: *Alltag im Mittelalter. Natürliches Lebensumfeld und menschliches Miteinander*, Darmstadt 2002.

Schulze, Hagen: *Kleine deutsche Geschichte*, München 1996.

Simons, Martin: *Vom Zauber des Privaten*, Frankfurt a.M. 2009.

Skinner, Burrhus Frederic: *Jenseits von Freiheit und Würde*, aus dem amerikanischen Englisch von Edwin Ortmann, Reinbek 1973.

Soeffner, Hans-Georg: *Die Ordnung der Rituale*, Frankfurt a.M. 1992.

Spinoza: *Die Ethik*, aus dem Lateinischen von Jakob Stern und Irmgard Rauthe-Welsch, Stuttgart 1977/2007.

Trabant, Jürgen: *Mithridates im Paradies. Kleine Geschichte des Sprachdenkens*, München 2003.

Teutsch, Gotthard M.: *Die »Würde der Kreatur«*, Bern/Stuttgart/Wien 1995.

Vogt-Lüerssen, Maike: *Der Alltag im Mittelalter*, Norderstedt 2006.

Weinrich, Harald: *Knappe Zeit. Kunst und Ökonomie des befristeten Lebens*, München 2004.

Wetz, Franz Josef: *Texte zur Menschenwürde*, Stuttgart 2011.

Personenregister

Adenauer, Konrad 197
Adorno, Theodor W. 82
Alexander der Große 111
Anastasios, Kaiser 45
Anna von Österreich 141f.
Antonius 55, 59f.
Aristoteles 32, 53f., 111f., 151
Armstrong, Lance 26
Armstrong, Neil 190
Atzorn, Robert 40ff.
Augustinus, Aurelius 63, 83, 106f.,
    112ff., 173
Augustus, Kaiser 55, 131

Bach, Johann Sebastian 61
Bardot, Brigitte 25
Barth, Karl 185
Beethoven, Ludwig van 103, 238
Behnisch, Günter 157
Behrens, Peter 161
Benedict, Benjamin 40
Benedikt XVI., Papst 45, 94f.,
    174
Bergoglio, Jorge Mario,
    s. Franziskus I.
Bergson, Henri 114
Beutler, Ernst 162
Beuys, Joseph Heinrich 140
Bielefeldt, Heiner 79
Biller, Maxim 209
Birthler, Marianne 34
Bismarck, Otto von 158, 195

Bloch, Ernst 60, 86f., 90
Bohlen, Dieter 204
Bohley, Bärbel 34
Bont, Jan de 122
Bosbach, Wolfgang 31f.
Breton, André 243
Brodsky, Joseph 205
Brouwer, Adriaen 66
Brüderle, Rainer 22ff.
Bruno von Köln 244
Brutus, Marcus Iunius 60f.
Bucay, Jorge 221
Burckhardt, Jacob 169f.
Bush, George W. 28

Caesar, Gaius Julius 55, 60f., 142
Cain, Susan 223
Canetti, Elias 92f.
Carossa, Hans 163
Cassius, Gaius 60
Cervantes, Miguel de 152
Charles Philip Arthur George,
    Prinz von Wales 143
Churchill, Winston 195
Cicero, Marcus Tullius
    53ff., 90, 219
Cindy aus Marzahn 43
Clarkson, Thomas 230f.
Claudel, Paul 174
Clemens, Samuel, s. Mark Twain
Coelestin V, Papst 174
Coleridge, Samuel Taylor 230

Bildnachweis

S. 57 whitelife; S.67 AKG Images/Andé Held;
S. 186 Arthothek; S.201: ©2012 LES FILMS DU LOSANGE –
X FILME CREATIVE POOL – WEGA FILM – FRANCE 3 CINEMA –
ARD DEGETO – BAYERISCHER RUNDFUNK – WESTDEUTSCHER
RUNDFUNK